Herderbücherei INITIATIVE 24
Band 9524

Wiederkehr der Wölfe

Die Progression des Terrors

Herderbücherei **INITIATIVE** **24**

Herausgegeben von
Gerd-Klaus Kaltenbrunner

Herderbücherei

Originalausgabe
erstmals veröffentlicht als Herder-Taschenbuch
Alle Rechte vorbehalten – Printed in Germany
© Herder München 1978
Verlag Herder Freiburg – Basel – Wien
Freiburger Graphische Betriebe 1978
ISBN 3-451-09524-6

Dieses Zweimonatstaschenbuch kostet im Einzelverkauf 10.90 DM,
im Abonnement 8.90 DM zuzüglich Versandspesen
(Preisstand vom 1. Oktober 1977).
Eine entsprechende Preisvergünstigung für Abonnenten
bleibt auch für den Fall garantiert, daß der Verlag infolge allgemeiner
wirtschaftlicher Verhältnisse gezwungen ist,
den Listenpreis der Serie zu überprüfen.
Abonnementbestellungen nimmt jede Buchhandlung entgegen.

Inhalt

Vorwort des Herausgebers

Jedes Zeitalter hat seine Fratze. Unseres zeigt die Fratze des Terroristen: des Terroristen von unten und des Terroristen von oben; des Terroristen, der zur Macht strebt, und des Terroristen, der die Macht mit allen Mitteln behaupten will; des blindwütig in die Menge schießenden und des kaltblütig kalkulierenden, vom Schreibtisch aus Völkermord verhängenden Terroristen.

Terror ist die Manifestation äußerster Gewalt – sei es durch Ausübung oder Androhung von Gewalt oder, was regelmäßig der Fall ist, durch beides. Durch Anwendung und Androhung körperlicher wie seelischer Gewalt.

So wie man das achtzehnte Jahrhundert das der Aufklärung genannt hat, neigen viele dazu, das zwanzigste als das Jahrhundert der Gewalt oder der Barbarei zu bezeichnen. Wie unangemessen oder einseitig Benennungen dieser Art auch sein mögen, wenn es darum geht, die Komplexität und objektive Mehrdeutigkeit unseres Zeitalters zu charakterisieren, so ist es doch unleugbar, daß uns gegenwärtig auf Schritt und Tritt die verschiedensten Formen der Gewalt begegnen. Angefangen von der Gewalt, die in den Großstädten sich breitmacht, über die von politischen Fanatikern begangenen Schreckenstaten, seien es nun Entführungen, Geiselnahmen und Morde an Repräsentanten verhaßter Institutionen, seien es die Scheußlichkeiten in Umerziehungs- und Vernichtungslagern, in „Volksgefängnissen" und in als psychiatrische Kliniken getarnten Folterkammern, bis zu dem, was in Guerilla-, Partisanen- und Bürgerkriegen verübt wird. Und all dies wird überwölbt von der planetarischen Drohung, die sich aus der bloßen Tatsache ergibt, daß nukleare Massenvernichtungsmittel existieren. Sie sind „eingesetzt", weil sie vorhanden sind – und dies auch jedermann bekannt ist, wenngleich das Faktum der Allgegenwart der atomaren Bedrohung immer wieder verdrängt wird.

Sosehr Gewalt und Terror zur Signatur unseres Zeitalters gehören, so wenig sind sie grundsätzlich neue Erscheinungen. Neu sind nur einige der angewandten Methoden und die technische Ausrüstung, über die Gewalttäter heute verfügen. Wie Molières Bürger sich, ohne es zu wissen, immer schon in Prosa ausgedrückt hat, so ist die gesamte Geschichte der Menschheit, wie Pascal sagt, ein „Gewebe von Gewalt, Zufall und Banalität". Vielen wird es wie Hebbel ergehen, auf den die Weltgeschichte zuweilen den Eindruck machte, „als ob sie der Traum eines Raubtieres wäre", oder wie Robert Musil, der im „Mann ohne Eigenschaften" die Hauptgestalt denken läßt: „Wenn die Menschheit als Ganzes träumen könnte, müßte Moosbrugger entstehn" – Moosbrugger aber ist ein mehrfacher Lustmörder.

An die gewalttätig-furchtbaren Ursprünge auch hoher kultureller wie politischer Schöpfungen gemahnen einige archetypische Überlieferungen, wie sie vor allem in den verschiedenen Brudermordmythen aufbewahrt sind. Faust unterfängt sich, den ersten Satz des Johannesevangeliums mit „Im Anfang war die Tat!" zu übersetzen. Er hätte, ohnehin entschlossen, vom biblischen Wortlaut abzuweichen, noch besser getan zu schreiben: „Im Anfang war die *Un*tat." Weltlich gesprochen, läßt sich diese Wahrheit kaum bestreiten, und daran erinnert auch der Mythos: Set tötet Osiris, Kain tötet Abel, Romulus tötet Remus. Der Mörder Kain war Ackerbauer und verkörpert insofern eine fortgeschrittenere Stufe der Zivilisation; wie Romulus hat er eine Stadt gegründet. So erscheinen die Ursprünge menschlicher Kultur unlösbar verflochten mit Gewalt, Zwang und Terror. Die Menschwerdung des Menschen durch zweckmäßige Bearbeitung seiner Umwelt und Organisation umfassender sozialer Beziehungen vollzieht sich nicht ohne Greuel und Schrecken, und es ist ja auch kaum anzunehmen, daß alle Weisheitslehrer, Propheten und ethischen Gesetzgeber jahrtausendelang geirrt haben, als sie immer wieder vor jenem Grundbestand an Gewalttätigkeit im menschlichen Wesen warnten. Der Mensch ist wild. Er ist ungeheuer. Er ist furchtbar. Er ist bedroht und gefährdet, und er bedroht und gefährdet andere. Das ist anthropologisches Urwissen; um dies einzusehen, bedarf es nicht erst der Tiefenpsychologie.

Daß der Mensch von Natur aus ein gewalttätiges und furchtbares Wesen ist, „begierlich, wild und der Gesellschaft feindlich", wie Pestalozzi feststellt, will nicht unbedingt besagen, daß er von Natur aus böse ist. Es geht hier um Aussagen, die tiefer dringen als moralphilosophische Urteile. „Und Furcht vor euch und Schrecken komme über alle Landtiere und alle Vögel des Himmels und über alles, was auf dem Boden sich regt, und über alle Fische des Meeres", sprach der Herr zu Noah und dessen Söhnen, nachdem sie die Schrecken der Sintflut bestanden hatten (Gen 9,2). Der mit dem Schrecken davongekommene Mensch als Schreckgestalt, Schreckmacher und Schreckensherrscher, allem Leben Furcht, Entsetzen und Grausen einflößend. Der *homo sapiens* als *homo terribilis sive terrificus,* als Schrecken erregendes und in Schrecken versetzendes Wesen. Augustinus hat diesen Gedanken lapidar ausgesprochen: *territus terreo* – ich, der Erschrockene, erschrecke die anderen.

Dies sind freilich Ideen und Gesichte, die ein verbreiteter Humanismus nur widerwillig zur Kenntnis nimmt. Nach dem Abfließen des Glaubens an Gott ist Anthropolatrie, die Selbstvergötzung des Menschen, geradezu zur ökumenischen Pidgin-Religion geworden; ihr zollen Lippenbekenntnisse östliche wie westliche Politiker. Ein solcher Humanismus schmeichelt dem Menschen. Er ist genau das, was er hören will, seitdem er für Erzählungen wie die vom Sündenfall nur noch ein Grinsen übrig hat. Diese gutmütige Ansicht des Menschen von sich selbst begann im achtzehnten Jahrhundert populär zu werden. Sogar die Schrecken der Französischen Revolution und der jahrzehntelangen Kriege in ihrem Gefolge vermochten die pelagianische Doktrin von der Güte der menschlichen Natur nicht dauernd zurückzudrängen. Das neunzehnte Jahrhundert wähnte sich auf dem Wege zur Gewaltlosig-

keit, zum Frieden, zur vollendeten Humanität. Fourier, Saint-
Simon, Comte, Feuerbach, Spencer und andere prophezeiten die
endgültige Überwindung des gewalttätigen, selbstischen und grausamen Wildtieres im Menschen. Nicht mehr würde der Mensch
dem Menschen ein Wolf sein, sondern ein gütiger Gott. An die
Stelle wild schweifender Wolfsrudel würde das Glück friedlich
weidender Lämmer treten – „*kein* Hirt und *eine* Herde", wie der
unzeitgemäße Nietzsche spottete, mit Kierkegaard, Donoso Cortés,
Jacob Burckhardt und Dostojewski einer der großen Widersacher
der optimistischen Anthropologie. Die progressive Humanisierung
des Menschen würde auch die außermenschliche Natur besänftigen
und pazifizieren, dachte der Träumer Fourier. In der solidarischen
Zukunftsgesellschaft ist kein Platz mehr für Spinnen, Schlangen
und Wölfe; widerwärtige und Schrecken erregende Tiere seien nur
zoologische Spiegelbilder einer rohen, auf Zuchthäuser, Armeen
und Henker angewiesenen gesellschaftlichen Ordnung. Für den
Zeitraum der heraufkommenden sozialen Harmonie sagte Fourier
eine total gezähmte Tierwelt voraus; er nennt ausdrücklich: Anti-
krokodile, Antilöwen, Antiratten und andere fabelhafte Lebewesen. Nicht nur das Barbarische im Menschen, auch das räube-
risch-mordende Treiben im Reich der Tiere sollte aufhören. An
die Stelle düsterer Dschungelwälder würden heitere Parkanlagen
treten – die Vision eines reinhumanisierten Universums, einer
Menschwerdung des Kosmos, wie sie auch in den Pariser Schriften
von Marx auftaucht.
Gewalt und Blutvergießen, Friedlosigkeit und Terror erschienen
in dieser Perspektive als archaische Überbleibsel, als Zeichen eines
zum Untergang verurteilten Weltalters, der „Vorgeschichte", wie
Marx die jahrtausendelange Periode zwischen der kommunistischen Urgesellschaft und dem nach der proletarischen Revolution
anbrechenden klassenlosen Reich der Freiheit, Gleichheit und
Brüderlichkeit nannte. In ihm würden Gewalt, Ausbeutung und
Terror endgültig vergangen sein.
Dies war das Ziel, das Kommunisten wie Sozialisten, Anarchisten
wie Liberale verfolgten – extreme, radikale und gemäßigte, indivi-
dualistische und kollektivistische, reformistische und revolutionäre
Linke. Sie schlugen höchst unterschiedliche Wege vor, und jede
dieser Bewegungen akzentuierte das Endziel auch auf je eigene

Weise; doch am Grundsatz, daß ein universales Gemeinwesen ohne Gewalt in dieser Welt möglich und wünschenswert sei, hielten alle fest. Diejenigen, die dies bezweifelten, hatten ihren Platz auf der „rechten" Seite. Es waren dies die Konservativen und Reaktionäre. Erwähnt sei der Spanier Donoso Cortés, den in unserem Jahrhundert Carl Schmitt wiederentdeckt hat. Er verglich die Menschheit einem Schiff, das ziellos auf dem Meer umhergeworfen wird, beladen mit einer aufrührerischen, ordinären, zwangsweise rekrutierten Mannschaft, die grölt und tanzt, bis Gottes Zorn das rebellische Gesindel untergehen läßt, auf daß wieder Stille herrsche. Die liberale Bourgeoisie, so höhnte er, der selber in seiner Jugend ein Liberaler gewesen war, sei eine diskutierende Klasse, eine Klasse der Halbheiten und der Feigheit, die den großen Entscheidungen ausweiche. Die Anarchisten respektierte er als seine Todfeinde; er schrieb ihnen diabolische Größe zu. Die Utopie einer herrschaftsfreien und gewaltlosen Gesellschaft erschien Donoso Cortés als irreal. Wir haben, sagte er in seiner berühmten Rede vom 4. Januar 1849, nicht zwischen Freiheit und Unfreiheit zu wählen. Die Entscheidung ist nur noch möglich zwischen der Diktatur von oben und der Diktatur von unten, zwischen der Diktatur des Säbels und der Diktatur des Dolches[1].

Eine solche extreme Aussage wie diese macht es begreiflich, daß seit dem neunzehnten Jahrhundert Gewalt und Terror fast automatisch, in der Weise eines bedingten Reflexes, mit „rechter" Politik und Denkweise assoziiert werden. Immer wieder taucht in ideologie-kritischen Untersuchungen und in Werken zur Geschichte der politischen Ideen die These von der eigentümlichen Affinität zwischen pessimistischer Anthropologie und autoritärer, ja terroristischer Herrschaft auf. Der Konservative, der rechts stehende Mensch, so heißt es, müsse aufgrund seines Irrationalismus, seiner Skepsis gegenüber den Möglichkeiten menschlicher Vernünftigung, seines Widerstands gegen den weltgeschichtlichen Prozeß universaler Emanzipation notwendig zur Gewalt seine Zuflucht nehmen[2]. Geschichtlich überholte Klassen und Cliquen,

---

[1] Vgl. Juan Donoso Cortés: Über die Legitimität der Diktatur und die Zukunft Europas. In: INITIATIVE 14 (Was ist reaktionär?), S. 131 ff., bes. 136 f.
[2] Vgl. dazu die Einleitung zu INITIATIVE 6 (Zur Emanzipation verurteilt), S. 7 ff.

die verjährte Herrschaftsverhältnisse erhalten wollen, bedienten
sich extrem gewalttätiger Mittel, um damit Fortschritt und Befreiung zu sabotieren. Letzten Endes müßten jedoch solche Versuche
scheitern, da sie sich der immanenten Logik der Geschichte widersetzen. Die Weltgeschichte ist das Weltgericht. „Die Zukunft ist
unser", hatte 1825 der Fortschrittsdenker Saint-Simon auf dem
Sterbelager ausgerufen, und so dachten alle anderen linken Ideologen, darunter Marx und Engels. Gleichwohl verließen sie sich
nicht allein auf den unwiderstehlichen Gang des als Fortschritt in-
terpretierten Geschichtsprozesses. Das Gottesurteil, das die
Geschichte in letzter Instanz spricht, kann und muß durch radikale
politische Aktivität nicht nur ausgelegt, sondern auch exekutiert
werden. Zu den erforderlichen Maßnahmen gehört die Ausübung
von Gewalt, einschließlich des Terrorismus. Marx und Engels haben wiederholt Spott und Hohn über alle ausgegossen, die in der
Gewalt etwas absolut Verwerfliches sahen. Wenn wir, dem gängi-
gen ideologischen Sprachgebrauch folgend, vorläufig einmal unterstellen, daß Bejahung von Gewalt eine „rechte" Position sei,
dann ist der Marxismus, sofern er in die Zukunft weist, eine
„linke"; in seiner Deutung der Vergangenheit wie in seinen Anlei-
tungen zum Handeln in der Gegenwart aber eine „rechte" Theorie.
„In der wirklichen Geschichte spielen bekanntlich Eroberung,
Unterjochung, Raubmord, kurz Gewalt die große Rolle", heißt es
im ersten Band von Marx' „Kapital". Bekannt ist auch sein von
Engels im „Anti-Dühring" wiederholtes Wort, daß Gewalt die
„Geburtshelferin jeder alten Gesellschaft ist, die mit einer neuen
schwanger geht"[3].
Der revolutionäre Terrorist als sozialemanzipatorische Hebamme,
die mäeutische Funktion der Gewalt: dieser Gedanke findet sich
bereits in einem im Herbst 1848 erschienenen Zeitungsartikel.
Marx sagt dort, „daß es nur ein Mittel gibt, die mörderischen
Todeswehen der alten Gesellschaft, die blutigen Geburtswehen
der neuen Gesellschaft abzukürzen ...: den *revolutionären Terrorismus*"[4]. Ebenso wird in einem 1850, im Londoner Exil, verfaßten

---

[3] Friedrich Engels: Herrn Eugen Dührings Umwälzung der Wissenschaft. Berlin
(Ost) 1960, S. 125; vgl. auch S. 439 f.
[4] Neue Rheinische Zeitung, 7. November 1848. – Zit. nach Marx-Engels: Werke
(MEW). Berlin (Ost) 1956 ff., Bd. 5, S. 457.

Rundschreiben das hohe Lied progressiver Gewalt gesungen: „Weit entfernt, den sogenannten Exzessen, den Exempeln der Volksrache an verhaßten Individuen oder öffentlichen Gebäuden... entgegenzutreten, muß man diese Exempel nicht nur dulden, sondern ihre Leitung selbst in die Hand nehmen." Am Schluß des Zirkulars wird „die Revolution in Permanenz" als Schlachtruf verkündet[5]. Mehr als zwei Jahrzehnte später, im Jahre 1872, betonte Marx unter dem Eindruck der Pariser Kommune erneut, „daß in den meisten Ländern des Kontinents der Hebel unserer Revolutionen die Gewalt sein muß; die Gewalt ist es, an die man eines Tages appellieren muß, um die Herrschaft der Arbeit zu errichten"[6]. Etwa um die gleiche Zeit schrieb Engels in einem *gegen* bestimmte anarchistische Gruppen gerichteten Zeitschriftenaufsatz:

„Eine Revolution ist gewiß das autoritärste Ding, das es gibt; sie ist der Akt, durch den ein Teil der Bevölkerung dem anderen Teil seinen Willen vermittels Gewehren, Bajonetten und Kanonen, also mit denkbar autoritärsten Mitteln, aufzwingt; und die siegreiche Partei muß, wenn sie nicht umsonst gekämpft haben will, dieser Herrschaft Dauer verleihen durch den Schrecken, den ihre Waffen den Reaktionären einflößen."[7]

In ihrer Auseinandersetzung mit dem russischen Anarchisten Bakunin, ihrem potentesten Rivalen innerhalb der Ersten Internationalen, verurteilten Marx und Engels zwar den „individuellen Terror", und es finden sich auch sonst in ihren späteren Arbeiten – vor allem in denen von Engels – einzelne Hinweise, die einen friedlichen Übergang zur neuen klassenlosen Gesellschaft nicht ausschließen[8]. Doch die aggressiv-militanten Losungen des Kommunistischen Manifests, des Zirkulars und anderer Schriften haben sie niemals widerrufen, wie sie überhaupt (ungeachtet der Abneigung gegen Bakunin) mit bestimmten terroristischen Bewegungen durchaus sympathisierten, so, wenngleich nicht ohne Vorbehalte, mit dem irischen Geheimbund der Fenians, die verschiedene

---

[5] Vgl. MEW, Bd. 7, S. 244–254.
[6] Rede über den Haager Kongreß, September 1872. In: MEW, Bd. 18, S. 160.
[7] Vgl. MEW, Bd. 18, S. 305–308.
[8] Vgl. die Stellen in dem Buch von Wolfgang Leonhard: Die Dreispaltung des Marxismus. Düsseldorf – Wien 1970, S. 51 f.

antienglische Attentate organisierten, und mit der russischen
Verschwörergruppe „Narodnaja Volja" (Volkswille), die zwischen 1878 und 1881 eine Reihe von Anschlägen auf Repräsentanten des zaristischen Regimes verübte und, nach mehreren er-
folglosen Versuchen, schließlich auch Zar Alexander II. selbst
ermordete[9]. Trotz aller distanzierenden Äußerungen ist das terroristische Element im Denken von Marx und Engels erheblich stärker, als allgemein, insbesondere von betont humanistisch orien-
tierten Interpreten, angenommen wird.

Es gibt, wie Ernst Nolte unter Heranziehung einer Fülle von ein-
schlägigen Belegen nachgewiesen hat, in der Marxschen Theorie
auch starke „Ansätze eines National-Sozialismus, der dem Hitlerschen Radikalfaschismus in wesentlichen Punkten sehr ähnlich
ist"[10]. Ungeachtet seiner humanistischen Zielvorstellungen und
politischen Anthropologie, die er mit anderen linken Bewegungen
teilt, sind dem Marxismus in manchen Aspekten Stilmerkmale
eigen, die man üblicherweise faschistischer Politik und Geisteshal-
tung zurechnet. Diese Ähnlichkeit ergibt sich insbesondere durch
die Art und Weise, in der Gewalt, Terror und Feindseligkeit als
Mittel gesellschaftlicher Praxis eingeschätzt werden[11].

Die zentrale geschichtliche Zukunftsperspektive, die „Eschatologie" des Marxismus ist unbestritten eine humanistische: Klassen-
teilung, Ausbeutung, Entfremdung und Herrschaft sollen „am
Ende" aufgehoben werden. Marx spricht ausdrücklich von dem
„kategorischen Imperativ, alle Verhältnisse umzuwerfen, in denen
der Mensch ein erniedrigtes, ein geknechtetes, ein verlassenes, ein
verächtliches Wesen ist"[12]. Diese zentrale Perspektive unterscheidet den Marxismus grundsätzlich von jeder faschistischen Ideologie. Dennoch schließt der humanistische Ansatz eine politische
Praxis nicht aus, die verblüffende Ähnlichkeiten mit dem faschistischen Stil aufweist. In einem „gnadenlosen Humanismus" liegt,

---

[9] Vgl. Walter Laqueur: Terrorismus. Kronberg i. T. 1977, S. 58 ff.
[10] Ernst Nolte: Deutschland und der Kalte Krieg. München – Zürich 1974, S. 108. –
Vgl. Bertram D. Wolfe: Marx und die Marxisten. Berlin 1968, S. 45–54.
[11] Vgl. dazu Ernst Nolte: Marxismus – Faschismus – Kalter Krieg. Stuttgart 1977,
bes. S. 104 ff., 237 ff.
[12] Karl Marx: Die Frühschriften. Hrsg. von Siegfried Landshut. Stuttgart 1953,
S. 216 f.

wie Gehlen mit Recht hervorhebt, durchaus kein psychologischer Widerspruch; jedes Bewußtsein, sei es nun marxistisch oder nicht, die Avantgarde totaler Menschlichkeit zu verkörpern, ist imstande, mörderische Aggressivität zu entfesseln[13]. Diesen Zusammenhang hat auch Claude Lévi-Strauss im Auge, wenn er sagt, „daß die absolutistisch-humanistische Haltung, die bei uns seit der Renaissance vorherrscht... äußerst katastrophale Konsequenzen hatte. Einige Jahrhunderte Humanismus haben zu den großen Kriegen, zu Ausrottungen, Konzentrationslagern und zur Zerstörung aller Arten von Lebewesen geführt... Es ist gerade die übertriebene humanistische Haltung des Menschen, die ihn selbst bedroht." Lévi-Strauss gelangt deshalb zu der paradoxen Forderung, daß angesichts der grauenhaften Folgen des bisherigen Humanismus die Menschen gut beraten wären, „ihren Humanismus zu mäßigen"[14].

So gewiß für den Marxismus feststeht, daß das Ziel der Geschichte in der allseitigen Entfaltung unentfremdeten Menschseins liegt, und er beansprucht, die Bedingungen dieses „Reiches der Freiheit" gültig formuliert zu haben, so wenig ist ihm der konkrete Mensch, wie er in der Gegenwart geht und steht, unantastbarer Höchstwert. Unter den gegebenen Verhältnissen sind für Marx die Menschen noch gar keine; sie erscheinen bestenfalls als durch Klassenherrschaft, Ausbeutung und falsches Bewußtsein deformierte Bruchstücke und Keime, die noch humanisierungsfähig sind. Es kommt nicht darauf an, was dieses oder jenes Opfer des geschichtlichen Prozesses denkt, wünscht und will – es handelt sich nicht einmal darum, was das gesamte Proletariat als Ziel sich einstweilen vorstellt –, maßgebend ist einzig und allein die objektive Dialektik der Geschichte selbst, die auf den Begriff gebracht zu haben Marx beansprucht. Da aber der Geschichtsprozeß sich hinbewegt auf eine Gesellschaft, in der der Mensch sich vollkommen verwirklichen wird, ist jeder Widerstand dagegen nicht nur Ausdruck eines politischen Irrtums, sondern ein Attentat auf die Menschheit. Auf diese Weise entfalten humanitäre Begriffe eine außerordentliche Kraft der Diskriminierung; der politische Gegner wird zum Feind und dieser schließlich zum Verbrecher. Für

---

[13] Vgl. Arnold Gehlen: Moral und Hypermoral. Frankfurt a.M. 1969, S. 41, 70f., 180ff.
[14] Der Spiegel 1971, Nr. 53, S. 94.

den gegen den geschichtsnotwendigen Fortschritt zur totalen
Humanität sich sträubenden Feind gibt es kein Pardon; er wird
liquidiert, seine Vernichtung ist ein Akt der Säuberung. Bereits
Saint-Just hatte ausgerufen: „Entweder die Tugend oder der Ter-
ror", und ebenso Robespierre: „Der Terror ist kein besonderes
Prinzip für sich, sondern nur ein Ausfluß der Tugend."

Im Marxismus wird dieses Tugendpathos dynamisiert, denn die revolutionäre Avantgarde versteht sich als die Spitze des Geschichtsprozesses selbst. Sie ist der bewaffnete Weltgeist, der kommende
Dinge prophezeit, indem er sie schafft. Der aufgeklärten, über ein
„richtiges Bewußtsein" verfügenden Vorhut der geschichtlichen
Dialektik eignet die gnadenlose Aggressivität der guten Sache, die
den zum Heil Berufenen Hoffnung, den von der Geschichte Verdammten Angst macht. Wenn sie säubert und liquidiert, dann nicht
kraft individueller Willkür, sondern im Vollzug der Vernichtungs-
tendenz des Geschichtsprozesses selbst. Was sie tut, geschieht aufgrund ihrer Einsicht in den Sinn der Menschheitsgeschichte. Sie
handelt aus einem neuen, geschichtsphilosophisch legitimierten
Gottesgnadentum, gegen das keine Berufung eingelegt werden
kann. Das Ziel ist universal: die totale Befreiung des erst in der
klassenlosen Zukunftsgesellschaft zu vollem Mensch-Sein gelangten Menschen, der menschlichen Gattung überhaupt. Doch auf
dem Weg zu diesem Ziel kann, ja muß der Fall eintreten, daß eine
winzige Minderheit, eben die revolutionäre Elite, legitimiert durch
ihre Mitwisserschaft und im Bunde mit dem Prozeß der Gesamtge-
schichte, das Recht beansprucht, auch im Interesse jener Verblen-
deten und Widerstrebenden zu handeln, die aufgrund ihres zu-
rückgebliebenen Bewußtseins noch nicht erkennen können, wo ihr
Heil beschlossen ist. Letzten Endes definiert diese aufgeklärte
Elite, die über das Monopol verbindlicher Einsicht in die geschichtliche Notwendigkeit verfügt, mit souveräner Macht, wer als
„Mensch" und was als „Menschlichkeit" zu gelten hat. Das Gute
fällt mit dem Wahren und dem geschichtlich Notwendigen zusammen. Einsicht in die Notwendigkeit ist Freiheit. Wer zu dieser Einsicht nicht fähig ist, beweist damit weniger intellektuelle Schwäche
als moralisches Versagen; er denkt nicht nur falsch, er *ist* auch
falsch, da er sich weigert, für die Erlösung der Menschheit Partei
zu ergreifen. Gegenüber dem weltgeschichtlich Universalen ver-

tritt er partikulare Interessen, gegenüber der guten Zukunft die schlechte Vergangenheit, gegenüber der Aufklärung den Obskurantismus. Er muß liquidiert werden – *ad maiorem gloriam hominis futuri.* Im Dienste des geschichtlichen Fortschritts, der ein werdender Gott ist, erscheint alles erlaubt – auch der revolutionäre Exzeß und Terror, auch die Liquidierung reaktionärer Klassen und Völker[15]. Für eine ferne Zukunft wird der endgeschichtliche Friede des Lammes verheißen, doch für die Gegenwart wie die nähere Zukunft bleibt das Gesetz der Wölfe gültig. Der mit dem Telos der Geschichte sich in Übereinstimmung wissende revolutionäre Terrorist als Agent und Exekutor des Weltgeistes ist das Lamm im Wolfspelz. Er mordet im Dienste des Lebens, er versklavt um der Freiheit willen, er verbreitet Entsetzen als reinigendes Vorspiel überschwenglicher Freude. Da der Legitimitätsanspruch jener, die sich auf die gute Sache der geschichtlich vollendbaren Menschlichkeit, der kollektiven Selbsterlösung des Menschen berufen, im Zeitalter der Säkularisierung schier unüberbietbar ist, wird offenbar, „daß der Mensch, den die Philosophen und Demagogen zum absoluten Maß aller Dinge erheben, keineswegs, wie sie behaupten, ein Inbegriff des Friedens ist, daß er vielmehr mit Terror und Vernichtung die anderen Menschen bekämpft, die sich ihm nicht unterwerfen. Der Begriff *Mensch* bewirkt ja nur scheinbar eine allgemeine Neutralisierung der Gegensätze unter den Menschen. In Wirklichkeit trägt er einen mit dem schrecklichsten Tötungspotential geladenen Gegenbegriff in sich, den des Unmenschen."[16]

„Das Prinzip der demokratischen Regierung ist die Tugend, und das Mittel, sie zur Herrschaft zu bringen, ist der Terror." Gemäß dieser Robespierreschen Maxime geht auch der Marxismus vor, der die Tugend futuristisch, als eschatologisch herzustellenden Gesamtzustand, als *état final,* auffaßt. Die Unterscheidung von Gegner und Verbrecher wird hinfällig, und damit die Zähmung des in jeder Großgesellschaft vorhandenen Fundus an Mißtrauen,

---

[15] Vgl. die Zitate aus den Schriften von Friedrich Engels, Mao Tse-tung und anderen im Dokumentationsteil von INITIATIVE 14 (Was ist reaktionär?), S. 146f., 150ff., 169f.
[16] Carl Schmitt: Donoso Cortés in gesamteuropäischer Interpretation. Köln 1950, S. 110f.

Gereiztheit und Feindseligkeit. Mit der Kriminalisierung des innenpolitischen Gegners zum *hostis,* zum auswärtigen Feind, ist der
Bürgerkrieg eröffnet, und zwar, entsprechend dem Universalitäts-
anspruch der revolutionären Elite, der Weltbürgerkrieg. Der Gegner der Partei des geschichtlichen Fortschritts gilt nicht bloß als
Staatsfeind; wie die Christen unter Nero wird er „des Hasses gegen
das ganze Menschengeschlecht" geziehen [17] und demgemäß behandelt. Ihn erbarmungslos zu vertilgen ist reine Notwehr, ja geradezu ein Akt der Humanität. Der sich mit dem Geschichtsprozeß
identifizierende und sich zum Organ von dessen dialektischer Ver-
nichtungstendenz machende Revolutionär ist der zur politischen
Gewalt gewordene Marxist. Mögen die orthodoxen Marxisten in
Moskau und Peking in philosophischer Hinsicht noch so tief unter
dem durch die Schule Hegels gegangenen Marx stehen – in einem
(und zwar im wesentlichen) Punkt haben sie vollauf recht: in der
eifersüchtigen Betonung des polemischen und gewalttätigen Ele-
ments, des Vernichtungsgedankens, die bereits im ursprünglichen
Marxismus enthalten sind. Ein Marxismus ohne den düsteren
Grundton zerstörerischer *violence* wäre ein kastrierter Marxismus,
der sich von reformistischen Soziallehren, wie etwa denen der ka-
tholischen Kirche, wenig unterscheiden würde. Viele zartfühlende
Linksintellektuelle, die für den jungen, „humanistischen" Marx
der Pariser Manuskripte anfällig sind, verabscheuen den sich auf
Marx berufenden Diktator Stalin, der in seiner Jugend ein ortho-
doxes Priesterseminar besuchte, dann Banküberfälle organisierte
und auf dem Höhepunkt seiner Macht mehrere Millionen Menschen ausrotten ließ. Der Stalinismus, so heißt es, sei eine Karikatur der authentischen Marxschen Lehre. Hierauf ist mit Leszek
Kołakowski zu entgegnen, daß man von einer Karikatur nur insofern sprechen kann, als sie an das Original erinnert [18]. Dabei geht
es in diesem Zusammenhang nicht um die Frage, ob und inwiefern
Marx für die Ungeheuerlichkeiten der stalinistischen Tyrannei
verantwortlich ist oder ob er sie, hätte er länger gelebt, gebilligt
hätte. Das Problem besteht vielmehr darin, daß es im Zentrum sei-

---

[17] Tacitus: Annalen XV, 44.
[18] Vgl. Leszek Kołakowski: Leben trotz Geschichte. München–Zürich 1977, S. 257
bis 281, bes. 278f.

nes prometheischen Humanismus Elemente gibt, die Stalin, ohne sie wesentlich zu verfälschen, zur Rechtfertigung seiner totalitären Gewaltherrschaft benutzen konnte. Stalin und sein Vorgänger haben, obwohl weniger subtile und differenzierte Geister als ihr Lehrmeister aus Trier, Marx besser verstanden als jene freischwebenden Marxisten des Westens, die ratlos vor dem Phänomen einer Bluthochzeit feiernden Emanzipationsideologie, eines mit dem Henker verbündeten Humanismus stehen. Gorki erinnert sich an ein Gespräch mit Lenin, der soeben Sonaten von Beethoven gelauscht hatte:

„‚Ich kenne nichts Schöneres als die Appassionata und könnte sie jeden Tag hören. Eine wunderbare, nicht mehr menschliche Musik! Ich denke immer, mit vielleicht naivem, kindlichem Stolz, daß Menschen solche Wunder schaffen können!‘ Dann kniff er die Augen zu, lächelte und setzte unfroh hinzu: ‚Aber allzuoft kann ich Musik doch nicht hören. Sie wirkt auf die Nerven, man möchte lieber Dummheiten reden und Menschen den Kopf streicheln, die in schmutziger Hölle leben und trotzdem solche Schönheit schaffen können. Aber heutzutage darf man niemandem den Kopf streicheln – die Hand wird einem sonst abgebissen. Schlagen muß man auf die Köpfe, unbarmherzig schlagen – obwohl wir im Ideal gegen jede Vergewaltigung der Menschen sind. Hm, hm – unser Amt ist höllisch schwer.‘“ [19]

Von Marx und Lenin führt eine Linie zum linksradikalen Terrorismus, der seit einigen Jahren die demokratisch-liberalen Staaten Europas heimsucht. Es gehört zu den schlimmsten geistespolitischen Fehlurteilen, wenn von sozialistischen wie von liberalen Politikern die aus der „Roten-Armee-Fraktion“ (RAF) und ähnlichen Gruppen hervorgegangenen Terroristen pauschal dem Bereich des „Anarchismus“ zugeordnet werden. Ebenso verkehrt ist die Behauptung, daß Gestalten wie Baader, Meinhof, Ensslin und andere überhaupt nicht zur Linken gehören, sondern verkappte Rechtsradikale oder Faschisten seien. Gewalt ist durchaus keine Domäne, die einzig Faschisten und Anarchisten sich teilen. Die RAF-Mitglieder verdienen beim Wort genommen zu werden, wenn sie auf die Frage, ob sie sich zu den Anarchisten oder Marxi-

---

[19] Maxim Gorki: Erinnerungen. Berlin 1928, S. 245 f.

sten zählen, klar und eindeutig mit einem Bekenntnis zu Marx antworten[20] und sich auch sonst regelmäßig auf marxistische Führer-
gestalten, wie Lenin, Mao Tse-tung, Ernesto Guevara, berufen.
In diesem Sinne äußerte sich auch Klaus Croissant, einer der
juristischen Betreuer der westdeutschen Terrorszene, in einem
1977 gegebenen Fernsehinterview:
„Es ist ein zutiefst sozialistisches, ein kommunistisches Ziel, das
sie (die Mitglieder der RAF) verfolgen. Für die radikalen Linken
gibt es keinen anderen Weg, als mit der Waffe gegen ein Regime
zu kämpfen, das bereits zum Faschismus übergegangen ist."[21]
So aberwitzig die Behauptung ist, die Bundesrepublik unter der
sozialdemokratisch-liberalen Regierung des Kanzlers Schmidt sei
ein faschistischer Staat, so wenig kann in Abrede gestellt werden,
daß die RAF-Terroristen von Marx und dessen Schüler Lenin her-
kommen. Was Lenin betrifft, so sei in diesem Zusammenhang nur
kurz daran erinnert, daß auch er ein „sozialliberales" Regime,
nämlich die Regierung Kerenski, leidenschaftlich bekämpft und
dann gestürzt hat; der Zarismus war ohne sein Zutun bereits im
März 1917 beseitigt worden. Lenin hat, zum Teil unter ausdrückli-
cher Berufung auf Marx und Engels, Gewalttätigkeit und Terrorismus wiederholt bejaht. Schroff lehnte er alle Halbheiten ab, und
eben darin besteht die herausragende Eigentümlichkeit seiner bolschewistischen Umwälzung, mit der verglichen *alle* früheren Revolutionen – von den beiden englischen im siebzehnten Jahrhundert
bis zu den französischen von 1789, 1830 und 1848 und den mittel-
europäischen im Jahre 1918 – nur halbe, unvollendete, mit Kom-
promissen endende Revolutionen sind[22].
Bereits in einer seiner früheren Schriften heißt es: „Grundsätzlich
haben wir den Terror nie abgelehnt und können wir ihn auch nicht
ablehnen."[23] Fast zehn Jahre vor der Oktoberrevolution sagte der
Emigrant Lenin bei einer Versammlung in Genf zum Gedenken
an die Pariser Kommune: „Der zweite Fehler war der übermäßige
Großmut des Proletariats: Es hätte seine Feinde vernichten müs-

---

[20] Vgl. Der Spiegel, 20. Januar 1975.
[21] Zit. in: Das Parlament, Nr. 46, 19. November 1977, S. 11.
[22] Vgl. Ernst Nolte: Marxismus – Faschismus – Kalter Krieg, S. 106.
[23] W. I. Lenin: Womit beginnen? In: Was tun? Brennende Fragen unserer Bewegung.
Berlin (Ost) 1970, S. 19.

sen, statt dessen aber bemühte es sich, sie moralisch zu beeinflussen."[24]

Als er zur Macht gelangt war, appellierte er zielstrebig an die Rachebedürfnisse der Massen, denen er außer der Chance, andere zu terrorisieren, nur wenig zu bieten vermochte. Als im Juni 1918 ein Bolschewik in Petrograd ermordet worden war, schrieb er an Sinowjew:

„Erst heute haben wir im ZK gehört, daß die Arbeiter in Petrograd die Ermordung Wolodarskis mit dem Massenterror beantworten wollten, und daß man ... sie zurückgehalten hat. Ich protestiere entschieden! Wir kompromittieren uns ... wir hemmen die revolutionäre Initiative der Massen, die *völlig* berechtigt ist. Das ist unmöglich! ... Wir leben im Krieg, mitten im Krieg. Man muß die Energie und den Massencharakter des Terrors gegen die Konterrevolutionäre anspornen ..."[25]

Am 5. Dezember 1919 erklärte Lenin vor dem VII. Gesamtrussischen Sowjetkongreß: „Terror und Tscheka sind absolut notwendige Dinge ... Die Tscheka ist bei uns hervorragend organisiert"[26] – mit „Tscheka" ist die unter der Leitung von Felix Dzierzynski stehende Geheimpolizei gemeint, aus der später die GPU und schließlich das „Komitee für Staatssicherheit" (KGB) hervorgingen. Am 17. Mai 1922 verlangte Lenin von dem Volkskommissar für Justiz, in das Strafgesetzbuch einen Paragraphen aufzunehmen, „der das Wesen und die Rechtfertigung des Terrors, seine Notwendigkeit und seine Grenzen begründet. Das Gericht darf den Terror nicht ausschalten – dies zu versprechen wäre Selbstbetrug oder Betrug."[27]

Da die bei weitem überwiegende Mehrzahl aller Menschen zu allen Zeiten der Selbsterhaltung – dem *suum esse conservare* (Spinoza) – den höchsten Rang vor sämtlichen anderen Zielen einräumt, besteht die wirksamste Art, Macht auszuüben, in der Fähigkeit, anderen risikolos das Leben zu nehmen. Ein Machtverhältnis dieser Art weist einen extrem einseitigen Charakter auf, und des-

---

[24] W. I. Lenin: Die Lehren der Kommune. In: Werke. Berlin (Ost) 1955ff., Bd. 13, S. 483–486.

[25] W. I. Lenin: Werke, Bd. 35, S. 313.

[26] W. I. Lenin: Werke, Bd. 30, S. 222f.

[27] W. I. Lenin: Werke, Bd. 33, S. 344; vgl. S. 205.

halb reagieren die meisten Menschen auf die in ihm enthaltene
Bedrohung willfähriger als auf andere Druck- und Zwangsmittel.
Die Reaktion darauf ist Schrecken, der, wenn kein Fluchtweg mehr
offenbleibt, in lähmendes Entsetzen, totale Unterwerfung, Mimi-
kry und bei längerem Andauern in Heuchelei übergeht. Terroristische Gewalt ist inappellabel; gegen sie ist keine Berufung möglich, es zählt nur überlegene Gegengewalt. Lenin war sich der
Bedeutung dieses Herrschaftsmittels wohl bewußt. Bereits er
– nicht erst Stalin! – hat terroristische Gewalt im Sowjetstaat zuerst
zugelassen und schließlich dekretiert. Gegen diejenigen, die er für
seine Feinde hielt – das heißt solche, die das Monopol der Kommunistischen Partei anzweifelten oder ihm sonst gefährlich werden
konnten –, verfuhr er mit einem Höchstmaß an Gewalt. Mit ihr
wollte er, gemäß der Marxschen Verheißung, die Geburtswehen
der neuen Gesellschaft abkürzen. Das klassenlose Reich der Freiheit sollte vermittels der Diktatur erzwungen werden. Was eine
Diktatur ist, hat er mit beißendem Spott erklärt:
„Der wissenschaftliche Begriff der Diktatur bedeutet nichts anderes als eine durch keinerlei Gesetze oder absolute Regeln gehin-
derte uneingeschränkte Herrschaft, die sich unmittelbar durch
Gewalt erhält. Nichts anderes als das ist die Bedeutung des Begriffs
‚Diktatur‘.“[28]
Lenin verriet leider nicht, kraft welcher Dialektik sich eine Diktatur dieses Typs zu einem Gemeinwesen verwandeln könne, in dem,
nach den Worten des Kommunistischen Manifests, „die freie Entwicklung eines jeden die Bedingung für die freie Entwicklung aller
ist“[29]. Der „Rote Terror“, wie er offiziell genannt wurde, hatte
zweifellos auch objektive Gründe in der Situation des von Bürgerkrieg und ausländischer Intervention bedrängten Riesenreiches; er
wurde durch Attentate auf bolschewistische Führer, einschließlich
Lenins, zusätzlich genährt. Doch sein Ausmaß und seine Härte
können nicht allein auf das Wirken realgeschichtlicher oder gar
bloß ökonomischer Faktoren zurückgeführt werden. Hinter allem
stand eine Leidenschaft, ja Besessenheit, die nur in einem rational

---

[28] Zit. nach Bd. 25 von Lenins Gesammelten Werken (2. Aufl., russ.) in Louis
Fischer: Das Leben Lenins. Köln – Berlin 1965, S. 781.
[29] Karl Marx, Friedrich Engels: Manifest der Kommunistischen Partei. Stuttgart 1969
(Reclam), S. 47.

nicht auflösbaren *Glauben* verankert sein konnte: in dem Glauben
an die mögliche Mutation des Wolfes in das Lamm. Vielleicht hat
Curzio Malaparte zu Recht vermutet, daß Lenin sich für den *lupus
Dei qui tollit peccata mundi* hielt [30]. Immerhin spricht dieser Glaube
aus einem Artikel, der, kaum ohne Lenins Einverständnis, am
18. August 1919 in der ersten Nummer des offiziellen Organs der
Tscheka, „Krasnij Mech" („Rotes Schwert"), erschienen ist:
„Unser ist ein neuer Moralkodex. Unsere Humanität ist absolut;
denn sie gründet sich auf das glorreiche Ideal der Beseitigung von
Tyrannei und Unterdrückung. Uns ist alles erlaubt; denn wir sind
die ersten in der Welt, die das Schwert nicht ziehen, um zu unterdrücken und zu versklaven, sondern im Namen der Freiheit und
zur Abschaffung der Sklaverei."[31]
Die Terroristen der RAF werden vielfach als Anarchisten bezeichnet. Zu Unrecht. Denn Anarchismus ist, wie Günter Bartsch überzeugend nachweist, nicht notwendig mit einer gewaltbejahenden
Haltung verbunden. Es gibt seit jeher einen Anarchismus der
Gewaltfreiheit, der, ganz anders als der Marxismus, föderalistisch,
pluralistisch, spontaneitätsfreundlich sowie land-, erd- und natur-
liebend ist. Der den Terror bejahende Bakunin ist bei weitem nicht
der bedeutendste Theoretiker des Anarchismus; sein Landsmann
Kropotkin hat die „Philosophie der Bombe" in seinen späteren
Jahren entschieden abgelehnt. Thoreau, Proudhon, Tolstoi (der
Lao-tse bewunderte und Mahatma Gandhi inspirierte), Landauer
und Buber sind Anarchisten, die den Terror stets verworfen und,
jeder auf seine Weise, nach friedlichen Wegen zu sozialer Befreiung gesucht haben[32]. Nicht ihnen folgen die mit fünfzackigem
Stern und Maschinengewehr sich drapierenden Räuber, Folter-
knechte und Mörder der RAF. Als ihre Ahnherren und Lehrmeister betrachten sie vielmehr Marx und Lenin sowie deren exotische
Nachfolger Mao Tse-tung, Giap und „Che" Guevara.
Bevor sie auf diese linkstotalitären Ideologen zurückgriffen, spielte
ein heute fast schon vergessener Autor eine erhebliche Rolle bei
der Aufzucht eines neuen Gewaltdenkens: der aus Deutschland

---

[30] Zit. nach Stefan T. Possony: Lenin. Eine Biographie. Köln 1965, S. 533.
[31] Zit. nach Bertram D. Wolfe: Marx und die Marxisten. Berlin 1968, S. 324.
[32] Vgl. Martin Buber: Pfade in Utopia. In: Werke 1: Schriften zur Philosophie. München – Heidelberg 1962, S. 833–1002.

stammende und der Frankfurter Schule nahestehende Campus-
Marxist Herbert Marcuse. Marcuse zählt zu den schillerndsten
Gestalten der ideologischen Szene der späten sechziger Jahre.
Seine Version der „Kritischen Theorie", in der Marxsche Ansätze
mit aus der Psychoanalyse Freuds stammenden Elementen eigen-
artig amalgamiert sind, gehörte zur weltanschaulichen Ausrüstung
der „Außerparlamentarischen Opposition" (APO)[33]. Marcuses
Stellungnahmen zum Thema Gewalt haben um 1968 ein kaum
zu überschätzendes Echo vor allem in studentischen Kreisen gefunden. Er appellierte an das revolutionäre Potential, das von der
inzwischen konservativ gewordenen Arbeiterschaft überlagert sei,
an „das Substrat der Geächteten und Außenseiter: die Ausgebeu-
teten und Verfolgten anderer Rassen und anderer Farben, die
Arbeitslosen und Arbeitsunfähigen", die „außerhalb des demokratischen Prozesses" existieren. In ihrer Subversivität stecke
„eine elementare Kraft, die die Regeln des Spiels verletzt und es
damit als aufgetakeltes Spiel enthüllt … Die Tatsache, daß sie anfangen, sich zu weigern, das Spiel mitzuspielen, kann die Tatsache
sein, die den Beginn des Endes einer Periode markiert."[34]
Zur totalen Mobilisierung gegen die bestehende Gesellschaft
glaubte er ferner „die Insassen von Strafanstalten und Irrenhäu-
sern"[35] und vor allem die akademische Jugend berufen[36]. In den
unbefriedigten Bedürfnissen all dieser überwiegend außerhalb des
wirtschaftlichen Prozesses stehenden Gruppen sah Marcuse eine
„neue Anthropologie" sowie eine „neue Moral" entstehen, die er
als „das Erbe und die Negation der judäo-christlichen Moral" in-
terpretierte[37]. Die neue sozialistische Gesellschaft würde „ästhe-
tisch-erotische Qualitäten" haben, und deshalb setzte Marcuse
auch große Hoffnungen auf „die moralisch-sexuelle Rebellion" als

---

[33] Vgl. Günter Rohrmoser: Das Elend der kritischen Theorie. Freiburg i. Br. 1969;
Gerd-Klaus Kaltenbrunner: Mutmaßungen über Marcuse. In: Neues Forum, (Wien)
H. 169–170 (Januar–Februar 1968), S. 55–61; ders.: Vorbild oder Verführer? Über
den politischen Einfluß der Philosophie Herbert Marcuses. In: Wort und Wahrheit,
(Wien – Freiburg i. Br.) Jg. 25, H. 1 (Januar–Februar 1970), S. 46–60.
[34] Herbert Marcuse: Der eindimensionale Mensch, Neuwied 1967, S. 267.
[35] Ebd., S. 73.
[36] Vgl. Herbert Marcuse: Ist die Idee der Revolution eine Mystifikation? Interview
mit Günther Busch. In: Kursbuch 9 (Juni 1967), S. 6.
[37] Herbert Marcuse: Das Ende der Utopie. Berlin 1967, S. 15.

„desintegrierenden Faktor"[38]. Um die bestehende westliche Gesellschaft in diese Richtung hin zu verändern, sei Gewalt kein von vornherein auszuschließendes Mittel, denn „die gewaltlose Gesellschaft bleibt die Möglichkeit einer geschichtlichen Stufe, die erst zu erkämpfen ist"[39]. Obwohl er die gewaltlose, befriedete und humane Gesellschaft in die Zukunft verlegt, konzediert Marcuse an anderer Stelle, daß die von ihm als so widerwärtig dargestellte westliche Zivilisation außerordentlich komfortabel sei:

„Wir kämpfen nicht gegen eine terroristische Gesellschaft. Wir kämpfen nicht gegen eine Gesellschaft, die bereits bewiesen hat, daß sie nicht funktionieren kann. Wir kämpfen gegen eine Gesellschaft, der es in der Tat gelungen ist, Armut und Elend in einem Maße zu beseitigen, wie es früheren Stadien des Kapitalismus nicht gelungen ist."[40]

Doch diese Vorzüge des westlichen Systems hielten Marcuse nicht davon ab, mit der Idee einer „erzieherischen Diktatur" zu spielen, in der eine aufgeklärte Elite darüber bestimmen würde, welche Bedürfnisse „wahr" und welche „falsch" seien; nur durch sie könne das „betrügerische Einverständnis" der Massen mit den gegenwärtigen Formen der repressiven Demokratie aufgehoben werden[41]. Am berühmtesten – beinahe zu einem geflügelten Wort – wurde Marcuses 1965 niedergeschriebene Verteidigung des „Naturrechts" für unterdrückte Minderheiten auch in demokratischen Staaten:

„Wenn sie Gewalt anwenden, beginnen sie keine neue Kette von Gewalttaten, sondern zerbrechen die etablierte. Da man sie schlagen wird, kennen sie das Risiko, und wenn sie gewillt sind, es auf sich zu nehmen, hat kein Dritter, und am allerwenigsten der Erzieher und Intellektuelle, das Recht, ihnen Enthaltung zu predigen."[42]

---

[38] Ebd., S. 19, 23.
[39] Herbert Marcuse: Kultur und Gesellschaft. Bd. 2. Frankfurt a.M. 1965, S. 146.
[40] Herbert Marcuse: Das Ende der Utopie, S. 89.
[41] Vgl. Herbert Marcuse: Der eindimensionale Mensch, S. 26f., 60f., 261; ders.: Triebstruktur und Gesellschaft. Frankfurt a.M. 1965, S. 222; ders.: Kultur und Gesellschaft. Bd. 2, S. 135f.
[42] Herbert Marcuse – Paul Wolff – Barrington Moore: Kritik der reinen Toleranz. Frankfurt a.M. [5]1968.

Subtil unterschied Marcuse in einer öffentlichen Diskussion mit
Studenten der Freien Universität Berlin (Juli 1967) zwischen guter
und böser Gewalt, wobei er im Grunde nicht anders argumentierte
als der Verfasser des oben zitierten Artikels in der Zeitung der
sowjetischen Geheimpolizei:

„Die Gewalt zum Beispiel des revolutionären Terrors ist sehr verschieden vom weißen Terror, weil der revolutionäre Terror eben
als Terror seine eigene Transzendierung zu einer freien Gesellschaft impliziert, während der weiße Terror das nicht tut. Der Terror, der in der Verteidigung von Nordvietnam angewandt wird, ist
wesentlich different von dem Terror, der in der Aggression angewandt wird."[43]

Ob Marcuse die um 1960 von nordvietnamesischen Kommunisten
verübten Morde an einigen zehntausend Dorfältesten im Süden
des Landes und andere Greueltaten des Vietcong[44] unbekannt
waren, läßt sich heute kaum noch mit Gewißheit feststellen.
Gewiß ist nur, daß Marcuse, ein in persönlichem Umgang überaus
kultivierter Gelehrter mit altmodischem Charme, dem Terrorismus, sofern er nur ein linkes Vorzeichen hatte, unverhohlene
Sympathien entgegenbrachte.

Sympathisanten „progressiver Gewalt" begannen vor etwa zehn
bis zwölf Jahren vor allem an philosophischen und theologischen
Fakultäten sowie in manchen Feuilletonredaktionen der Bundesrepublik sich vernehmlich zu Wort zu melden.

Illegale Gewaltanwendung läßt sich in einer leidlich rechtsstaat-
lich-demokratischen Gesellschaft nur dann rechtfertigen, wenn es
gelingt, den Bürgern einzureden, daß die Demokratie bloß eine
Fassade sei, hinter der faschistische Brutalität lauere. Gleichzeitig
mit Marcuse und zum Teil von ihm inspiriert, haben im Westen
Deutschlands einige prominente Soziologen, Politologen, Frie-
densforscher, Kirchenmänner und Publizisten unter dem Schutz
des Meinungsfreiheit garantierenden Grundgesetzes die bestehende Ordnung verächtlich gemacht und suggeriert, daß sie von
roher Gewalt bestimmt werde. Bekannt ist Heinrich Bölls Rede
zur Einweihung des neuen Schauspielhauses in Wuppertal, gehal-

---

[43] Herbert Marcuse: Das Ende der Utopie, S. 69 f.
[44] Vgl. Walter Laqueur: Terrorismus, S. 18, 81.

ten im September 1966, in der er vor einem Auditorium geladener Festgäste, darunter dem damaligen Bundespräsidenten, die Bundesrepublik mit eiferndem Haß denunzierte:

„Dort, wo der Staat gewesen sein könnte oder sein sollte, erblicke ich nur einige verfaulende Reste von Macht, und diese offenbar kostbaren Rudimente von Fäulnis werden mit rattenhafter Wut verteidigt." [45]

Ein Jahr darauf verhöhnte Böll anläßlich einer Preisverleihung das „Analphabetenkreuzchen" des zur Wahlurne gehenden demokratischen Bürgers und zitierte zustimmend Georg Büchners Wort: „Wenn in unserer Zeit etwas helfen soll, so ist das Gewalt." 1968, als die studentische Protestbewegung ihrem Höhepunkt entgegentrieb und in die Kriminalität auszuufern begann, gab der Schriftsteller die Empfehlung aus: „Es bleibt ja ohnehin nur das eine: zersetzen, zersetzen, zersetzen." [46] 1972 stilisierte er die nun wirklich kriminellen Mitglieder der Baader-Meinhof-Bande zu „verzweifelten Theoretikern", die denunziert, verfolgt und in die Enge getrieben würden, obwohl „deren Theorien weitaus gewalttätiger klingen, als ihre Praxis ist" [47].

Marcuse und Böll werden hier nur beispielshalber angeführt, da sie zu den prominentesten Autoren gehören, die lange Jahre hindurch durch ihre Worte und Schriften mit beigetragen haben zur Ausbreitung jener Subkultur der Verweigerung, des Ekels und der Verachtung, in der Gewalt und Terror zumindest populär werden konnten [48]. Als freilich nach der Zeit der Inkubation die mörderische Saat aufging, wollten die Prediger der permanenten Aufsässigkeit und Verweigerung gegenüber dem ekligen Bestehenden nicht wahrhaben, was Thomas Mann im Hinblick auf Hitler und seine intellektuellen Sympathisanten so umschrieben hat: „In jeder geistigen Haltung ist das Politische latent." [49] „Ich habe viele Arten von Hochmut erlebt, an mir und andern", bekannte nach

---

[45] Der Spiegel, 3. Oktober 1966.
[46] Zit. in: Die Welt, Nr. 213, 13. September 1977, S. 6.
[47] Der Spiegel, 10. Januar 1972.
[48] Vgl. dazu auch René Ahlberg: Akademische Lehrmeinungen und Studentenunruhen in der Bundesrepublik. Freiburg i. Br. 1970, bes. S. 27 ff., 33 ff.
[49] Zit. nach Joachim C. Fest: Das Gesicht des Dritten Reiches. München 1963, S. 338.

dem Sieg des Nationalsozialismus der heimatlos gewordene und
verfolgte Dichter Franz Werfel. „Da ich aber in meiner Jugend
eine Zeitlang selbst dazugehört habe, kann ich aus eigener Erfahrung bekennen, daß es keinen verzehrenderen, frecheren, höhni-
scheren, teufelsbesesseneren Hochmut gibt als den der avantgar-
distischen Künstler und radikalen Intellektuellen… Unter dem
amüsiert-empörten Gelächter einiger Philister waren wir die un-
ansehnlichen Vorheizer der Hölle, in der nun die Menschheit
brät."[50]

Damit ist nur *eine* Linie angedeutet, die noch eingehender erforscht werden muß, wenn die Diskussion über die geistigen Wurzeln des neuen Terrorismus und des ihn umgebenden ideologischen Hofes sinnvoll sein soll. Gewalt und Terror im
innenpolitischen Raum sind für die europäischen Staaten nichts
Neues. Ein Blick auf Rußland in der zweiten Hälfte des vorigen
Jahrhunderts oder auf die Verhältnisse im Deutschen Reich der
Weimarer Zeit läßt erkennen, daß der Terrorismus auch dann ein
geschichtlich bekanntes Phänomen ist, wenn wir ihn nicht bis zu
den Assassinen im Mittelalter oder zu den von Tacitus geschilder-
ten Machtkämpfen in der römischen Kaiserzeit zurückverfolgen
wollen. Wie die wenigen Beispiele zeigen, kann Gewalt und Terror
in den verschiedensten Milieus und von den gegensätzlichsten Parteien praktiziert werden. Terrorismus ist kein Monopol der extremen Linken; er ist aber auch nicht, wie der kroatische Philosoph
Danko Grlić behauptet, „notwendig das Prinzip der Restauration"[51]. Ebenso führt in die Irre die verbreitete Gleichsetzung von
Anarchismus und Terrorismus. Unzulässig ist ferner der Versuch,
terroristische Aktionen einzig als Folge ideologischer Verirrungen
begreifen zu wollen. Voreilig ist aber auch der Schluß, Terrorismus
sei immer eine Folge sozialer Ungerechtigkeit, politischer Repression oder sonstiger Diskriminierung. Wie die Erfahrung zeigt, sind
heute Gesellschaften, die keine Bürgerrechte kennen und ein
hohes Maß an sozialer Ungerechtigkeit aufweisen, vom Terror
unberührt, sofern die Regierung totalitären Charakter hat. Zum

---

[50] Zit. nach Walter Muschg: Die Zerstörung der deutschen Literatur. München 1961,
S. 23.

[51] Vgl. Praxis. Philosophische Zeitschrift, (Zagreb) 1971, H. 1/2, S. 53 f.

Gebrauch aller verfügbaren Machtmittel entschlossene Diktaturen
werden von Terroristen fast durchweg gemieden; diese operieren
am erfolgreichsten in demokratisch-liberalen Staaten oder unter
halbautoritären Regimen, die sich in einer Liberalisierungsphase
befinden. Kaum zu bestreiten ist die Tatsache, daß das Pendel der
Gewalttätigkeit in Europa, vor allem aber in Deutschland, von
rechts nach links ausgeschlagen ist. Die Manifeste der RAF und
anderer Stadtguerillas verraten eine linke, insbesondere mar-
xistisch-leninistische Denkweise; ihr Jargon ist der einer grausamen Fernstenliebe, eines eiskalt-abstrakten Humanitarismus.
Man kann sich kaum vorstellen, daß man später einmal von einer
der unholden Amazonen der siebziger Jahre wird sagen können,
was Sawinkow von Dora Brilliant, der russischen Attentäterin zur
Zeit des Zarismus, gesagt hat: „Aber der Terror lastete auf ihr wie
ein Kreuz."[52]
Das linke Vorzeichen des überwiegenden Teils der neuen Terrorszene in Westeuropa ist unbestreitbar, wie denn auch ihre intel-
lektuellen Sympathisanten und wohlwollendsten Interpreten sich
durchweg als Linke verstehen. Gleichwohl wären auch an diesem
Punkt noch manche Fragen zu stellen. Der kritische jugoslawische
Marxist Svetozar Stojanović meint, daß man die Theorie des Un-
bewußten mehr als bisher bei der Erforschung revolutionärer
Gruppen berücksichtigen müsse, und gibt damit einen wichtigen
Fingerzeig: „Die Erscheinung der Inversion (Umkehrung) von
Zielen und Mitteln erweckt den Verdacht, daß unter bewußten
Zielen von Beginn an andersartige unterbewußte Ziele lagen. Die
bewußten Ziele, deren Achse die klassenlose und staatslose
Gesellschaft darstellt, dienen in solchen Fällen zur Verdeckung des
unbewußten Wunsches nach der eigenen Verabsolutierung der
Macht."[53]
Während wir uns diesen Gedanken überlassen, machen Mord,
Folter und Erpressung weiterhin die Runde. Italien, Irland, Spa-
nien, die Bundesrepublik, Japan und andere Länder werden von
der Furie des Terrorismus heimgesucht. Stets sind es Staaten, von
denen die Verbrecher mit Recht erwarten können, daß sie sich bei

---

[52] Vgl. Albert Camus: Der Mensch in der Revolte. Reinbek 1969, S. 137.
[53] Svetozar Stojanović: Kritik und Zukunft des Sozialismus. München 1970, S. 182.

der Abwehr nicht der Mittel der Angreifer bedienen werden. Die
Umstände sind von Land zu Land verschieden; gleichwohl kehren
einige Aspekte immer wieder, können gewisse Verallgemeinerungen gewagt werden. Es ist ein multinationaler Terrorismus entstanden, der direkt und indirekt sowohl von der Sowjetunion und
manchen Ostblockstaaten als auch von Libyen und einigen anderen afrikanischen und asiatischen Ländern unterstützt wird. Dieser
multinationale Terrorismus nimmt mehr und mehr den Charakter
eines Kriegsersatzes an. In den westlichen Demokratien ist das
Tabu der Gewalt gebrochen. Die zivilisierende Funktion des neuzeitlichen souveränen Staates ist in dem Maße fragwürdig geworden, in dem bis zum letzten entschlossene und ferngesteuerte
„Gegeneliten" sein bisheriges Gewaltmonopol aushöhlen. Nichts
aber wirkt so demoralisierend auf ein bürgerliches Normalbewußtsein wie die Aussicht, gegen Fanatiker kämpfen zu müssen, die
sich an überhaupt keine Spielregeln politischer Fairneß gebunden
fühlen und den eigenen Tod nicht scheuen. Das Entsetzen
steigert sich bis zum Äußersten in einer Gesellschaft, die den
Ernstfall durch Jahrzehnte verdrängt und alle riskanten, lebensgefährlichen Werte dem Prinzip allgemeinen Wohlbefindens geopfert hat.

Wir sollten uns nichts vormachen. Es gibt – zumindest für Demokraten – keine Patentrezepte gegen die Progression der Gewalt.
Abscheu allein genügt ebensowenig wie eine Verstärkung des
Polizeiapparats. Die Kultur des Westens kann nicht dadurch gerettet werden, daß wir vor der Gewalt kapitulieren. Wir können
und dürfen uns nicht mit dem Ratschlag befreunden, es käme eben
darauf an, „mit dem Terror zu leben". Doch wir müssen uns damit
abfinden, daß der Schrecken, als dessen Opfer wir uns erfahren,
eine Erscheinung jenes dämonischen Tieres ist, das in dieser Welt,
auch wenn wir unter einem guten Stern stehen, stets nur überwunden werden kann, aber nicht vernichtet.

                                                Der Herausgeber

HEINRICH DIETZ

Speerspitze des Weltgeistes mit Sprengkopf

Endstation Terror – Nährgrund Marxismus

Bologna, 25. September 1977. Szene: neomarxistische Großfamilie auf dem Sonntagsmarsch. Quicklebendige Marschierer. Gruppen und Fahnen, Farben und Appelle, abgemessene Abstände zwischen den Marschblöcken und Slogans auf riesigen Kartonflächen zur Markierung des Marschziels. Feuerspeiende Drachen und brisante Parolen, gemeinsame und differenzierende Anspielungen (Kappler-Entführung: „Carabinieri dove eravate – quando Kappler faceva le scalate", daneben schwarze, rote, orangegelbe Farbsymbole zur Unterscheidung). Zorn beseelt sie alle. Der Zorn lebt im harten Rhythmus des Marsches. Zorn und politische Energie scheinen im Gleichgewicht. Aber dieser Zorn hat seine von Gruppe zu Gruppe wechselnden Grade. Unter der schwarzen Standarte scheint er die höchste Stufe erreicht zu haben. Dort hat er elitären Charakter, markiert er den Führungsanspruch: im relativ kleinen Anarchistenblock. Lotta permanente, Lotta continua (Kampf bis zum Ende), Democrazia Proletaria, Avanguardia Operaia, Omosessuali rivoluzionari (die Homosexuellen), „Sturmtruppen", Guerilleros, Autonomi: die Namen weisen auf die Unerbittlichkeit ihres Kampfes hin. Im ganzen sind es 35 000 junge Menschen, die ihren Zorn kultivieren und zur Schau tragen. Sie halten ihn fest wie der Drogensüchtige seine Droge – wie der Quartalsäufer seine Wermutflasche.

Das fazzoletto di guerilla ist Zeichen des Elite-Anspruchs in dieser
Masse der 35 000. Das Schwarz neben dem Rot bedeutet Eskalation, Männlichkeitssymbol gegenüber den „Masse-Roten", den
(im Ernstfall unbrauchbaren) „Hosenscheißern". Die terrorsüch-
tigen, kampflustigen „Schwarzen" suchen sich an die Spitze zu
manövrieren, um den „sacco", die Gewaltszene, zu schaffen, die
anderen mitzureißen in die Gewalt und den blutigen Aufstand. Für
uns Zuschauer überraschend: Das Manöver gelingt nicht. Das
Kraftprotzentum der „Schwarzen" wird an die Kandare genommen. Das zeigt sich schon äußerlich: die „Brutalen" und „Spontanen" werden aus der Spitze des Zuges verdrängt. Familien-
strategie? Der Berichterstatter des „Corriere della Sera" erläutert
die Taktik am nächsten Tag: vorne die Seminarmarxisten (i gruppi
più responsabili), die Studenten von Bologna, dann weitere
Puffergruppen, in der Mitte die „Anarchisten und Guerilleros",
dann nochmals Puffer (Arbeiterjugend). Deutlich wird: die Familie nimmt den Anarchismus mit, man hat vor, ihn zu integrieren;
aber man versucht, ihm Grenzen zu setzen. Das gelingt auch trotz
mehrfacher Umgruppierungen. Die Familie wahrt ihre Würde.
Die Konkurrenz der Gruppen wird deutlich. Der Eliteanspruch der
Brutali zieht nicht, auch wenn sie glauben, den Zorn des Weltge-
richts gepachtet zu haben. Für sie – und das gilt für die Anarcho-
Marxisten in aller Welt – ist das Gros der Marx-Familie eine Sippe
von intellektuellen Schwätzern, Hosenscheißern, Alles-besser-
Wissern (Agit 883, Nr. 62). Insofern ist das Bologneser Muster
mehr als ein örtlich und zufällig arrangiertes Integrationsmodell.
Terroristen haben ambivalente Beziehungen zur Großfamilie. Als
Anarcho-Marxisten sind sie die letzte Konsequenz des Marxismus.
Als Terroristen müssen sie in die Ecke stehen. Aber Motivierung
von Gewalt ist in die rote Dialektik von jeher einbezogen. Die
Sprache des Marxismus leiht ihre Euphemismen für Tat und
Gewaltsubjekt (Befreiung, Spartakus, Gerechtigkeit, Gleichheit,
Veränderung, Klassenkampf, Bewußtseinswandel...) und ihre
Kakophemismen für die Gesellschaft (Unterdrückung, Sklaverei,
Faschismus, Ausbeutung...). Von hier aus ist es auch nicht mehr
weit zur Gewalt in ästhetischer Verbrämung (Surrealismus), als
faszinierende menschliche Ausdrucksform, als Symptom des Lust-
prinzips wie des Todestriebs. Der Schrecken wird chic. „Die sim-

pelste Tat des Surrealisten ist, mit Revolvern in den Händen auf
die Straße zu gehen und wahllos in die Passanten zu ballern" (Breton).
Gewalt und Happening werden synonym – schon im „Kinderladen". Vom einfachen „Freiheitsritus" im Kinderladen bis zum jugendlichen Happening in der Hauptschule, vom einfachen Tabu-
frevel bis zum Fertigen eines Molotow-Cocktails, vom Schall- und
Geschwindigkeitsterror von Rockern bis zum Raubüberfall der
„Roten-Armee-Fraktion" reichen die Spielarten der Gewalt.
Politische Rechtfertigung liefert die Klassenkampftheorie, ästhe-
tische der Surrealismus. Vieles mag ins Spielerische versickern,
manches im Räuber-und-Gendarm-Spiel vorgeformt sein. In der
Zeitschrift „Erziehung und Klassenkampf" wie in einigen
Taschenbüchern und Jugendzeitschriften wird das Szenario der
Gewalt in der Phantasie beheimatet. So ist „Die Erstürmung des
Fort Monopol" (Erziehung und Klassenkampf 1971, H. 4, 1972,
H. 5/6) ein pädagogisches Schulspiel, das den Erfindergeist der
Jugend aufwecken soll im Blick auf spätere Auseinandersetzun-
gen. Klassenkampf- und Guerillasituationen fließen ineinander,
das Symbolische und das Konkret-Aktionistische verbinden sich.
Das Spiel zwinge die Kinder, so heißt es in der „pädagogischen"
Projektskizze, das Erlebnis-Spiel und das Spiel-Erlebnis auf
Gesellschaftliches und Politisches zu durchforsten.
Man müsse – so der pädagogische Anwalt der Gewalt – Mittel und
Wege zeigen, die den jungen Menschen helfen, die neuen Kampf-
situationen und Konflikte der Gesellschaft zu bewältigen. Wer
wird aufs Korn genommen in dieser Ballerei? Bankiers, Generäle,
Fabrikanten, Großhandelsvertreter! Von Träumen über Spiele
und Flugblätter zu Aktionen ist ein geschlossener Zirkel gebildet.
Ronald Grossarth-Maticek analysiert in seinem Buch „Revolution
der Gestörten" (Heidelberg 1975) den neurotischen Charakter der
Gewaltphantasie. Karl Heinz Bohrer schreibt verharmlosend von
einer Flugblattaktion der Kommune 1 (in der es heißt: „Wenn es
irgendwo brennt in der nächsten Zeit, wenn irgendwo eine Kaserne
in die Luft geht, wenn irgendwo in einem Stadion die Tribüne einstürzt, seid bitte nicht überrascht"): „Das Flugblatt war in dem
Grad ernst, das heißt wortwörtlich gemeint, wie eine literarische
Form das sein kann..."

Familien-Rot mit schwarzem Trauerflor

Wie stark sind die Blutsbande in der roten Familie, Anarchisten
eingeschlossen? Der von Grossarth-Maticek untersuchte Jugendliche nimmt das „Rot" wörtlich, konkret, phantasievoll, zur Handlung treibend. Auf die Farbsymbolik „rot" assoziiert er Blut. „Auf
Blut Geschlechtsorgane, weibliche und männliche. Blut, Unruhe
bedeuten für mich Aufbrechung der bürgerlichen Welt, der einge-
frorenen Strukturen. Den Liebesakt assoziiere ich mit der Farbe
rot. Ich bin der Aktive, Angreifende in bezug auf die bürgerliche
Gesellschaft"… „Wir machen eine genaue Planung der Revolution in Heidelberg", träumt einer. „Ein Amipanzer, kurz bevor
er auf die Polizei trifft, hängt er die rote Fahne heraus. Dann
kommt die große Arbeiterstunde X. Der Bundespräsident wird ermordet, und dann schlägt es an allen Stellen gleichzeitig los. Bahn-
hof und Rathaus fliegen in die Luft, der Bürgermeister wird auf
die Laterne gehängt, die deutsche rote Armee kommt."
Das kommt nicht unerwartet. So hat die rote Familie immer ge-
träumt. Der Terror kommt nicht von außen. Er kommt von innen.
Der neue Anarcho-Marxismus liegt nicht weit von der Grundlinie
der marxistischen Utopie weg. Zwar hat der Anarchismus seine
vormarxistische Phase. Doch der eigentliche Auftrieb und die Entwicklung zum hemmungslosen Terrorismus sind nur in der Sym-
biose mit dem Marxismus möglich geworden. Das Rot hat einen
schwarzen Trauerflor erhalten. Es hat sich nicht als Morgenrot er-
wiesen.
Wer den anarcho-marxistischen Familiensinn in seinen vertrauten
und vertraulichen Formen erkennen will, der muß sich mit den
Familienfeiern des Verwandtenkreises näher befassen, die den
Geist des Zusammenhalts innerhalb des anarcho-marxistischen
Zirkels bekunden. Wer selbst in der Nähe und im weiteren Sinne
dabei war, der spürt die innige „Umarmung" in dieser Sippe, kennt
die Töne der Vertraulichkeit und der gemeinsamen Sprache, die
spitzen Feindseligkeiten gegenüber der Gesellschaft und den
Familienjargon, wo es sich um „Polizeistaat", Faschismus, „faschi-
stoide" Umwelt, unheile Welt und heilen Marxismus handelt.
Wer die Berichte von Dieter E. Zimmer in der „Zeit" (Juni 1977)
über die Schicksale der Wortführer des APO-Experiments auf-

merksam gelesen hat und daneben in „Kursbuch 48" einiges über
die Stimmung derer, die sich für die „Speerspitze des Weltgeistes"
hielten, erfahren konnte, der spürt die unerhörte Wirkung des
Rückschlags enttäuschter Hoffnungen, Erwartungen, Elitevor-
stellungen, Veränderungseuphorien, Revolutionsvisionen. Das
kaputtgeschlagene Sendungsbewußtsein transformiert sich in
Resignation – oder in nihilistisch getönten Trotz und Zorn, der in
Terrorismus mündet. „Das Sendungsbewußtsein, welches zur Not
rechtfertigt, die eigenen Vorstellungen mit allen Mitteln durchzusetzen und den politischen Gegner nicht als Menschen, sondern
als Monster zu betrachten und ihn physisch zu vernichten oder
wahlweise in die Fischmehlfabrik zu schicken; schließlich das
Gefühl, die Speerspitze des Weltgeistes zu sein oder wenigstens
an seiner Macht und Weisheit teilzuhaben" (Kursbuch 48,
S. 113).
Die marxistischen Familienväter haben ihre Hoffnungen mit
„Trauerflor" verziert. Die Alterskrankheit des Marxismus wurde
offenkundig und wurde auch im Familienverband nur notdürftig
verhüllt. Man sprach von einer „geprüften Hoffnung" (Bloch),
von einer „Hoffnung mit Trauerflor". „Ein Trauerflor pflegt
schwarz zu sein, schwarz aber ist die Fahne des Anarchismus"
(Wilhelm Quenzer in „Information" Nr. 63, I/76. Evangelische
Zentralstelle für Weltanschauungsfragen, Stuttgart). Sie alle haben
den Trauerflor angelegt. Auch Herbert Marcuse steckte zurück.
Das Ereignis der Revolution wird in eine ferne Zukunft verlegt,
es wird verschwommener und noch anonymer: „Denn die nächste
Revolution wird das Werk von Generationen sein; die ‚Endkrise
des Kapitalismus' kann sehr wohl länger als ein Jahrhundert
dauern" (Konterrevolution und Revolte, Frankfurt 1973, S. 154).
Marcuse fordert heute Erziehung und Vernunft, Forderungen, die
nur schwer bei *der* Jugend, die „spontan" reagieren will und unge-
duldig auf die Einlösung von Versprechungen wartet, ankom-
men.
Denn eben dieser Marcuse wurde von vielen jungen Menschen als
Dynamiker anerkannt, der sein Charisma aus der Verkündung der
unmittelbar bevorstehenden Revolution bezog. Da sich die ver-
kündete Hoffnung aber erst in ferner Zukunft erfüllen kann, vermögen die Prinzipien nicht mehr als Rezepte fürs Handeln zu die-

nen, sondern „fungieren nur noch als Trost". Einer Langzeithoffnung wird aber in den anfälligen jugendlichen Kreisen mißtraut,
weil die Erwartung mit Ungeduld bis an den Rand erfüllt ist, weil
sie „eine Bombe birgt".

Doch zurück zu der Familie, die Langzeithoffnung und Vertrauen
auf die Bombe noch in einem dehnungsfähigen Zusammenhang
zu sehen vermag. Mit Sibylle Krause-Burger besuchen wir die
trauernde Gemeinde am Grabe Ernst Blochs (Systemkritik der
Sektenkinder, in: Die Brücke zur Welt, Stuttgarter Zeitung,
3. 9. 1977), eine Gemeinde, die es versteht, mit der Trauer um eine
„Integrationsgestalt" die „permanente Empörung" zu verbinden.
Der Schmerz um den verstorbenen Patriarchen hält die Trauer
wach um die der „Isolationsfolter" Unterworfenen, um die „Toten
eines Gewaltapparats, der seine Funktion in Unterdrückung und
Tötung hat". Die Trauerszene wird zum Tribunal. Systemverände-
rer aller Richtungen bringen ihren Schmerz zum Ausdruck über
die „unzähligen kleinen Leute", welche „durch Polizeikugeln liquidiert, durch die industrielle Maschinerie verstümmelt, durch die
Meinungsmanipulation bewußtlos gehalten, durch das System der
Profitmaximierung und die Herrschaft von wenigen vergewaltigt
werden". Man spricht mit gedämpfter, aber Zorn und Trotz kaum
verhüllender Stimme von Polizeistaat, Unrechtsstaat, Faschismus,
Abbau demokratischer Rechte. Die Trauerfamilie bringt alle ihre
Sorgen vor und spricht im Jargon der „Sektenkinder", die sich mit
der Bombe eine Öffnung in die Zukunft – also neue Hoffnung –
schaffen wollen. Der Alltag in der Bundesrepublik verfinstert sich,
und die Diagnose am Krankenbett der Gesellschaft deutet auf bal-
digen Tod. Viel Umarmung im Familienstil, viel Anlehnungsbe-
dürfnis, Betroffenheit, Trostversuch, auch die Kinder der Gewalt
in die Umarmung mütterlich und väterlich einschließend.

Absegnung als Elite im „letzten Gefecht"
Der Enkel bess'res Ausfechten

Das ist die Zeit der Andeutungen, der Anspielungen, der Mehrdeutigkeiten und der rhetorischen Camouflage. Der eine sagt es
offen, der andere flüstert es „klammheimlich", der dritte rheto-

risch verblümt: Der Rudi, der Benno, die Gudrun, der Walter ...
sind wirklich eine Familie der Leidtragenden um den Toten und
seine Hoffnung. „Zu soviel Umarmung und Wärmeerzeugung gehört natürlich, daß man sich duzt, daß die Gemeinde die Anrede
‚Genossen' entgegennimmt, daß man von den beteiligten Lokal-
matadoren nur als vom ‚Ali' und von der ‚Gundi' spricht, als ob
jedermann die beiden kennen müßte, und daß auch Ernst Blochs
Frau allenthalben nur die ‚Karola' ist: vereinnahmt, nutzbringend
angewandt auch sie. Denn das hält dieses Klima von Vertraulichkeit konstant, läßt alle zu Schwestern und Brüdern werden, lockt
und tröstet die Einsamen und reicht ganz unvermittelt und hautnah
die Gewißheit im Kreis herum, daß sich die hier versammelten
Streiter auf der Seite des rechten Glaubens befinden" (Krause-
Burger).
Mit dem Nekrolog der Gundi (Gundi Reck, AStA-Vertreterin)
wird „der Enkel bess'res Ausfechten" rhetorisch in Aussicht gestellt. Gundi trägt Trauer um Ernst, aber auch um Benno (Ohnesorg) und Holger (Meins). Rudi kommt der Sache noch näher. Er
stellt den Tod des Verstorbenen in einen mysteriösen Zusammenhang mit dem Tod „eines von Desperados ermordeten hohen
Bankspekulanten". Letzterer ist austauschbar. Bloch stellte die
Segel in eine andere Welt, meint Walter Jens. Wolf Biermann
spricht vom Band herab. Nur soviel vereint die Familie der Trau-
ernden: „die an Wurzeln gehende Kritik an Staat und Gesellschaft
in der Bundesrepublik; die Überzeugung, daß ‚die Fehler' in dieser Ordnung inzwischen alle positiven Merkmale, jede Gerechtigkeit und Freiheit überdecken" (Krause-Burger).
Die Geisterarmee, die Avantgarde der Gewalt, die Rote-Armee-
Fraktion marschiert im Geist in ihren Reihen mit, auch beim Fami-
lientreffen der Marxisten aller Schattierungen. Gleichzeitig kur-
sieren neue Zahlen über die Terroristenszene: 1200 sollen zu den
terroristischen Gewalttätern (als Kern) gehören. 6000 Mitglieder
haben die Untergrundsplittergruppen. Über 60 000 Sympathisanten sorgen dafür, daß die „Basis" operationsfähig bleibt. Eine
stattliche Pyramide des Schreckens (Breitensport und Spitzensport
zum Vergleich!).
Stolze Zahlen. In seinen „Prozessen der Machtbildung" fragt
Heinrich Popitz in ganz anderem Zusammenhang: „Wie kommt

das Abhängigkeitsgefälle in einem Gesamt zustande, und wie
bringt es eine kleine Gruppe fertig, die Masse auf ihre Seite zu
ziehen?" (Tübingen 1968). Die Technik ist uralt und in vielen
Meinungsbildungs- und Machtbildungsprozessen praktiziert. In
höchstem Maße erregend erscheint es uns, wie die Kerngruppe
(der „harte Kern") Sympathisanten gleichzeitig sammelt und als
Nährgrund unterhält und auf die Kerntruppe hin „staffelt". Elite-
prinzip im Untergrund. Masse und Minderheit gut aufeinander
eingespielt. Sympathisanten im Bohème- und Seminarmarxisten-
Kreis, aber auch unter Rückversicherern und in Intellektuellenzir-
keln marxistischer Couleur. Familiensinn kultivierend, Märtyrer-
und Herostratentum verkörpernd. Die Zahl und Anhänglichkeit
der Sympathisantengruppen bei dieser Staffelung variiert. Es ist
einfach chic, „in" zu sein, wie es „chic" ist, auf den Bullenstaat
einen Zorn zu kultivieren und den „Faschismus" im Bürgertum
zu denunzieren. Popitz greift drei Typen von Sympathisanten-
staffeln in seinem Bild von aggressiver „Elitebildung" auf: die erste
stellt eine Klientelgruppe dar, die vom Machtzentrum abhängig ist
(sich schon durch Spenden und Äußerungen, wenn auch noch nicht
durch den „Blutkitt" verbunden fühlt), die als Meinungsmacher
ein Wort eingelegt haben, zunächst unverbindlich, dann verbindlicher und am Schluß schon eindeutig. Ihre Stellung könne – so
Popitz –, besonders in der ersten Phase des Prozesses, derjenigen
von Außenseitermitgliedern gleichen.
Ihre Zugehörigkeit zur Machtgruppe sei ambivalent: eine Ja-
Nein-Beziehung. Am schwersten sei wohl die Schaffung, Erhaltung und schrittweise Reduzierung einer zweiten Staffel gewesen,
der Staffel der Neutralen, der Zuschauer, der Neugierigen, der
vom „Juventismus" Befallenen (die Jugend von vornherein als
„Induktionszentrum" für die Kultur betrachten, die trockenen
Fußes in die Zukunft schreiten könne); so etwa wie Siegfried Lenz
seinen Janpeter Heller im Zusammenhang mit jugendlichen
Umtrieben charakterisiert (Das Vorbild): Heller schließt sich einer
Krawallszene an. Er sieht mit Genugtuung die Jungen mit Mega-
phon und Maori-Frisuren. Er wird mitgeschwemmt, ist neues Ket-
tenglied im Strom, sie keilen ihn ein und ziehen ihn fort, sie erkennen in ihm einen Gleichgesinnten, dessen Empörung sich einstellt,
sobald sie gebraucht wird.

Im Sinne Heinrich Bölls, der glaubt, man könne bei der „Zerstörung bürgerlicher Denk- und Bewußtseinsformen" nicht immer le-
galistisch und formal-demokratisch verfahren. Baader-Meinhof-
Revolte bedeutet – so Böll im „Spiegel" (10.1.1972) – eine
„Kriegserklärung gegen das System". „Es ist eine Kriegserklärung
von verzweifelten Theoretikern, von inzwischen Verfolgten und
Denunzierten, die sich in die Enge begeben haben, in die Enge
getrieben worden sind und deren Theorien weitaus gewalttätiger
klingen, als ihre Praxis ist … Es kann kein Zweifel bestehen: Ulrike
Meinhof hat dieser Gesellschaft den Krieg erklärt, sie weiß, was
sie tut und getan hat, aber wer könnte ihr sagen, was sie jetzt tun
sollte?"
Der Begriff „Baller-Ideologie" stellt sich ein: wie bei Kindern, die
am Geburtstag einen Kinderrevolver erhalten, die das harmlose
Spiel von Räuber und Gendarm spielen.

**Der Flirt mit dem Terrorismus und der falsche Zungenschlag
Bewußtseinstrübung und semantische Verfälschungen**

Minoritäten heimsen in der Geschichte jederzeit reichliche Sympathien ein, und jugendliche Minderheiten haben häufig die veröffentlichte Meinung automatisch auf ihrer Seite. Männer mittleren
Alters – so stellen Sozialpsychologen fest – haben heute ein großes
Faible für die Zwanzigjährigen. Der Juventismus beherrscht die
Meinung. Jugendliche können machen, was sie wollen, ihre
Anwälte sind Legion. Gesellschaft, Elternhaus, Schule, Kirche stehen auf der Tagesordnung, wenn es sich um Ausbrüche, Tabufre-
vel, Rockertyrannei jugendlicher Cliquen handelt. Das wird von
den Jugendlichen, die ins Rutschen kamen, nicht nur nicht hono-
riert; die schlappschwänzige Art der Begegnung in den sechziger
Jahren wird der Erwachsenengesellschaft sogar zum Vorwurf gemacht. Das „Kartell der Angst" (Dahrendorf über die deutsche
„Elite" der Nachkriegszeit) hat schlechte Arbeit geleistet. Ihr
Widerstand kommt zu spät. Ihre Einsichten machen keinen Eindruck mehr.
Unsere gegenwärtige Lage wird dadurch peinlicher, daß eine terroristische Minderheit eine besondere Attraktion auf eine begabte,

aber labile und ehrgeizige Jugend ausübt. „Dort wird in der Tat
Raum geboten für Spontaneität, für Abenteuerlust, Einfälle, die
Möglichkeit, sich rasch bemerkbar zu machen", schreibt Edith
Eucken-Erdsiek. Der junge Mensch will aus der Masse auftauchen,
er will gesehen werden. Diese Möglichkeiten bietet ihm die Anar-
chistenszene in reichem Maße. Dort wird er bewundert. Männer
wie Sartre oder Genet haben schon 1968 alles getan, um die Hät-
schelkinder der Revolte dem Publikum als Retter der versumpften
Gesellschaft vorzustellen. Die Studentenrevolte erschien als Aufstand der Söhne gegen inkompetente Väter (Kursbuch 48). Der
Erfolg der Studentenrevolte hat indirekt die Möglichkeit geboten,
private Konflikte und das eigene Defizit als öffentlichen Vorgang
zu deklarieren. Im Rückblick schreibt Johann August Schülein, die
linke Szene biete schwachen Subjekten die Möglichkeit, ihre un-
tergründigen Größenphantasien zu pflegen. „Sie können sich mit
Hilfe des linken Dogmatismus nicht nur selbst als identisch, sondern sich zusätzlich auch als omnipotent erleben" (Kursbuch 48).
Und Klaus Hartung meint: Professoren, die einst aussichtslos entfernt waren, erfragten sich gierig von uns unsere Meinung und unsere nächsten Ziele; Politiker ließen sich zur Rede stellen und ergaben sich willfährig den einfachsten Provokationen.
Ähnliche Erfahrungen werden schon in Kursbuch 25 berichtet.
Auch Ronald Grossarth-Maticek erwähnt in seinen Fallstudien
den Omnipotenzwahn der neurotisch erregten Jugendlichen.
Unter den klassischen Sgraffiti im Pariser Quartier Latin im heißen
Sommer der Jugendrevolte 1968 fielen mir drei besonders auf, die
Beziehung zu den Omnipotenzvorstellungen der in die Gewalt
verliebten jungen Leute hatten: *Le Droit c'est Nous* (Das Recht
– das sind wir), *L'Imagination au Pouvoir* (Phantasie an die Macht)
und *Vive la Violence des Jeunes* (Es lebe jugendliche Gewalttätigkeit). In der Trinität dieser jugendlichen Machtworte an den Bau-
zäunen und Institutswänden schien mir damals ein tieferer Sinn
zu liegen. Die absolutistische Selbstgewißheit aufständischer
Jugend war mit schrankenloser Phantasie verbündet und glaubte,
im ungezügelten Elan die Schranken des Rechts und des Gewissens
überspringen zu können im Bewußtsein eines unkontrollierten vagen Sendungsglaubens.
Georges Fouchard und Maurice Davranche überschlagen sich in

juventistischen Äußerungen über den „tollen Sommer 1968" in ihrer „Enquête sur la Jeunesse" (Paris 1968). Die Radikalität der jüngeren Generation sei zum entscheidenden geschichtlichen Potential der Gesamtgesellschaft geworden – im Sinne von „Erweckung, Erneuerung, Evolution". Als „Gewissen für die Erneuerung der Nation" seien die revolutionären Gruppen auf die Barrikaden gegangen, „eine gewaltige Masse von Tollen, die glauben, daß alles möglich ist, und die auch wissen, daß sie recht haben gegen die kleingläubigen Propheten". Der Sendungsglaube wird den Radikalen in den Mund gelegt. Viele Presse- und Bohème-Äußerungen, Auslassungen von Nobelpreisträgern, weltbekannten Schriftstellern, Professoren, von Männern, die geistige Elite repräsentieren, Frauen, die einen gesellschaftlichen Rang besitzen, von Verlegern, die Revolte chic und gut verkäuflich fanden, und anderen ermunterten sie indirekt und direkt, den Faden der Revolution weiterzuspinnen. Für v. Hentig ist der Aufmüpfige „ein gern gesehener Gast in Fernsehstudien und Rundfunkanstalten; er wird von den Gazetten und Verlegern umlauert für jeden Brocken, der von ihm abfällt" (Öffentliche Meinung, öffentliche Erregung, öffentliche Neugier, Göttingen 1969, S. 56).

Ein Segel in eine andere Welt, Speerspitze des Weltgeistes? Es gibt kaum mehr „Appetitzügler", die den Omnipotenzwahn eindämmen könnten und den elitären Anspruch mitsamt seinen Gewaltinstrumentarien in Schach halten wollten. Nur so ist die „klammheimliche Freude" am Terror zu verstehen. Sie ist wohl eingebettet in das größere Showgeschäft derer, die in Sensationen und Juventismus „surrealistisch" eingestiegen sind. So und nur so gelangte der Linksextremismus an die Grenze zwischen naivem Glaubensglück und öffentlicher Gefahr – und über diese Grenze (die niemand erkennen wollte) einen gefährlichen Schritt hinaus.

Zu Kurt Beckers „Nachgeben ist gefährlich" ist eine Vielzahl von Entgegnungen in die Presse eingegangen. Becker verweist auf den „Mescalero"-Artikel der Göttinger und die Dauerkritik an der Gesellschaftsordnung, an der „unheilen Welt", an „Faschistentum" und Repression. Schon Manès Sperber hat den Knüppel, den man der Gesellschaft und dem „System" dauernd in den Weg zu werfen pflegt, als das gekennzeichnet, was er tatsächlich ist: eine Leerformel! Wann gab es je eine „heile Welt"? fragt er mit Recht.

Becker hätte noch viel nachdrücklicher auf die Selbstzeugnisse der zur Gewalt Entschlossenen hinweisen können. Sie geben direkt und indirekt der Beckerschen Feststellung recht: „Nachgeben ist gefährlich." Dahrendorf sprach vom Kartell der Angst in den Führungspositionen (Gesellschaft und Demokratie in Deutschland, 1968). Das Elitenkartell der Nachkriegszeit erscheint ihm als Resultat der durchgehend defensiven Haltung seiner Mitglieder. Halten wir die Äußerungen daneben, die vom Extremistenflügel kommen und die als Kampferfahrungen konkret und unverdächtig erscheinen.

Panisch reagierende Institutionen bestärken die bei aller Aggressivität unsicheren Extremisten. Das war Stoff für die Phantasie der Anarchisten. Man glaubte schließlich, die „Realität magisch beherrschen und steuern zu können" (Kursbuch 48, S. 106). „Das züchtete regelrecht linkes Pharisäertum und zog Subjekte an, die unter dem Deckmantel politischer Begründung undurchschaute ödipale Konflikte ausagierten." Auch die, gegen die der Kampf vorwiegend geführt wurde, die Polizei, die Politiker, die Unternehmer, die Bundeswehr, wurden verunsichert von den Meinungsmachern. So schreibt Horst Walden im „Extradienst" (19. 2. 1974) von der Meinungsmache, die den Extremisten in jeder Hinsicht Vorschub leistete und die Position der Leistungselite zu unterhöhlen wußte: „Wie auch immer sich der Unternehmer vom Risikotragen beim freien Marktwirtschaften am heimischen Fernsehgerät erholen will ... stets verfolgt ihn das Bild seiner selbst. Und dieses Bild ist schrecklich für ihn: Einmal sieht er sich als rücksichtslos und profitgierig, ein andermal als autoritär und machthungrig, das nächste Mal gar als Ausbeuter, krimineller Typ und Gangsterboß."

Das Unternehmerbild in der Rundfunkunterhaltung zeige eine permanente negative Besetzung von Unternehmergestalten in allen möglichen Serien und Sendungen, meinte Hanns-Martin Schleyer in seinem Buch „Das soziale Modell" (Stuttgart 1973). Unsere freiheitliche Ordnung schließe ein, daß jedermann jeden Unsinn öffentlich verkünden und auch dafür demonstrieren könne, konzediert Arno Sölter. Die Alarmglocke müsse dann gezogen werden, wenn alle Vernünftigen und Einsichtigen und sogar unsere politische Führung auch dann noch „schweigende Masse" spielten, wenn die Clownerien selbsternannter Ideologiepäpste bösartigen

Charakter annehmen und in Haß, Destruktion und Tätlichkeit übergehen (Unternehmerfunktion und Unternehmerbild im Brennpunkt der Kritik, in: Zukunft der Wirtschaft, Frankfurt 1971, S. 150).

„Der Terrorismus lebt vom Mangel an Widerstand gegen ihn", schreibt Heinz-Dietrich Ortlieb (Deutsche Zeitung, 8. 7. 1977). Die ständig einseitig antiautoritäre Hochstilisierung einer „unheilen Welt" fördere über Neid und Mißtrauen eine wachsende Neigung zu diffuser Identifizierung „mit unten" und „gegen oben".

Gruppenbild mit Amazonen
Anonymität, Anlehnungsbedürfnis, Angst, Blut- und Sexkitt

Kameramann Jannovic vom österreichischen Fernsehen sah im Foyer des Wiener OPEC-Hauses den Bandenchef Carlos und seine Begleiterin Gabriele Kröcher-Tiedemann gelassen die Treppe hinaufgehen und meinte rückblickend: „Sie haben mir freundlich zugegrüßt." Die Killer in Berlin traten mit einem Rosenstrauß vor ihr Opfer, den Berliner Kammergerichtspräsidenten Günter v. Drenkmann. Die Mörder Jürgen Pontos kamen mit Blumen. Das Verbrechen wird in gesellschaftlich verbindlichem Stil eingeleitet. Darum erscheinen sie auch als „verirrte Sektenkinder". Sie schießen zwar mit Kugeln, aber keineswegs seelenlos. Lassen sich nicht Vergleiche mit Robin Hood, Michael Kohlhaas, Karl Moor, der Camorra, den Lazzarettisten, dem Erlöser vom Monte Amiata, den andalusischen Anarchisten, den sizilianischen Fasci, dem Bauernkommunismus, dem Pasquale Tanteddu, dem Briganten Vardarelli, der sich der Armen Apuliens annahm, dem Che Guevara und den vielen, die für Gerechtigkeit und Gleichheit unter den Menschen eintraten, heranziehen?

Der Sozialbandit hat sein Klischee. Trotz allem Zynismus wird der romantische Rückbezug in den Kreisen der Terroristen nicht außer acht gelassen. Exotisch klingende Namen haben ihren besonderen Reiz. Der Nahe und der Ferne Osten mit ihren „Helden", der Westen mit seinen Black Panthers, seiner Angela Davis, seinen Wildwesthelden beleben die Untergrundphantasie. Die Frauen finden ihre Vorbilder in der berüchtigten Leila Khaled der nahöst-

lichen Terrorszene, Gudrun Ensslin befreundete sich mit der amerikanischen Studentin Angela Yvonne Davis, als diese an der Universität Frankfurt studierte. Mahler gab sich den Namen „James"
in Anlehnung an den Buchdetektiv Bond des Autors Ian Fleming
(Der Baader-Meinhof-Report. Aus den Akten des Bundeskriminalamtes. Mainz 1972, S. 47).

Vietcong, PLO, Tupamaros, Black Panthers, IRA, Stadtguerille-
ros in aller Welt geben Vorbilder ab. Man ist lernwillig und lernt
mit Gründlichkeit. Mit einem gewissen Said Dudin flogen sieben
Mitglieder der Kerngruppe am 8. Juni 1970 vom Ostberliner Flug-
platz Schönefeld nach Beirut im Libanon. Von hier aus schleuste
Dudin den militanten Trupp in eines der geheimen Trainingslager
der palästinensischen Freiheitsbewegung. Ulrike Meinhof,
Gudrun Ensslin und Andreas Baader reisten über Italien an den
Treffpunkt.

Das Urteil der Palästinenser über die Terrorzöglinge ist nicht
durchweg günstig. Horst Mahler wird vom Stabschef Wadia Hadda
als „Mann mit chaotischem Charakter" bezeichnet, Baader ist
„kein Kämpfer" (he is a coward). Den Frauen wird zuvorkom-
mend begegnet. Sie waren nicht „vom Typ der Kämpferinnen",
da sie nicht die körperliche Härte mitbrachten, die für die „Touri-
sten-Terroristen" notwendig erschien. Man stellte im Lager an die
arabischen Amazonen weit höhere Anforderungen. Von Ulrike
Meinhof meinten die arabischen Terrorpädagogen: Ihr Problem
ist ein ungeheuerliches Schutzbedürfnis, sie kann es im Augenblick
nur in dieser Gruppe realisieren (Report, S. 45). Andreas Baader
kommt in der Kritik besonders schlecht weg: „Er ist ein Feigling,
der diesen ganzen Aufstand macht, um seine Feigheit zu verdek-
ken. Wir würden den nicht mal mit auf eine Patrouille nehmen."

Eine eigenartige Einschätzung dieser Terrorelite. Ohne in den
Verdacht kommen zu wollen, das Verbrechen zu psychologisieren,
läßt sich nicht leugnen, daß Unsicherheit, Angst, Schutzbedürfnis
im Zusammenhalt der Terrorgruppen eine gewisse Rolle spielen.
In den Selbstanalysen der frühen Extremisten geistert diese Angst
im ganzen Tenor der Berichterstattung herum. Auch das Kursbuch
48 mit seinen Augenzeugenerinnerungen aus den Anfängen bringt
auf jeder Seite eine Auslassung über die Angst des Beteiligten an
den Gewalttaten der ersten Phase: „Wir hatten Angst", „diese

Angst vor dem Alleinsein inmitten von Menschen". In seinem Buch „Die politische und gesellschaftliche Rolle der Angst" (Frankfurt 1967) analysiert Heinz Wiesbrock auch die Angst von Terroristen. Im Untergrund werden die eigenen Angstschübe in Aktionen umgesetzt. Der Untergrund sorgt dafür, daß man nicht allein ist mit seiner Angst. Darum ist es „chic", in den Untergrund zu gehen. Der Untergrund besitzt Stallwärme. Norman Hill nimmt in seinem Buch „Die gewalttätigen Frauen" (The Violent Women) zu diesem Phänomen Stellung. Er zitiert eine der jungen Terroristinnen: „Der Untergrund sorgt für dich. Wo immer ich hinging, bekam ich etwas zu essen, man machte mich mit anderen bekannt, und dadurch fühlte ich mich sicher. Ich war Teil einer Gemeinschaft. Der Untergrund ist viel größer, als man glaubt. Er ist überall, ich könnte wochenlang von Platz zu Platz ziehen und fände immer jemand, der mir ein Bett anbietet und für mich sorgt... hier lebt sich's am besten." Störende Faktoren werden auf einen äußeren Feind projiziert, auf eine „unheile Welt" abgeladen. Solcher Manichäismus stützt den Terror. Das eigene Defizit wird erträglich. Man wird aufgemuntert, kommt in Bewegung, erhält Rechtfertigung und darüber hinaus das Bewußtsein, einen historischen Auftrag zu übernehmen. Herbert Marcuse machte es klar: „Eine der Aufgaben ist es, den Menschentypus freizulegen und zu befreien, der die Revolution will, der die Revolution haben muß, weil er sonst zusammenbricht" (Diskussion zu „Das Ende der Utopie", Berlin 1967, S. 29). Revolutionäre Gewalt als Sozialtherapie?

Andreas Baader verteidigte seine Kriminalität, indem er sich auf Marcuses Kasuistik der Gewaltanwendung berief: „Aber ich glaube, daß es für unterdrückte und überwältigte Minderheiten ein ‚Naturrecht' auf Widerstand gibt, außergesetzliche Mittel anzuwenden, sobald die gesetzlichen sich als unzulänglich herausgestellt haben. Gesetz und Ordnung sind überall und immer Gesetz und Ordnung derjenigen, welche die etablierte Hierarchie schützen; es ist unsinnig, an die absolute Autorität dieses Gesetzes und dieser Ordnung denen gegenüber zu appellieren, die unter ihr leiden und gegen sie kämpfen... weil sie Menschen sein wollen... Wenn sie Gewalt anwenden, beginnen sie keine neue Kette von Gewalttaten, sondern zerbrechen die etablierte." Dann gilt eben:

„Da man sie schlagen wird, kennen sie das Risiko, und wenn sie gewillt sind, das auf sich zu nehmen, hat kein Dritter, und am allerwenigsten der Erzieher und Intellektuelle, das Recht, ihnen Enthaltung zu predigen" (Report, S. 20 f.).

Die Abwendung von den „Schwätzern und Hosenscheißern" entwickelt sich im Laufe der siebziger Jahre zu einem Komplex, und dies wohl auch unter dem Einfluß der „Amazonen" in den Terrorbanden. Dies gilt für die Kerngruppen der Roten-Armee-Fraktion, der „Bewegung zweiter Juni", des Geiselkommandos „Holger Meins", der Revolutionären Zellen (RZ) und der Gruppe Haag-Mayer. Erfolgszwang, Tatzwang, Selbstüberwindung, Fanatismus und Fatalismus, Sprachregelungen im Untergrund, Organisationsformen, Zusammenhalt, lustvolles Bewußtsein, verfolgt, unterdrückt, ausgestoßen, kriminalisiert zu sein und stellvertretend für das „Elend der Welt" ihr Kreuz tragen zu müssen, Übertragungen von Formen und Begriffen der internationalen Terrorszene (Dictionary of the Underworld) gehen wesentlich auf das Konto der weiblichen Terroranhänger. Ulrike Meinhof und (in ihrer Nachfolge) Gudrun Ensslin geben durch ihre starken Persönlichkeiten, ihre weit überdurchschnittlichen Fähigkeiten, aber sicher auch durch ihren Charme, der sie zu willkommenen intimen Partnern machte, Stil und Richtung, Aktionsprogramm und Werbeformen an. Wer führt, ist in den meisten Fällen klar. Daher auch die Empfindlichkeiten der Meinhof gegenüber dem Führungsanspruch Baaders. Überwindung von Hemmungen gelingt den Amazonen leichter als den männlichen Bandenmitgliedern. Das entscheidende Wort über die Form der Auseinandersetzung fällt aus dem Munde Ulrike Meinhofs. „Natürlich kann geschossen werden." „Es dürfen, wenn nötig, Schweine (Polizisten) verwundet oder ermordet werden" (Report, S. 40). Meinhof weiß, was sie sagt. Sie hatte nicht ohne nachhaltigen Erfolg als Dozentin am „Institut für Publizistik" an der Freien Universität Berlin gewirkt. Sie suchte Nachwuchs für die Bande in Fürsorgeheimen, sie schrieb das anklagende Fernsehspiel „Bambule". Mit einzelnen aus der Gruppe der Frankfurter Kaufhausbrandstifter arbeitete sie (während der Zeit ihrer Strafaussetzung) an der Organisierung von „Trebegängern", also entflohenen Fürsorgezöglingen.

So mögen auch die „familiären Bindungen" einen Hinweis geben

für die dominanten weiblichen Gestalten. Der Partnerwechsel innerhalb der Terror- und Sympathisantenfamilie gibt eine Vorstellung von den wechselnden Konstellationen im intimen Bereich:
Fritz Teufel und Rainer Langhans gelten als Freunde von Gudrun
Ensslin, Andreas Baader löst sie ab (Hänsel und Gretel als Tarn-
namen), Peter Homann, intimer Freund von Meinhof, wird ersetzt
durch Baader, Dutschke wird Pate des Kindes der Ensslin, Peter
Brückner gilt als Freund von Ulrike Meinhof (nach Report, S. 12,
14, 45, 47).
Sympathisanten und Aktivisten stehen nicht nur in einer durch den
Terror selbst vermittelten Verbindung. In dem familienähnlichen
Zusammenhang, der durch intime Bindungen verstärkt wird, erweist sich das weibliche Element als Induktionszentrum für unverantwortliche Aktionen.

Terroristen-Jargon und Sympathisanten-Sprachregelung

,,Sitzt nicht auf dem hausdurchsuchten Sofa herum und zählt eure
Lieben wie kleinkarierte Krämerseelen. Baut den richtigen Ver-
teilerapparat auf, laßt die Hosenscheißer liegen, die Rotkohlfres-
ser, die Sozialarbeiter, die sich doch nur anbiedern, dieses Lum-
penpack. Kriegt 'raus, wo die Heime sind und die kinderreichen
Familien und das Subproletariat und die proletarischen Frauen,
die nur darauf warten, den Richtigen in die Fresse zu schlagen.
Die werden die Führung übernehmen. Und laßt euch nicht schnappen, und lernt von denen, wie man sich nicht schnappen läßt – die
verstehen mehr davon als ihr" (aus: Reinhard Rauball, Die Baader-Meinhof-Gruppe, Berlin 1973, S. 86).
Die Sprache des Terrors entspricht dem ,,Dictionary of the Underworld" von Eric Partridge. Sie wird in jeder Aktion, an jedem Tag
neu aufgelegt, an den Fall angepaßt, im rauhen Ton verstärkt,
wenn das Verbrechen Wogen schlägt. Das Idiom lebt vom Zorn:
,,Was lange währt, wird endlich Wut." Die Sprache des Zorns kennt
keine Zügelung der Form, keine Ratio, keinen logischen Zusammenhang. Sie vibriert von Ungeduld und Aktionismus. Sie will
Tatsprache sein, sie steht in engstem Zusammenhang zur verbrecherischen Tat. Stichwortartig kommen die Appelle. Auseinan-

dersetzung und Rechtfertigung kommen zu kurz. Sie ist wie eine
Mund-zu-Mund-Beatmung von Ermüdenden, wie kurzgezieltes
Feuer aus sprachlichen Maschinenpistolen. Man war endlich vom
Palavern in den Seminaren zum Ballern gekommen, und zum Bal-
lern gehört militärische Befehlssprache.

Was die Aktionistensprache – die sich vorwiegend nach innen, an
die eigenen Kader wendet – nicht will und nicht kann, das übernimmt willig und einfühlsam die Sympathisantensprache. Sie versucht, die Verbindung des Aktionismus zur breiteren Öffentlichkeit herzustellen. Daher liegt ihr Schwerpunkt in der „Interpretation" des „jugendlichen Aufbäumens", in Rechtfertigung,
Verharmlosung und der Verteidigung derer, die zur Gewalt auffordern und zu ihr greifen. Das Zusammenspiel der beiden Sprachen gelingt nicht immer. Das Herabspielen des „Ernstes" durch
die Seminarmarxisten, die Mediensprecher und die Intelligentsia
allgemein will nicht ins Sprachprogramm der Aktionisten passen.
Es gibt Korrekturen, Widersprüche und Dementis. Man will nicht
in Sprachwatte gewickelt werden, wenn man zuzuschlagen ge-
denkt.

Die Dialektik von Revolution und Konterrevolution, von Gueril-
lafanatismus und bürgerlichem System, von Verbrechen und
Kriegführung, von Hexenjagd und neuer Isolationsfolter, von
Menschenjagd und Tugendterrorismus findet ihre Sprache in den
verschiedensten Formen. Psychologische und ästhetische, humanistische und historische Assoziationen werden im Rechtferti-
gungsprozeß wirksam. Weiße und schwarze Semantik liefern die
Sprachmodelle, Freud und Mao machen den Duktus der Sprache
modern und chic. Deutschland erscheint einmal als Archipel
GULAG, dann wieder als „häßliche Figur" im Menschheitspan-
orama, als Faschistenparadies und als faschistoides Krüppelwe-
sen.

Was ist Recht und Gerechtigkeit, was ist Gewalt (von dieser oder
jener Seite angewandt), was ist Revolution (so oder so gedeutet)?
Die Sprachregelung wird nicht unwesentlich vom Verwischen
zweier völlig verschiedener Situationen und Szenen, von dem
Ineinanderschieben historisch und moralisch diametral entgegen-
gesetzter Hintergründe beeinflußt: Verfolgung der Widerstandskämpfer im Nazi-Regime mit Nacht-und-Nebel-Aktionen, Ver-

femungen, Liquidationen („auf der Flucht erschossen"), „Volksgerichtshöfen", „Urteilen im Namen des Volkes", Willkürjustiz,
Folterungen usw. und dem „Lynchjustizklima" der heutigen
Gesellschaft, den Forderungen der Todesstrafe, der „Menschenjagd" und der Hexenverfolgung, der „Klassenjustiz" im demokratischen Staat, der „Isolationsfolter" und der Diffamierung der
Anwälte.

Begriffsverschiebungen, Zwei- und Mehrdeutigkeiten, bewußte
und unbewußte Assoziationen, Suggestionen und Vernebelungen
kommen gut an bei Aktionisten und Sympathisanten, sie verwirren
auch die Gutgläubigen, Unkritischen und Ahnungslosen, machen
das Ausland mobil, dessen untergründiges Mißtrauen dem „häßlichen Deutschen" gegenüber neu geweckt wird. Man besinnt sich
nur langsam auf Tatsachen. Die Überrumpelung ist perfekt. Die
antideutsche Schublade wird magisch wieder vom Wortschwall der
Sympathisantenrhetoriker aufgerissen. Die Meinungsmacher kreieren eine europafähige Elite der „Widerstandskämpfer" in
Anlehnung an die Kämpfer gegen Hitler in aller Welt. Der
„Widerstandsglorienschein" fällt auf die deutschen Terroristen
wie erfrischender Morgentau auf die Sommerblüte.

Keiner wagt zu widersprechen, keiner will die Auseinandersetzung, keiner will sich überzeugen lassen oder selbst den Dingen
auf den Grund gehen. Die Sprache der Sprachmeister hat gesprochen. Mit Böll steht und fällt das Urteil über den „deutschen
Polizeistaat", den „faschistischen Gesellschaftsstil", die bösartigen
Journalisten der Springer-Presse, das Ausbeuterregime usw.

Und doch liegen die Dinge gerade um 180° gedreht vor dem nüchternen Betrachter. Die Terroristen sind die Erben des totalitären
Gewaltsystems gegen die Freiheit. Das System von Verdrehungen,
das Gewirr von Mißverständnissen, die falschen Um- und Übersetzungen der Grundwertbegriffe, der Rückgriff auf vage historische Assoziationen, Vernebelungen und falsche Gleichungen machen die Konturen der Geschehnisse und das Bedrohliche der
Entwicklung undeutlich. Heinrich Bölls Beitrag im „Spiegel"
(10. 1. 1972) vermehrt nicht nur die Mißverständnisse; er hält
schon die Suche nach den Terroristen für eine „Hexenjagd" bösester Art. Für ihn ist das öffentliche Bewußtsein krank. Für ihn ist
die Gesellschaft gnadenlos, der Rechtsstaat fragwürdig, die

Öffentlichkeit unkontrollierbaren Instinkten ausgesetzt. Die
Nachrichten über die Terroristen sind „Grusicals". Der Terrorist
habe keinerlei Chance, irgend jemand opportun zu erscheinen,
d. h., ein faires Gericht zu finden. Für ihn ist die Warnung vor dem
Terror uraltes Gesabbere, ein langweiliges Gebetsmühlendrehen:
„Haben alle, die einmal verfolgt waren, vergessen, was es bedeutet,
verfolgt und gehetzt zu sein? Wer von ihnen weiß schon, was es
bedeutet, in einem Rechtsstaat gehetzt zu werden von ‚Bild‘, das
eine weitaus höhere Auflage hat, als der ‚Stürmer‘ sie je gehabt
hat?" (Heinrich Böll: Freies Geleit für Ulrike Meinhof. Ein Artikel
und seine Folgen, Köln 1972, S. 27 ff.).
Für Böll war mindestens zeitweise das Klappern bürgerlicher
„Gebetsmühlen" ein mieser Kontrapunkt zum fröhlichen Jaulen
berstender Molotow-Cocktails. Er hat sich freilich inzwischen kritischer geäußert. Das beweisen seine Sätze in der „Zeit" vom
16. 9. 1977: „Zwei- oder Vieldeutigkeiten sind nicht mehr am
Platz, es ist nicht die Zeit für Frivolitäten oder Zynismus, und wer
da ‚klammheimliche Freude‘ empfindet, sollte wissen, daß er eine
Bombe in sich birgt…" Auch Marcuse und Dutschke machen es
ihm nach. Marcuse weiß es: Die Frustrierung ist kaum erträglich;
deshalb entlädt sie sich in Terrorakten gegen Personen.

Krise der Utopie – Aufwind für Desperados

Kommt die Ballerideologie aus der Enttäuschung, einer Enttäu-
schung, der eine vollsaftige Utopie vorausgegangen war? Utopien
bergen Bomben, nicht erfüllte Hoffnungen führen in fanatischen
Zorn hinein. Die Krise der Utopie ist Aufwind für Desperados.
Das zeigen nicht nur die Erinnerungen der einstigen APO-Extre-
misten. Am Anfang stand die Utopie. Und diese inspirierte die
Kritik an der Gesellschaftsordnung. Wunschbild und Entlarvungs-
bild sind in das Wahnbild der Terroristen eingeflossen.
Utopie und Revolution sind ein Bündnis eingegangen. Welcher
Art war die Utopie, und wie sollte die Revolution aussehen? Das
waren wichtige Fragen, die in jedes Klassenzimmer hineinspran-
gen. Ich wagte vor einigen Jahren ein Experiment mit Sekundanern
einer Tübinger Schule. Sie sollten – als junge Menschen, die nach

allen Seiten wittern müssen – der „Hoffnung" Ernst Blochs auf
die Spur kommen. Was sie auf Band festhielten, sah so aus: „Sie
können die Schule ausnutzen – listig ausnutzen. Indem Sie in ihr
etwas lernen; nicht unmittelbar, sondern eng mit der Revolution
zusammenhängend. Das heißt ausnutzen, was die Schule gibt und
damit, mit einer List der Vernunft lernen – es gibt doch keine Maßstäbe für eine marxistische Arbeiterschule –, also lernen für ein
Fach, für einen Stoff, der Sie interessiert. Bloße Unzufriedenheit
nützt nichts, im Gegenteil, mit der Unzufriedenheit kann man die
Leute ruhig halten. Beißen Sie die Zähne zusammen und lernen
Sie, um dann der bestehenden Gesellschaft doppelt unangenehm
zu werden. Für den Umsturz müssen Sie lernen" (E. Bloch).
Wie ist das zu verstehen? Was ist eigentlich Revolution? Scheiden
sich an diesem Begriff etwa die Geister der Jugend? Sind nicht
große Mißverständnisse mit diesem heute so inflatorisch ge-
brauchten Wort verbunden? Ist die Vorstellung der Jungen von
der der Alten verschieden, grundverschieden? Ist Revolution nicht
zu einem undeutlichen Begriff geworden, unter den man so vieles
unterbringen kann? Vor allem auch den Terrorismus?
Im Gespräch mit den jungen Leuten, die mir ihr Tonband vorspiel-
ten, merkte ich, wie der Terrorismus ihre Anschauung von „Revolution" füllte. Ist Revolution ein aufwieglerisches Wort, oder kann
es auch auf einen gewaltlosen Prozeß angewandt werden? Das
Gespräch dauerte zwei Stunden. Mir wurde klar, daß Kommuni-
kationsschwierigkeiten besonderer Art entstanden sind, weil der
Begriff durch so viele verschiedene Ideologien, moralische Fixierungen und emotionale Assoziationen belastet und gefärbt ist. Das
bedeutet eine Gefahr für den sozialen und politischen Reifungs-
prozeß junger Menschen. Das Wort ist dehnbar und mit einer Utopie verbunden, die mitzureißen vermag. Wer es so leichthin gebraucht, wer als „Autorität" es ins Gespräch nimmt, der müßte
es auf seinen brisanten Charakter in der Gegenwart prüfen.
So wurde mir auch klar, wie viele Sympathisanten, vom vage ge-
brauchten und salonfähig gewordenen, seiner blutigen und gewalttätigen Gestalt entkleideten, von Autoritäten wie dem Bundespräsidenten Heinemann hochgelobten Begriff „Revolution" ange-
lockt, das Terroristengeschehen in die falsche Begriffsschublade
stecken. Die „Beschwörung einer revolutionären Tradition" kann

nicht pauschal auf die Gegenwart gemünzt werden. Sie kann, im
falschen Augenblick und ohne differenzierende Analyse, leicht
den demokratischen Staat in Gefahr bringen. Bei der Schaffer-
mahlzeit im Bremer Rathaus am 13. Februar 1970 meinte der von
seiner pietistischen Herkunft tief geprägte Bundespräsident Heinemann, man müsse im jetzigen Augenblick auf den ungehobenen
Schatz an revolutionären Vorgängen hinweisen, der es verdiente,
ans Licht gebracht und weit stärker als bisher im Bewußtsein unseres Volkes verankert zu werden. Was in der Vergangenheit ein
Aufstand für die Freiheit und für Recht und Gerechtigkeit gewesen
und als Bewußtmachung lange verdrängter historischer Entwicklungen durchaus berechtigt sei, meint ein Kritiker Heinemanns
(Theodor Schieder in „Christ und Welt", 27. 2. 1970), könne in
der Gegenwart jederzeit in einen Appell für einen anarchistischen
Aufstand *gegen* einen freiheitlichen Staat „umfunktioniert" werden, der sich als liberaler Staat gegenüber seinen illiberalen Gegnern zur Ohnmacht verurteilt glaubt.

All dies bedeutet Aufwind für Desperados, die, von der Utopie
bedrängt, die Sache ihrer Hoffnung *selbst* und mit Gewalt durchsetzen wollen. Hoffnung ist in diesem Zusammenhang nicht mehr
„Leidenschaft für das Mögliche" (Kierkegaard), sondern löst
einen Kurzschlußmechanismus aus, der die Zeichen der Tor-
schlußpanik trägt. Was die einen versprochen hatten, wollen die
„Tatbereiten" nun einlösen. Der Zorn der zum Terror Entschlossenen richtet sich nicht nur gegen die Gesellschaft, sondern auch
gegen die „Familienglieder" im marxistischen Lager, die – aus der
Ferne des Sympathisantentums – vor der Öffentlichkeit einen
Abstand zum Terror selbst (auf dem ideologischen und publizisti-
schen Reißbrett) markieren wollen.

Wer ein Gespür für Echtes und Unechtes in den neuen Bekennt-
nissen zur Gewaltlosigkeit hat, der erkennt die fatalen Zwischen-
töne zwischen Sympathie für die „fehlgeleiteten Genossen" und
der Tendenz, trockenen Fußes durch die Lachen von Blut und die
schlüpfrigen Sümpfe von Wahnvorstellungen zu kommen, ohne
das Gesicht völlig zu verlieren, ohne als Verräter und Hosenscheißer gebrandmarkt zu werden von einer Seite, die einstmals am
gleichen Tisch einer Ideologie und im gleichen Raum einer Utopie
Familienzusammenhalt demonstrierte.

Weiterführende Literatur

Abosch, Heinz: Das Altern der Neuen Linken. In: Neue Rundschau 1974, 2.

Baader-Meinhof-Report. Aus den Akten des Bundeskriminalamtes. Mainz 1972.

Böckelmann, Frank, Herbert Nagel: Subversive Aktion. Der Sinn der Aktion ist ihr Scheitern. Frankfurt a. M. 1976.

Böll, Heinrich: Freies Geleit für Ulrike Meinhof. Ein Artikel und seine Folgen. Köln 1972.

Borries, Achim v., u.a.: Anarchismus. Theorie – Kritik – Utopie. Frankfurt a. M. 1970.

Evangelische Zentralstelle für Weltanschauungsfragen. Information Nr. 63, I/1976.

Fröhlich, Werner D., u. a.: Die politische und gesellschaftliche Rolle der Angst. Frankfurt a. M. 1967.

Hartung, Klaus: Versuch, die Krise der antiautoritären Bewegung wieder zur Sprache zu bringen. In: Kursbuch 48, Berlin 1977.

Hobsbawm, Eric J.: Was kann man vom Anarchismus lernen? In: Kursbuch 19 (1969).

Krämer-Badoni, Rudolf: Anarchismus. Geschichte und Gegenwart einer Utopie. Wien 1970.

Kursbuch 48 (1977).

Laqueur, Walter: Terrorismus. Kronberg 1977.

Lösche, Peter: Anarchismus – Versuch einer Definition und historische Typologie. In: Politische Vierteljahresschrift 1974, H. 1.

Mahler, Horst: Ausbruch aus einem Mißverständnis. In: Kursbuch 48 (1977).

Quenzer, Wilhelm: Keine Macht für Niemand. Zum Problem eines Anarcho-Marxismus. In: Evang. Zentralstelle für Weltanschauungsfragen, Information 63, I/1976.

Rauball, Reinhard: Die BM-Gruppe, Aktuelle Dokumente. Berlin 1972.

Rocker, Rudolf: Aus den Memoiren eines deutschen Anarchisten. Frankfurt a. M. 1974.

Schülein, Johann August: Von der Studentenrevolte zur Tendenzwende oder Der Rückzug ins Private. In: Kursbuch 48 (1977).

Weseloh, Elke: Anarchismus eine Bewußtseinshaltung. Diss. Münster 1968.

Wiesbrock, Heinz (Hrsg.): Die politische und gesellschaftliche Rolle der Angst. Politische Psychologie 6. Frankfurt a. M. 1967.

Wittkop, Justus Franz: Unter der schwarzen Fahne. Frankfurt a. M. 1973.

Wördemann, Franz: Terrorismus. Motive, Täter, Strategien. München 1977.

Zaccoli, Ettore G.: Die Anarchie. Berlin 1976.

Demokratie kann sich nicht dadurch verteidigen, daß sie sich selbst aufgibt. Es ist das Recht jeder, auch einer demokratischen Regierung, Versuche, sie mit Gewalt zu beseitigen, mit Gewalt zu unterdrücken und durch geeignete Mittel zu verhindern. Die Ausübung dieses Rechts ist weder mit dem Prinzip der Demokratie noch mit dem der Toleranz in Widerspruch. Es mag mitunter schwierig sein, eine klare Grenzlinie zu ziehen zwischen der Verbreitung gewisser Ideen und der Vorbereitung eines revolutionären Umsturzes. Aber von der Möglichkeit, eine solche Grenzlinie zu finden, hängt die Möglichkeit ab, Demokratie aufrechtzuerhalten.

Hans Kelsen: Was ist Gerechtigkeit? Wien 1953, S. 42.

WALTER HILDEBRANDT
Die neuen Amazonen

Gewaltproblem und Frauenfrage

> *„Geben Sie mir Ihr Ehrenwort,*
> *wie Sie es einem Mann geben*
> *und halten würden…"*
>
> Die Droste an Schücking (1844)

Was unter Tabu steht, wird übersehen

Es fällt auf, daß in allen Diskussionen, die sich in der Nachkriegszeit mit dem Problem der öffentlichen Gewalt beschäftigt haben,
die Frage nach der geschlechtsspezifischen Dimension dieser
Erscheinung kaum eine Rolle gespielt hat. Insbesondere trat die
Frau als Täter so gut wie nicht in den Blickpunkt. Man kann das
von der ersten Welle der fortwährenden Gewaltdebatte sagen, die
sich mit der sogenannten autoritären Persönlichkeit und deren
Gewaltpotential befaßte. Die Erhellung des autoritären Syndroms
diente Frenkel-Brunswik, Adorno und anderen damals in erster
Linie dazu, den Faschismus zu analysieren. Das war eine ganz
andere Fragestellung. Für die nächste Welle, die sich unter dem
Zeichen der Anthropologie und Ethologie mit der Gewalt unter
dem Stichwort der Aggression kritisch einläßt, gilt das gleiche. Von
Alexander Mitscherlich und Friedrich Hacker bis Konrad Lorenz
und Eibl-Eibesfeldt wird der Gewalt seitens der Frauen oder, genauer gesagt, deren ins Öffentliche strebenden Triebenergien in
Verbindung mit der Gattungsgeschichte und den gesellschaftlichen
Zusammenhängen, denen sie ausgesetzt sind oder denen sie sich
aussetzen, keine spezielle Aufmerksamkeit geschenkt. Auch als,
in einer nächsten Welle, die Gewalt im Rahmen der Studentenbe-
wegung von 1968 und der Politisierung der sozialfürsorgerischen

Berufsfelder neu diskutiert wurde, standen trotz der sich anbah-
nenden Aktivierung der Frauen für die von außen kommenden
wissenschaftlichen oder journalistischen Beobachter ganz andere
Fragestellungen im Vordergrund, zum Beispiel die Krise der traditionellen Universität, die Gewalt gegen Sachen oder die
Gewalttätigkeit gegenüber Jugendlichen und Kindern.

Wen die Einzelheiten der damaligen Entwicklung interessierten,
stieß freilich schon damals auf wichtige Indikatoren, die die sich
anbahnende Virulenz der weiblichen Kader in den genannten
Bewegungen anzeigten. Symptome konnten auf dem eine Zäsur
bildenden Jugendhilfetag in Nürnberg festgestellt werden. Im SDS
bildete sich eine Fronde der Frauen, die sich in kritischer Auseinandersetzung um mehr Führungsanteil bemühte, was damals auch
in der Zeitschrift „konkret" seinen kämpferischen Niederschlag
fand. Ein eindrucksvolles Zeugnis stellt „Kursbuch" 17 aus dem
Jahre 1969 dar. Unter dem Titel „Frau – Familie – Gesellschaft"
hat es programmatische Bedeutung. Das gilt vor allem von Karin
Schrader-Klebers Aufsatz „Die kulturelle Revolution der Frau".
Insbesondere er ist vom Geist der marxistisch aufgezogenen
Aggressivität geprägt, und er kommt auch zur positiven Bewertung
der Gewaltanwendung. „Die Frauen", so heißt es da, „sind die
Neger aller Völker und der kollektiven Geschichte. Für die Neger
wie für die Frauen geht es jetzt darum, die Geschichte der Gewaltanwendung zu erkennen und die Gewalt, deren Produkt sie sind,
gegen die Unterdrücker selbst zurückzuwenden, sich vom Status
des Opfers und Objekts in den des Subjekts und Handelnden zu
versetzen."[1] Die Autorin fordert, daß die Frau „die gesellschaftliche Natur des Menschen" entweder „total verändern" oder aber
ihren Status als Opfer und Objekt, ihren Verzicht auf Selbstbe-
stimmung bis in alle Ewigkeit beibehalten und festigen müsse. Die
Lage der Frau in unserer Zeit, wie sie geschichtlich gewachsen ist,
bezeichnet die Autorin als eine „grauenhafte Situation"; sie spricht
(1969!) von einem „hoffnungslosen Chaos von Normen und auf-
gezwungenen Verhaltensweisen". Obgleich sie den Begriff der
Revolution gebraucht, gibt sie sich zum Schluß reformerisch, indem sie zu dem langen Marsch durch die Institutionen aufruft.
Aber die eindrucksvoll breit und bündig angelegte Analyse fördert
mit solchen Äußerungen wie „Das allgemeine Leiden wird für die

unglückliche Subjektivität produktiv. Wir müssen es bewußt zum
Motor unserer Verweigerung, unseres Ungehorsams, unserer
Aufsässigkeit machen" die sich verschärfende Aggressivität vieler
in den politischen Prozeß der Selbstbefreiung eintretenden Frauen
bewußt oder unbewußt.

Ulrike Meinhof ist schon damals direkter und unmißverständli-
cher. Nicht lange nach Kursbuch 17 erscheint in Rotbuch 24 ihr
Stück „Bambule", das sich mit der Fürsorge beschäftigt. Wir bringen einen Auszug, der letzten Endes alles enthält, was kommen
sollte – bis hin zur Hoffnung der Genossen, durch Terror über das
Instrument der Freipressung die Freiheit zu erlangen. Die im Stück
vorkommende „Irene" ist identisch mit Irene Goergens, die im
Mahler-Prozeß eine Rolle spielte. Der Auszug beginnt mit einer
Frage der Aufseherin Frau Lack, die den Mädchen prinzipiell zugeneigt ist:

Frau Lack: Was soll ich denn nach deiner Meinung tun?

Irene: Nicht soviel fragen. Wir sitzen doch drinne. Wir sind doch
   die Doofen. Einmal mit euch das machen, was ihr mit uns
   macht. Einmal den Spieß umdrehen. Einmal den Bunker von
   außen abschließen, und ihr sitzt drinne.

(Frau Lack wird fertiggemacht. Ihr schießen Tränen in die
   Augen. Sie kann nicht mehr. Sie geht 'raus.

Irene haut sich auf ein Bett, mit dem Gesicht nach unten.)

Iv: Mit Frau Lack hast du die Falsche erwischt.

Irene: Die hört wenigstens mal zu. Man kann's doch nur einem
   sagen, der zuhört.

Iv: Und das ist dann der Falsche.

Irene: Dafür kann ich nicht.

Iv: Das nützt aber nichts.

Irene: Wenn wir wüßten, was wir wollen, könnte Frau Lack sich
   auch für uns entscheiden.

Iv: Wenn! Siehste doch. Wir machen 'ne Aktion – was passiert?
   Bambule! Alles kaputt, die Bullen, aus, bums.

Irene: Dann machen wir's ebend noch mal.

Iv (abfällig): Ach! die Weiber kriegste doch zu nichts.

Irene: Dann muß man eben reden, viel mehr reden, warum wir
   das machen, was wir wollen – reden! Und den Bunker mit
   richtigen Sachen vollschreiben. Nich': ‚Alles Scheiße' oder

‚Peter, I love you'. Nee! ‚Heime sind Gefängnisse', ‚Wir wollen richtig bezahlt werden!', ‚Nieder mit dem Lajug'. So was.
Iv: Dann kommste nie 'raus. Ich sag's dir.
Irene: Quatsch! Wer Terror macht, den schmeißen se 'raus. Wer
sich fügt, wird fertiggemacht. Verstehst du, Iv? Wenn du dich
fügst, freuen se sich, daß se dich fertiggemacht haben. Dafür
sind se dann nett zu dir, daß se dich kaputtgemacht haben.
Nee, du, nee![2]

Daß hier, mit welchem zaghaften theoretischen Hintergrund im
„Kursbuch", im „Rotbuch" oder in „konkret" auch immer, ein
neues „Amazonentum" auf den Weg gebracht wurde, war mit
Händen zu greifen, aber es fand außerhalb der Subkultur, wie gesagt, kaum einen Widerhall. Um so eher hätte man annehmen können, daß im Rahmen der vorläufig letzten Welle, in der im Jahre
1977 neu aufgeflammten Gewaltdiskussion, die sich am Problem
des Terrorismus entzündete, die Tatsache eine zentrale Rolle spielen würde, daß sich in Deutschland immer mehr Frauen zu den
aggressiven Gewalttätern des politisch-kriminellen Untergrundes
schlugen. Das lag um so näher, als unübersehbar war, daß die
Öffentlichkeit landauf und landab in einer Art stummer Irritation
das Phänomen sehr genau zur Kenntnis nahm. Um deutlich zu machen, daß allein schon die große Zahl der weiblichen Terroristen
der politischen Szene eine neue Qualität verlieh, brauchen wir uns
nur einige der wichtigsten Namen ins Gedächtnis zu rufen: Ulrike
Meinhof, Gudrun Ensslin und Irmgard Möller, Ingrid Schubert,
Inge Vieth und Astrid Proll, Adelheid Schulz, Sigrid Sternebeck
und Hanna Krabbe, Brigitte Mohnhaupt, Friederike Krabbe und
Angelika Speitel, Susanne Albrecht, Silke Maier-Witt und Elisa-
beth v. Dyck, Verena Becker, Ingrid Siepmann und Gabriele Kröcher-Tiedemann, Juliane Plambeck und Gabriele Rollnick.
Unter den erstaunlich wenigen, die sich mit dem Thema beschäftigen, ist Margarete Mitscherlich-Nielsen zu nennen. Entsprechend
dem Titel „Gewalt gegen Frauen – Gewalt von Frauen" fragt sie
nach den Ursachen des hohen Anteils der Frauen am Terrorismus.
Freilich kommt sie nicht von tiefenpsychologischen und psycho-
analytischen Überlegungen los. Insbesondere wendet sie sich den
schwierigen, im infantilen Stadium gegründeten Beziehungen der
Terroristen zu Vater und Mutter zu. Dabei kommt die Autorin

zu dem Schluß, daß die Frauen unter ihnen noch stärker als die männlichen Gewalttäter mit ihrem Haß ihre Abhängigkeitsbedürfnisse von der Mutter allem Anschein nach abwehren müssen. Weiter greift ein speziell sozio-kultureller Aspekt, der allerdings der Emanzipationsthese zuwiderläuft: „Die Aufopferungshaltung der Frau unserer Gesellschaft, die ihr seit vielen Jahrhunderten als höchster Wert nahegelegt wurde, mag dazu beitragen, daß Frauen für die Märtyrerrolle, die ihnen das Leben als Terroristin nahelegt, besonders geeignet zu sein scheinen: Hier schlägt in allem Protest noch ein pervertiertes Anpassungsbedürfnis durch..."[3] Bei solchen Worten denken wir natürlich auch an Patricia Hearst und ihren Ausflug in die kalifornische Terroristenszene. Abkömmling einer der großen, weltbekannten Familien Amerikas und in Berkeley, der liberalen Hochburg, von deren Campus die amerikanische Studentenrevolte ihren Ausgang nahm, mit dem Geist des kritischen Bewußtseins bekannt geworden, identifizierte sie sich nach ihrer Gefangennahme mit denen, die sie in ihrem Gewahrsam hatten. Und niemand weiß, in welcher Weise sie vor, während und nach dem Bankraub in San Francisco, an dem sie sich beteiligte, eigene Entschlüsse durchführte oder nur ganz einfach den Anführern der politischen Sekte hörig war. Zugleich ist unbekannt, in welcher Form sie ihre missionarische Idee und ihre messianische Gestimmtheit ernst nahm.

Alles das trifft auch für jene drei Mädchen zu, die sich an der Abschlachtung von Sharon Tate, der Frau des Regisseurs Roman Polanski, und sechs weiteren Opfern sowie an dem Anschlußverbrechen gegen das Ehepaar La Bianca beteiligten. Die grausamen, ekelhaft abstoßenden Taten, die damals ganz Hollywood, den Schauplatz des Unglaublichen, und darüber hinaus die ganze Welt erschütterten, sind offensichtlich in einem Zustand extremer Abhängigkeit von dem männlichen Haupt der verbrecherischen Bande, Charles Manson, begangen worden. Dabei scheint es keineswegs ein Sexualverbrechen gewesen zu sein, sondern religiös-politische Wahnideen – der Gedanke der großen Zäsur und überindividuellen Rache dominierte – waren der Mutterboden ebenso für die gnadenlose Ausführung als auch für die Hörigkeit der beteiligten Frauen, wie etwa Susan Atkins oder Linda Kasabian. Sie betrachteten sich als pure Partikel der „Manson-Familie", die eine

ganz und gar nach außen abschließende Haut aufwies; das Oberhaupt aber war Manson, von dem alle Befehle und Orientierungen
ausgingen. Von ihm mußte auch der Gedanke der durch und durch
ritualisierten Morde und der Spezifikationen der Rituale kommen – und die weiblichen Mitglieder der Bande (oder „Familie")
führten alles mit größter Sorgfalt und Hingabe aus.

Für unser Thema ist interessant, daß Friedrich Hacker, der auf
Ersuchen der Behörden von Los Angeles seine psychiatrischen
Erfahrungen zur Verfügung stellte und aufgefordert wurde, ein
Psychogramm der in Frage kommenden Täter nach eingehendem
Studium aller Indizien zu entwerfen, zwar betont, daß seine
Annahmen hinsichtlich der Motivation und des ideologischen Hin-
tergrunds der Verbrechen weitgehend zutrafen, dennoch bekennen muß: „Die Teilnahme von Mädchen an diesem so männlich-
gewaltsam wirkenden Verbrechen sagte ich nicht voraus."[4] Diese
Unterlassung spricht sicherlich nicht gegen den erfahrenen Autor
und in Amerika tätigen Psychiater. Wir haben hier einen Indikator
dafür vor uns, daß das bis zum Exzeß gehende militante Auftreten
der Frauen in der Öffentlichkeit als generelles Phänomen eine
neue Qualität unseres gesellschaftlichen Lebens darstellt.

Die neue Qualität der Frauenfrage – Vorüberlegungen

Diese neue Qualität unseres gesellschaftlichen Lebens, die zugleich eine neue Qualität der Frauenfrage bedeutet, von den Rändern aus, das heißt von den pathologischen Symptomen à la Manson-Familie ausgehend, zu betrachten ist zweifellos legitim und von
analytischem Nutzen. Im genannten Falle wird etwas getan, was
in der Gesellschaft, wie sie uns aus der Vergangenheit zugewachsen
ist, streng tabuisiert war: die Hereinnahme der Frau ins Zentrum
öffentlicher Gewalttätigkeit. Natürlich gibt es Ausnahmen. Da ist
an Charlotte Corday zu denken mit ihrem berühmten geschichtlichen Auftritt, als sie am 13. Juli 1793 Jean-Paul Marat, den Präsi-
denten des Jakobinerklubs und systematischen, grausamen Ver-
folger der Girondisten, im Bade erdolchte. Mit Gegenterror
versuchte sie, dem Terror ihrer Zeit ein Ende zu setzen. Weltgeschichte machte auch im mythisch-religiösen Sinne (und mit Char-

lotte Corday verwandt, indem sie eine Befreiungstat auf sich nahm) die alttestamentliche Judith, die ins feindliche Lager schlich, um den Feldherrn Holofernes zu enthaupten, und so die Flucht der Belagerer auslöste. Die „weibliche" List, die sie aufwandte, um zu ihrer Tat zu kommen (und damit kann Susanne Albrecht eine entfernte Verwandte der biblischen Gestalt genannt werden), hat in der Literatur bezeichnenderweise dazu geführt, daß die psychologischen Umstände weit mehr behandelt wurden als der politische Aspekt des Attentats. Vor allem Friedrich Hebbel ging noch einen Schritt weiter, und entsprechend dem Tabu, das auf der Verbindung der Frau mit öffentlicher, politischer Gewalt liegt, verfälschte er alles zu einer Frauengeschichte: Judith, die auszog, Politik für ihr Volk zu machen, wurde zur liebenden Frau, und das bestimmte ihr Handeln zunächst einmal ganz ausschließlich.

Unter dem Gesichtspunkt unseres Themas haben wir hier das eigentliche Problem vor uns, das auch Margarete Mitscherlich-Nielsen in ihrer psychologischen Betrachtung streift. Eine genauere Analyse der Art und Weise, wie Friedrich Hebbel mit dem Judith-Thema umgeht, macht die eigentliche Gretchenfrage deutlich. Denn bei Hebbel wird nicht nur nach dem Motto „Eine Frau wird weich" eine ursprünglich politisch konzipierte Tat im Verlauf der Handlung zu einem höchst persönlich-emotionalen Vorgang, sondern in den tieferen Schichten ihrer Psyche dominiert bei der Heldin des Dramas von vornherein ausschließlich – und zwar als Weib zwingend – das individuelle Motiv. Zwar glaubte Hebbels Judith zunächst, so sieht es einer der Interpreten, im Dienst einer religiös-patriotischen Idee zu handeln, doch unbewußt habe sie sich von Anfang an zu Holofernes, dem übermächtigen, gottähnlichen Individuum und Widersacher, hingezogen gefühlt und sich ihr heimliches Begehren in einen göttlichen Auftrag umgedeutet. Judith selbst bekennt sich zu dieser Deutung, als sie nach ihrem Mord an Holofernes zu Mirza sagt: „Nichts trieb mich als der Gedanke an mich selbst." Judiths Tragödie erwächst nach der Meinung des Interpreten aus der Erkenntnis, daß das zunächst unbewußt psychologisch-erotische Motiv ihrer Tat die religiös-idealistischen Motive überlagert und zur Scheinhaftigkeit degradiert habe[5]. Für Hebbel ist die handgreifliche Tat einer Frau von Anfang an obsolet, im Grunde undenkbar. Wenn wir seinen Tagebüchern

folgen, gilt für ihn, daß die Bestimmung der Frau in dem Satz zu-
sammenzufassen ist: „Durch Dulden Tun: Idee des Weibes". Seine
Verweiblichungsstrategie in Sachen Judith ist nur konsequent.
Gehen wir von Hebbel dreihundert Jahre zurück, stoßen wir in
der „Judith" von Hans Sachs, einem Schauspiel, das 1551 fertig
wurde, auf eine ganz andere, eben politische, sich in die öffentlichen Angelegenheiten aktiv einmischende Judith, die sich eng an
das alttestamentliche Vorbild hält. In Kindlers Literaturlexikon
heißt es über dieses Musterbeispiel des öffentlichen Engagements
einer Frau kurz und bündig: „Die Belagerung der jüdischen Berg-
stadt Bethulia an der Grenze von Judäa wird Holofernes, dem
Feldherrn des Assyrerkönigs Nebukadnezar, zum Verhängnis,
denn Judith, eine schöne, junge und tugendreiche Witwe aus Bethulia, ist von Gott berufen, die Juden zu befreien. Sie dringt in das
feindliche Heerlager ein, weiß den Feldherrn erotisch zu faszinie-
ren und tötet den nach einem Gelage Eingeschlafenen, als sie mit
ihm allein in einem Zelt ist. Der Anblick des Enthaupteten löst
eine Panik im assyrischen Heer aus, das von den auf Anraten der
zurückgekehrten Judith angreifenden Juden in die Flucht geschla-
gen wird..."[6] Ob Judith im Rahmen ihrer Aktion weibliche Listen
einsetzte, ist in unserem Zusammenhang völlig nebensächlich. Das
Betreten der politischen Bühne bis zum äußersten Wagnis ist hier
entscheidend. Das gilt auch für die Tat Charlotte Cordays, die wenige Tage nach ihrem politischen Mord an Jean-Paul Marat ihren
Einsatz mit dem Leben bezahlte. Sie wurde hingerichtet. In der
Normandie machte sie die Bekanntschaft mit den Girondisten, die
vor der Schreckensherrschaft in die Provinz geflohen waren. Da
faßte sie ihren Entschluß, entweder Robespierre oder Marat zu
töten. Vorher schon hatte sie weitreichende Pläne gegen den Terror gehabt. Auf Marat fiel die endgültige Wahl, weil dieser in seinem „Ami du peuple" angekündigt hatte, es müßten noch 200 000
Köpfe rollen. Über ihr Ende schreibt ein Bewunderer hundert
Jahre später mit dem Pathos der Zeit, aber ohne der Verlockung
zu unterliegen, sie als eine typisch weibliche Heldin zu feiern:
„Während des Prozesses zeigte sie eine bewunderungswerte
Festigkeit, vernahm ihr Todesurteil mit Gelassenheit und betrat
17. Juli 1793, abends gegen 7 Uhr, freudig und mit edlem Anstand
das Blutgerüst."[7]

Da wir uns mit Charlotte Corday in Frankreich befinden, liegt es
nahe, einen kurzen Blick noch auf Johanna, Tochter des Landbe-
sitzers Thibaut d'Arc, die Heldin Frankreichs, zu werfen. Wie die
Mörderin Marats ist sie letzten Endes Einzelkämpferin, das mag
ein wichtiger Hinweis im Zusammenhang mit unserem Thema sein.
Trotzdem ist natürlich der Unterschied gewaltig. Denn sie übernahm Staatsfunktionen und ging bis zum bitteren Ende in der Ver-
quickung von Politik und kriegerischem Handeln im Gefüge großer Machtverschiebungen auf. Wie jedermann weiß, haben sich
unzählige Schriftsteller von Voltaire und Schiller bis Claudel,
Anouilh, Shaw und Brecht des Stoffes unter sehr verschiedenen
Aspekten angenommen. Aber es wurde bei fast allen kein Frauen-
drama daraus, und man akzeptierte die zur Aktion in der Öffentlichkeit aufgebrochene Provinzlerin als Figur, die Geschichte
machte. Selbst bei Schiller, der viel Romantik einverwob, sind die
erotischen Züge, die Hinweise auf die Jungfräulichkeit Johannas
und einiges mehr, doch wohl nur als Metaphern zu verstehen. Für
Shaw war Johanna, wie er selber sagt, ein kluges, pfiffiges Land-
mädchen von außerordentlicher Geisteskraft und körperlicher
Tapferkeit. Hier sind schon Merkmale aufgeführt, die allem
„Weiblichkeitswahn" (Betty Friedan) weit entrückt sind und zwei
Pfeiler öffentlicher Behauptung jenseits aller geschlechtsspezifischen Fixierungen herausstellen. Dasselbe ist von Jean Anouilhs
zartem Johannastück „Jeanne ou L'alouette" zu sagen. Georg
Hensel faßt die Intention dieses Schauspiels in den Worten zusammen: „Indem Jeanne Mut hat zu sich selber, zu ihren ‚Stimmen',
die ihre eigene Stimme sind, macht sie dem einzelnen Mut, gegen
alle Mächte der Welt er selber zu sein."[8] Wenn G. B. Shaw im
Zusammenhang mit dieser Frau von ihrer hohen Geisteskraft und
ihrer körperlichen Tapferkeit spricht, wird hier am Beispiel den
Frauen der ihnen innewohnende Schneid zur handelnden Selbstverwirklichung und Selbstbefreiung vorgeführt. Mit dem Aufzei-
gen dieses Syndroms sind wir nun schon ganz wieder in unsere Zeit
herübergewechselt. Und das Stereotyp der ausschließlich dulden-
den Frau, zu dem das Handeln den, wie Hebbel selbst sich aus-
drückte, „ärgsten Kontrast" darstellt, ist längst zusammen mit der
bürgerlichen Gesellschaft und deren Ideologie Geschichte geworden.

Die neue Qualität der Frauenfrage – der Kern der Sache

Wir sind nun gerüstet, um die Autorin aufzusuchen, die die eigentliche Ideologie für das neue Amazonentum einschließlich seiner Bereitschaft zur äußersten Gewalttätigkeit geliefert hat. Es handelt sich, wie nicht anders zu erwarten ist, um Simone de Beauvoir, seit Jahrzehnten die Lebensgefährtin Jean-Paul Sartres. Daß sie mit Sartre verbunden ist, steht zwar in keiner unmittelbaren Verbindung zu der Kampagne, die dieser vor einiger Zeit für die Terroristen in Stammheim veranstaltete. Dasselbe gilt auch für die Beziehungen des Philosophen zu dem Rechtsanwalt der Terroristen, Croissant, und dessen Bürokräften, die vor allem aus der weiblichen Terrorismusszene rekrutiert wurden. Doch wir können angesichts der entschiedenen Position Simone de Beauvoirs dies alles doch nicht ganz unberücksichtigt lassen.

Die Bibel der neuen Frauenbewegung, die von der Französin geschrieben wurde, ist das umfangreiche Werk ,,Das andere Geschlecht". Es kam zum erstenmal 1949 in der Librairie Gallimard unter dem Titel ,,Le Deuxième Sexe" heraus und hat seitdem bis in die Gegenwart hinein viele Auflagen in französischer, deutscher und anderen Sprachen erlebt. In unserem Zusammenhang interessieren uns vor allem jene Stellen, die in enger Beziehung zu unserem Thema stehen. Und wir können uns gut denken, daß viele jener Mädchen und Frauen, die aufgebrochen sind, eine neue, vom Zwang und den Einengungen ihrer Sexualrolle befreite Identität zu suchen und zu finden, durch die Lektüre jener gewaltigen Schrift aufgerührt sind und sich die Frage nach der Realisierung der aufgestellten Forderungen vorlegen. Das gilt vor allem auch für die sehr eingängige Schilderung der prinzipiellen Benachteiligungen, die die Frauen gegenüber den Männern erfahren haben. Und dabei bleibt Simone de Beauvoir nicht bei irgendwelchen Äußerlichkeiten oder materiellen Verbesserungen stehen, sondern sie geht auf die Feststellung zu, daß die Frauen immer nur im Hinblick auf die Bedürfnisse des Mannes definiert wurden. Das Wort Bedürfnis ist da durchaus in einem sehr anspruchsvollen, vergeistigten und auf die Höhe sensibler Sinnlichkeit getriebenen Sinne gemeint. Sie malt da, weit über die schlichte Reduktion Friedrich Hebbels u. a. hinausgehend, ein Kolossalgemälde mit Hilfe der literarischen Zeugnisse von Montherlant, D. H. Lawrence, Claudel, Breton und Stendhal.

Ihr Gemälde ist deshalb so wichtig, weil sie das für sie höchst problematische Faszinosum aufzeigt, das von diesem speziellen, in der Weltkultur tief verankerten Beziehungsgeflecht zwischen Mann und Frau, so asymmetrisch es aufgebaut war, für beide Partner von Generation zu Generation ausging. Simone de Beauvoir ist der Ansicht, man sehe an ihren Beispielen, die sie mit rückwärts gerichteter Perspektive ausgewählt hat, daß in jedem Autor die großen Gemeinschaftsmythen ihren Widerschein finden: „Die Frau ist uns als Körperwesen entgegengetreten; der Körper des Mannes ist im Mutterleibe bereitet worden, und er wird wieder neu erschaffen, wenn er die Geliebte umarmt; dadurch ist die Frau der *Natur* verwandt, sie verkörpert sie: Tier, Tal des Blutes, entfaltete Rose, Sirene, Neigung eines Hügels – immer schenkt sie dem Manne die Muttererde, den Lebenssaft, die spürbare Schönheit und die Seele der Welt; sie kann die Schlüssel der *Poesie* in Gewahrsam halten. Sie kann *Mittlerin* zwischen dieser Welt und dem Jenseits sein: Grazie oder Pythia, Stern oder Zauberin, sie öffnet das Tor des Übernatürlichen, des Überwirklichen; sie ist der *Immanenz* geweiht; durch ihre Passivität verbreitet sie Frieden und Harmonie: entzieht sie sich jedoch dieser Rolle, so wird sie zur Mantis religiosa, zu einem Ungeheuer. In allen Fällen erscheint sie als das *bevorzugte Andere,* an dem das Subjekt sich erfüllt: sie ist der Prüfstein des Mannes, sein Gleichgewicht, sein Heil, sein Abenteuer, sein Glück …"[9] Wir sehen, was auf dem Spiele steht. Und doch gibt es kein Zurück, und wir müssen nach vorne durch. Vielleicht gelingt eine Synthese, aber das ist nicht das Thema. Wichtig ist für unsere Zwecke, die Größe des Umschlages zu erkennen, in welchem wir alle stehen. Und die Größe bestimmt auch die Unruhe, die Unrast und die fanatischen Exaltationen, die das ganze Verwirrende wie ein natürlicher Rhythmus begleiten. Wir sprechen oft, um die schockierenden Taten junger Menschen – einschließlich der terroristischen Verirrungen und des Abgleitens in die Drogenszene – zu verstehen, von der Krise in der Familie, von den zerbrochenen Ehen oder vom mühsamen, mit erbärmlichen Rückschritten ausgestatteten Weg der Frauen und Mädchen, sich in einer Welt formaler Gleichheiten zum Trotze so vieler des

anderen Geschlechtes durchzusetzen. Das ist alles richtig. Und
wahrlich viel Explosionsstoff sammelt sich an. Wen wundert es,
wenn da Verdrossenheit und oppositioneller Aufruhr sich melden
und Vertreterinnen des weiblichen Geschlechtes allenthalben, in
den Hochschulen und hier und da in den Parlamenten, auch im
Sportbetrieb, in Wohngemeinschaften oder in den sozialen Dien-
sten, mit energischem Gestus ihre Interessen vertreten.

Das alles aber ist noch nicht die wahre Revolution, die im Umbruch
der Geschlechterzuordnung sich zu vollziehen begonnen hat.
Simone de Beauvoir haben wir schon mit entscheidenden Hinweisen, in dichterische Emphase eingehüllt, zitiert. Wir wollen uns
noch mit Hilfe von ein paar ergänzenden Versen des Nobelpreis-
trägers Saint-John Perse vor Augen führen, was zur Disposition
steht. In seiner Dichtung „Eng sind die Schiffe" wird der jahrtau-
sendealte Mythos in der Mitte unseres Jahrhunderts (genauer:
1957 veröffentlicht) heraufbeschworen:

> „Ah! sei mir kein harter Herr durch Schweigen und Abwesen-
> heit: sehr wendiger Lotse, allzu besorgter Liebender! Empfange,
> empfange mehr von mir, als was du selber gibst. Liebend, beliebt
> dir's nicht, auch der Geliebte zu sein?... Ich ängstige mich, und
> Unrast haust in meiner Brust. Manchmal verirrt das Herz des
> Mannes sich in die Ferne, und unter seinem Augenbogen steht,
> wie unter großen einsamen Mauerjochen, jene sehr große
> Meerwand aufrecht an den Toren der Wüste...
> O du, besucht, dem Meer gleich, von fernen und höchsten Din-
> gen, ich sah deine Brauen sich spannen, sie zielten über das Weib
> hinaus. Die Nacht, durch die du steuerst, hat sie nicht ihre Insel,
> ihre Küste? Wer denn in dir entfremdet immer und verleugnet
> sich? – Doch nein, du hast gelächelt, du bist's, du kommst zu
> meinem Angesicht, mit dieser ganzen großen Schatten-Klarheit
> wie von großem Schicksal auf den Wassern unterwegs. Und ich,
> auf meine rechte Flanke gestreckt, ich höre dein Nomaden-Blut
> anpochen gegen meine nackte Frauenbrust.
> Du bist da, mein Geliebter, und andre Stätte hab' ich keine als
> in dir..."[10]

Es fragt sich, ob das alles dahingeschwemmt wird im großen Ringen der Geschlechter, die sich um neue Definitionen ihrer selbst
und neue Identifikationsmerkmale bemühen. Wir vermuten, daß

solche Inhalte, wie sie hier Perse an uns heranträgt, in einem sehr weit gefaßten Sinne der eigentliche Gegenstand des Aufstandes der Frauen sind. Ob die große Entfremdung und ein Erlahmen der fruchtbaren sinnlich-seelischen Spannungen zwischen den Geschlechtern noch mehr und immer noch mehr Verzweifelte und Entwurzelte sich durchschlagen läßt zur terroristischen Szene, um dort als weibliche Kader neue Behausungen für ihre heimatlos gewordenen Affekte und Zuordnungsbedürfnisse zu finden?

Simone de Beauvoir allerdings hat in ihrem 700-Seiten-Werk versucht, ideologische Ordnung in die ganzen Fragen zu bringen, wobei dieser Versuch, und das ist für unser Thema von besonderer Bedeutung, in einer ganz entschiedenen Lobpreisung der Gewalt seinen Gipfel findet. Zunächst wertet sie die Aktivitäten der Frau im traditionellen Sinne in jeder Beziehung ab und verweigert ihnen sogar das Attribut des Aktiven.

Der Fall des Mannes, so meint sie, „liegt völlig anders". Nicht Leben nach der Art der Arbeitsbiene, sondern geplante Handlungen; der Mann ist ein Erfinder. Und er ist ständig bemüht, Macht über die Welt zu erringen. Simone de Beauvoir nennt den Stolz des Mannes auf seine technischen Errungenschaften, seine erfolgreichen Versuche, die Grenzen der Welt gewaltsam auszuweiten und das Fundament für neue Zeiten zu legen. Die Tätigkeit des Mannes habe noch, so wird betont, eine ganz andere Dimension, die ihr höchste Würde verleiht! „Sie ist mit Gefahr verbunden!" Im Kampf gegen die Tiere der Wildnis setze er sein Leben immer wieder aufs Spiel. Und der Jäger tue das letzten Endes vor allem, um das Ansehen des Stammes, der Sippe zu vermehren, denen er angehört: „Dadurch aber beweist er auf pathetische Art, daß nicht das Leben für den Mann das Höchste ist, sondern daß es für Zwecke da ist, die höher stehen als es selbst."

Und dann folgt der entscheidende, der schockierende Satz, der alles aufklärerische Pathos überholt und die Frau als menschliches Wesen neu konstituiert: *„Der schlimmste Fluch, der auf der Frau lastet, ist, daß sie von den kriegerischen Unternehmungen ausgeschlossen ist; nicht indem er sein Leben hergibt, sondern indem er es wagt, erhebt der Mensch sich über das Tier; deshalb genießt innerhalb der Menschheit das höchste Ansehen nicht das Geschlecht,*

das gebiert, sondern das tötende Geschlecht. Wir haben hier den Schlüssel des ganzen Geheimnisses in der Hand. "[11]
Wir haben dem nichts hinzuzufügen. Höchstens noch einige Worte aus der Kanonisationsbulle Papst Benedikts XV. vom 16. Mai 1920, die Jungfrau von Orléans betreffend: „Mögen alle Christgläubigen nun auf diese neue Heilige blicken, die zur Erfüllung der Aufträge Gottes ihre Familie verließ, die fraulichen Beschäftigungen aufgab, Waffen auf sich nahm, Soldaten zum Kampf führte und nachher weder die Drohungen mit dem Tode noch den ungerechten Urteilsspruch fürchtete..." Wir müssen, so schwer es uns fällt, von großer Tradition sprechen, wenn wir die weibliche Rezeption der Gewaltidee in der Moderne konsequent zu Ende denken.

Anmerkungen

[1] Kursbuch 17, 1969, S. 1 f.
[2] Ulrike Marie Meinhof: Bambule. Fürsorge – Sorge für wen? In: Rotbuch 24. Verlag Klaus Wagenbach, Berlin.
[3] Margarete Mitscherlich-Nielsen: Gewalt gegen Frauen – Gewalt von Frauen. Warum ist der Anteil der Frauen am Terrorismus so hoch? In: Frankfurter Allgemeine Zeitung, 12. 11. 1977. Vgl. auch: Der Spiegel, 8. August 1977, und Merkur Nr. 357 (1978).
[4] Friedrich Hacker: Aggression. Die Brutalisierung der modernen Welt. Hamburg 1973, S. 43.
[5] Ulrich Hubert in: Kindlers Literaturlexikon. Zürich 1970, S. 5053 f.
[6] Manfred Brauneck in: Kindlers Literaturlexikon. Zürich 1970, S. 5054.
[7] Meyers Konversationslexikon. Bd. 4. Leipzig 1886, S. 269.
[8] Georg Hensel: Spielplan. Berlin 1966, S. 1010.
[9] Simone de Beauvoir: Das andere Geschlecht. Sitte und Sexus der Frau. Hamburg 1968, S. 249.
[10] Saint-John Perse: Preislieder. Ausgewählte Dichtungen. München 1964, S. 85.
[11] Simone de Beauvoir, a. a. O. S. 72.

Dann gibt es die Menschen, die ihre blinde Abneigung gegen die Demokratie dazu führt, die Ziele der Terroristen – was sind eigentlich diese Ziele? – in Wort und Schrift öffentlich zu unterstützen, wenn sie selbst auch die Anwendung von terroristischer Gewalt für ihre eigene Person mißbilligen... Sie haben, davon bin ich fest überzeugt, im öffentlichen Dienst nichts zu suchen. Sie sind nicht qualifiziert, zum Beispiel unsere Kinder auf den Schulen und Hochschulen zu unterrichten.
Bundespräsident Walter Scheel beim Begräbnis Hanns-Martin Schleyers (Oktober 1977).

FRANCISCO AYALA

Homo homini lupus

Ich muß gestehen: in meiner mittlerweile fernen Jugend war ich so naiv, zu glauben (und das mag für jenes Alter erklärlich sein), es lasse sich eine Gesellschaftsordnung schaffen, in der das Glück des Menschen nicht nur verwirklicht, sondern auch gesichert werden könne. Diese vorübergehende Jugendillusion war gewiß vom damals noch herrschenden utopischen Denken und den Überbleibseln des Fortschrittsglaubens genährt. Meine späteren Lebenserfahrungen machten diese lieblichen Träume allerdings bald zunichte, und an ihre Stelle traten weniger oberflächliche – und auch weniger zuversichtliche – Überlegungen über die menschliche Natur und ihre Geschichtlichkeit.

Unsagbare Greueltaten haben die Menschen meiner Generation erleben müssen. Aber nach den im Jahrzehnt zwischen 1936 und 1946 erlittenen Schrecken war es uns nach Abschluß des Zweiten Weltkrieges und dank der märchenhaften technischen Entwicklung auch vergönnt, einen wirtschaftlichen Wohlstand mitzuerleben (der allerdings auf die Länder des Westens beschränkt blieb), wie es ihn nie zuvor auf der Welt gegeben hat. Zum erstenmal geschah es, daß der Wohlstand, der bisher immer nur kleinen Gruppen vorbehalten war und immer auf Kosten der großen Masse ging, nun der großen Masse selbst zufiel. Die überwiegende Mehrheit der Bevölkerung (einer Bevölkerung, die zudem maßlos zunahm) kam in diesem Teil des Planeten in den Genuß von Gütern, wie sie früher nicht einmal der herrschenden Oberschicht zur Verfügung standen; welche Bequemlichkeiten sind doch heute jedermann zugänglich, vergleicht man sie mit jenen, die früher der reichen Minderheit vorbehalten waren! Und dies nicht nur auf materieller Ebene, auch die kulturellen Schätze (und die nötige Freizeit, sie zu genießen) sind für den gemeinen Mann erreichbar geworden, und er kann haben, was sein Herz begehrt; mehr noch, sie stechen ihm in die Augen. Das System ist auf stetiges Wachstum ausgerichtet, und die Geschäftspropaganda ist zum Drehbalken geworden, der die Konsumgesellschaft in Gang hält.

Diese Voraussetzungen könnten als denkbar günstig erscheinen, um jenem utopischen Glauben an ein allgemeines Glück – wenigstens auf der Ebene der gesellschaftlichen Beziehungen und vorläufig auf den Raum der westlichen Zivilisation beschränkt – wieder neue Nahrung zu geben. Zumindest dürfte man erwarten, daß nun, da die Umstände die sofortige Befriedigung vieler Bedürfnisse und Wünsche erlauben, eine friedliche Gesinnung unter den Leuten Platz greifen würde. Aber genau in dem Augenblick, da, wie eben gesagt, die Menge nach Jahrtausenden von Armut und Entbehrung im Überfluß schwimmen kann, erhebt sich aus ihrem Schoß unglaubliches Gejammer und Protestgeschrei gegen... die „Konsumgesellschaft".

Wir dürfen solche Stimmen nicht einfach als snobistische Schaustellung abtun. Es stimmt zwar, daß die Jammertöne und Proteste nicht aus der Masse der Bevölkerung kommen, sondern eher von Einzelpersonen und Gruppen mit intellektuellen Ansprüchen, die in ihrer Mehrheit den alten privilegierten Schichten entstammen, und diese Söhne und Töchter finden solches Ausleben ihrer kindlichen Rebellion vielleicht besonders fein und elegant. Aber im ganzen genommen, muß darin schon mehr als verantwortungslose Frivolität stecken, denn es handelt sich ja nicht nur um prahlerisches Geschwätz von Herrensöhnchen mit ideologischen Neigungen noch um Protestlieder, die eine Menge Popularität und Geld einbringen. Abgesehen von solch harmlosen Lippenbekenntnissen, erleben wir auf dem Feld der Praxis, wie sich Aufstände ohne Ursache, Richtung und Ziel, sinnlose Terroranschläge, unmensch-

liche Entführungen, kurz und gut eine lange Reihe von Gewalttaten abspielen, die die Welt des unglaublichen allgemeinen
Wohlstandes durchschütteln und in Atem halten. Und da es keine
ausreichende Erklärung für solche Taten gibt (die wir entsetzt und
ratlos zur Kenntnis nehmen), drängt es sich auf, die Wurzeln in
der menschlichen Natur und den in der heutigen Gesellschaft
geltenden Bedingungen zu suchen.

Unmittelbarer Vorläufer der heute sich offenbarenden radikalen
Haltung könnte der Anarchismus des letzten Jahrhunderts sein;
entfernter Vorläufer der Radikalismus des Urchristentums, als
das Römische Reich unter einer unserer heutigen durchaus ver-
gleichbaren Blutarmut litt. Damals wandten sich viele Leute von
der Welt ab und zogen sich aus der Gesellschaft zurück, nicht nur
als Einsiedler in der Wüste, sondern auch auf mancherlei andere
Weise. Gewisse heutige Bewegungen, wie die Beatniks, oder Versuche, in Kommunen zu leben, oder einzelne Formen der Grup-
pentherapie sind dem, was wir über die Frühchristen wissen, auffallend ähnlich: auch ihnen warf man geistige Abartigkeit, sexuelle
Ausschweifung und scheußliche Verbrechen vor, ähnlich wie sie
hin und wieder die Seiten unserer Tageszeitungen füllen. Trotz gewisser Befremdlichkeiten und Irrwege, die wir als Randerschei-
nungen ansehen können, bedeutete das Urchristentum jedoch eine
friedliche und gewaltlose Absage an die Welt, Entsagung, Selbst-
verleugnung und Verzicht auf dieses unser irdisches Leben, das
als vorübergehende Last empfunden wurde und als Warten auf das
Paradies in einem überirdischen Leben.

Auch heutzutage fehlt es nicht an zahlreichen Beispielen für solche
Verzichte: Söhne und Töchter von Millionären entsagen ihrem
Heim und ihrem Reichtum oder verbrennen ihre Erbschaft oder
fliehen aus der Zivilisation und durchleiden im Friedenskorps, das
Kennedy ins Leben gerufen hat, die Enttäuschung einer verheeren-
den Erfahrung in Ländern, die ein bürokratischer Euphemismus
unterentwickelt nennt, oder sie werden wie der Sohn Nelson
Rockefellers von Menschenfressern geschlachtet, obwohl immerhin die Mehrzahl derjenigen, die sich auf das Spiel der Antikultur
einlassen und das Gelübde der Armut, der langen Haare und unge-
waschenen Kleider ablegen, ihr Abenteuer mit der Rückendek-
kung des monatlichen Schecks bestehen, den ihr Vater ihnen

überweist, oder mit Hilfe anderer Geldmittel, die sie auf vielerlei Wegen dem verhaßten Establishment abzwacken.

Aber nicht immer beschränkt sich der Protest gegen diese Gesellschaft „ohne höhere Werte" auf den Luxus romantischer Abenteuer, die der finanzielle Spielraum infolge ihrer industriellen Entwicklung ermöglicht. Wie der weithin bekannte Fall der Patricia Hearst zeigt, schließt sich manchmal der Sohn oder die Tochter eines Millionärs aktiv den Banden der Ausgeflippten an, die ihnen das aufregende Erlebnis bieten, sich als Held zu fühlen, wenn sie bei ihren Untaten mitmachen. Und hier stoßen wir schon auf das Modell der direkten Aktion, auf den Terrorismus, der sich zum Ziel setzt, die ganze Gesellschaftsstruktur zu zerstören – und dafür ist der unmittelbare Vorläufer der Anarchismus des neunzehnten Jahrhunderts. Genau wie bei den typischen Anarchisten von damals läßt sich auch bei den heutigen Terroristen eine mehr oder weniger verstiegene Einseitigkeit feststellen, die mit Fanatismus bis zur Verzweiflung gepaart ist.

Aber die Anarchisten von damals ließen sich zu ihren Taten von einer konstruktiven Utopie inspirieren und sahen als letztes Ziel die Schaffung einer freien Gesellschaftsordnung ohne jegliche Anwendung von Gewalt vor sich, während die heutigen Terroristen keine konkrete Alternative für die bestehende Wirklichkeit vorschlagen, die sie zerschlagen wollen, nicht einmal eine illusorische. Im geschichtlichen Zusammenhang betrachtet, war der Anarchismus des neunzehnten Jahrhunderts eine Antwort auf einen autokratischen (oder zumindest ziemlich autoritären) Staat mit ungeheuren Machtmitteln, während die heutigen Terroristen eine ultrademokratische, zu laxe und höchst verwundbare Gesellschaft angreifen; sie greifen sie mit Mitteln der modernen Technologie an, die ihren Taten entsetzliche Wirksamkeit verleihen.

Weder können sich also die heutigen Hippies mit den Urchristen identifizieren, die nach ewiger Glückseligkeit strebten, noch die heutigen Terroristen mit den einstigen anarchistischen Träumern, die eine Menschheit friedlicher Brüderlichkeit anstrebten. Nachdem diese möglichen Vorläufer damit nun in Rechnung gezogen sind, ist es nötig, die Wirklichkeit unserer gegenwärtigen Situation aufgrund ihrer eigenen Gesetzmäßigkeiten zu untersuchen und herauszuschälen, was an ihr einmalig ist.

Auf den ersten Blick besteht, wie schon erwähnt, das Einmalige
unserer Situation darin, daß in der westlichen Welt die Armut
überwunden ist, die die große Masse während Jahrtausenden im
Elend und in der Sklaverei der Arbeit gefangenhielt. Die moderne
Technologie hat nicht nur Dauer und Strenge der Arbeit erträglich
gemacht, sondern auch die Benutzung materieller Bequemlichkeiten und den Genuß aller Art Vergnügen in einer Weise gesteigert
und verbreitet, wie es bislang unvorstellbar gewesen war. Damit
sind die ärgsten sozialen Ungerechtigkeiten zwar ausgeschaltet,
aber gleichzeitig verschwindet auch der Anreiz, hehre Ziele zu verfolgen und die eigenen Kräfte dafür einzusetzen, die durch die soziale Ungleichheit hervorgerufenen Leiden auszumerzen, auf denen das ärgerliche Privileg aufgebaut war. Im Vergleich zu den
dramatischen Gegensätzen der Vergangenheit wirken die Ver-
dammungsurteile, die man der heutigen Konsumgesellschaft ent-
gegenschleudert, ziemlich lächerlich; im Grunde genommen wirft
man ihr vor, sie sei schuld daran, daß sich die Leute langweilten.
Die Anklage entbehrt nicht der Wahrheit. Wenn die Menge unein-
geschränkt an den Gütern einer Wirtschaft teilhaben kann, die auf
dem Verkauf von Massenprodukten beruht, verlieren revolutionäre Bewegungen in der Tat die moralische Wurzel, den heroi-
schen Glanz und die emotionale Kraft; andererseits macht aber
die industrielle Konzentration, zu der diese gleiche auf Technologie beruhende Wirtschaft zwingt, die Einzelinitiative, auf der ursprünglich das Wachstum des Bürgertums und die Entwicklung des
Kapitalismus beruhte, wirkungslos, ja sogar unbrauchbar. Jede
normale Aussicht, mittels bürgerlicher Tugenden, wie Beschei-
denheit, Fleiß und Sparsamkeit, ein eigenes Geschäft aufzubauen,
das als persönliche Schöpfung und Familienunternehmen dem
Leben eine bescheidene Würde und damit einen Sinn geben
könnte, ist zerstoben.
Das zusammengesparte Vermögen ist zu einer Selbsttäuschung
und das kleine Geschäft zu einer Selbstausbeutung geworden. Wir
leben in einem Netz öffentlicher oder halböffentlicher Großbe-
triebe in einer Gesellschaft von Lohnempfängern, und die Unterschiede in der Lohnhöhe bringen keine wesentlichen Unterschiede
in der Lebensführung mit sich. Wie kann der Durchschnittsmensch
seine Phantasie und seine schöpferischen Kräfte einsetzen, wenn

er sich damit doch kaum eine selbständige, gewinnbringende Tätigkeit aufbauen kann und er sich vernünftigerweise auch nicht für die Leitung einer Gesellschaft interessieren kann, deren Mechanismen so kompliziert und delikat geworden sind, daß es des Fachwissens von Spezialisten – von Technokraten – bedarf, um sie am Funktionieren zu halten! Daß sie dazu trotz allem Fachwissen nicht immer fähig sind, zeigt die Krise, die wir gegenwärtig durchleben. Es ist kein Zufall, daß das Ausfüllen der Freizeit, die der großen Masse zur Verfügung steht, das Problem, ihr angemessene Unterhaltung zu bieten, zum Hauptthema der neueren Soziologie geworden ist.

Aber die menschliche Natur begnügt sich nicht einfach damit, Brot und Spiele geliefert zu bekommen. Beides ist in unserer Gesellschaft überreichlich vorhanden, in der, abgesehen vom Interesse am Fernsehen und am Sportgeschehen, eine der Lieblingsbeschäftigungen darin besteht, das Geld für den Erwerb von Gebrauchs- und Verbrauchsartikeln auszugeben. Aber das genügt nicht: dies alles gibt dem Leben keinen Sinn. In der Seele keimt das Gefühl der Einsamkeit, Verlassenheit, Sinnlosigkeit auf, das, was man ungenau als Entfremdung bezeichnet. Und von daher rühren das Unbehagen, die Orientierungslosigkeit, die man mitten in all dem Überfluß feststellt. Es ist sehr wohl möglich, daß die meisten Leute von diesem Unbehagen und dieser Orientierungslosigkeit nichts oder wenigstens nicht viel spüren; aber es besteht kein Zweifel, daß (abgesehen von besonders empfindsamen Individuen) große Teile vor allem der jugendlichen Bevölkerung sie spüren, und hier gipfeln die Störfaktoren in einer erschreckenden Zunahme der Jugendkriminalität, die mittlerweile aufsehen- und recht eigentlich furchterregend geworden ist. Man weiß es sehr wohl: dieses ominöse Phänomen, das – wenn auch nicht überall gleich schlimm – sich allerorts bemerkbar macht, ist das direkte Ergebnis der sozialen Desintegration innerhalb der Überflußwirtschaft. Niemand würde heutzutage dulden, die Kinder der Sklaverei der Arbeit auszusetzen, wie sie es noch bis in unser Jahrhundert hinein waren und in den wirtschaftlich armen Ländern immer noch sind: es versteht sich heute von selbst, daß der geeignetste Aufenthaltsort für die neuen Generationen die Gebäude des Erziehungssystems sind. Aber auch wenn wir einmal die Frage beiseite lassen, ob alle

Menschen mit den nötigen Fähigkeiten ausgestattet sind, um den
Anforderungen der mittleren und höheren Schulen zu genügen,
müssen wir uns mit der Tatsache auseinandersetzen, daß die herrschenden pädagogischen Grundsätze, die aus der Philosophie des
achtzehnten Jahrhunderts abgeleitet sind, zur Absage an jede Leh-
rerautorität geführt haben, und so bietet die Schule keine festen
Anhaltspunkte mehr, durch die sie sich beim Schüler Respekt ver-
schaffen kann. Mehr als einmal ist darauf hingewiesen worden,
(und es ist eine in die Augen springende Tatsache), daß für die
Jugendlichen die Hauptanziehungskraft plündernder Banden
darin besteht, von diesen (wenn auch pervertiert) in jene strikte
Ordnung von Hierarchie und Disziplin eingegliedert zu werden,
die ihnen die normalen gesellschaftlichen Institutionen vorenthal-
ten. Die brutal organisierten „Gangs" geben den Jugendlichen die
Gelegenheit, ihren Mut zu beweisen und „sich zu verwirklichen",
indem sie diese zwingen, an gewagten antisozialen Unternehmungen teilzunehmen.

Und finden nicht die aus dem Gleichgewicht geratenen Erwachsenen dasselbe in ihrer subversiven Tätigkeit, in ihren Terror-
anschlägen, welche die satte Konsumgesellschaft heute in Atem
halten? Natürlich ist es zahlenmäßig nur eine unbedeutende
Minderheit, die vom vagen Unbehagen und den sanften oder laut-
starken verbalen Protesten zur Gewalttat schreitet, und sicher gehören diese wenigen zur Randgruppe der Psychopathen. Viele der
Menschen, die sich in der behaglichen, flügellahmen Gesellschaft,
die sich dem Genuß materieller Güter widmet, nicht wohl fühlen,
finden einen Ausweg, verwenden ihre mannigfachen Anlagen zum
Aufbau einer privaten Welt, in der sie leben können – eine schöp-
ferische Art der Entfremdung vielleicht –, und schließen einen auf
die Länge sich möglicherweise sogar günstig auswirkenden Kompromiß zwischen ihrer Protesthaltung und der Wirklichkeit, die uns
gegeben ist und mit der wir schließlich alle uns abzufinden haben.
Aber am Rande gibt es immer Hitzköpfe, die unfähig sind, irgend-
einen Kompromiß zu schließen, sich wie der blinde Samson zu
Verzweiflungstaten hinreißen lassen und sich opfern, um die Säulen des Philistertempels zu stürzen. Sie gehören zu der Gruppe von
Psychopathen, aus denen in Zeiten großer historischer Umwälzun-
gen manchmal die berühmten Heerführer oder Haudegen hervor-

gehen. In einer Gesellschaft aber, die im Gegensatz dazu ruhig und festgefahren ist, bleibt ihnen als letzter Ausweg nur das Verbrechen. Es scheint mir, daß eine noch scharfsinnigere literarische Darstellung dieser Situation als in Dostojewskis „Schuld und Sühne" in Stendhals „Le rouge et le noir" zu finden ist. Nur bestanden weder im Rußland der Zarenzeit noch im Frankreich der Restauration so verwundbare politisch-soziale Strukturen wie in unseren sozialstaatlichen Demokratien, zu denen die sogenannten kapitalistischen Länder des Westens heute geworden sind. Deshalb bringen es die heutigen Terroristen fertig, ohne eine zukunftsweisende Ideologie oder ein entsprechendes Programm vorzuschlagen, den Staat wirksam zu verunsichern und sogar ein Bild von sich zu projizieren, das den Anschein gewisser politischer Gültigkeit erweckt. Dazu trägt ein Umstand bei, der unsere Aufmerksamkeit verdient: an den Rändern des durch die Technologie und unter ihrem Einfluß hochentwickelten Westens gärt es in den Ländern der Dritten Welt, und dort nehmen Gruppen von „Desperados" zu ähnlichen Taktiken Zuflucht, um eine gerechte Sache voranzutreiben und gegen schweres Unrecht anzukämpfen. Die seltsame Zusammenarbeit zwischen palästinensischen Terroristen und solchen aus der Bundesrepublik Deutschland veranschaulicht treffend diesen Aspekt der Frage. Während jene vernünftige Gründe für ihre Aktivität anführen, so scheinen diese aus reiner Verblendung dazu getrieben zu sein. Möglicherweise sind die beiden Gruppen durch tiefe innere Übereinstimmung miteinander verbunden, und es unterscheiden sich nur die äußeren Gegebenheiten; im Grunde sind beide gleich. Etwas Ähnliches läßt sich an den Erfahrungen im Spanien der letzten Jahre zeigen: während die unzumutbare Unterdrückung unter Franco dazu führte, daß viele Leute mit Respekt, vielleicht sogar Sympathie und Bewunderung die Attentate gegen das Regime mit ansahen und bereit waren, diese zumindest als „Kampfmittel" zu entschuldigen oder zu rechtfertigen, verbreitet sich jetzt Alarmstimmung, Bestürzung und Empörung, da man feststellen muß, daß weiterhin Terroranschläge verübt werden, obwohl die Unterdrückung durch die Diktatur aufgehört hat und die politischen Bedingungen im Lande annehmbar geworden sind und im allgemeinen auch akzeptiert werden (wie das Ergebnis der freien Wahlen 1977 gezeigt hat).

Hier wie überall sind solche Taten das Werk von fanatischen Wirr-
köpfen, aber leider wächst die Zerstörungsgewalt ihrer Kampfmittel, die die moderne Technologie ihnen in die Hand gibt, in der
dritten Potenz.

In der Tat entspringen solche Aktionen nicht klaren Absichten und
Überlegungen des Täters, sondern Gefühlsimpulsen; deren Ziel
ist die Aktion selbst, nicht die angegebene Absicht. Es handelt sich
nicht um mehr oder weniger angemessene Mittel zu einem bestimmten Zweck, sondern – wenn es hoch kommt – um erfundene
oder vorübergehend angenommene Zwecke, um die Gewalttaten
zu bemänteln. Diese Zwecke können so elementar und primitiv
sein wie das Umstürzen der Tempelsäulen, nämlich das Umstürzen
der Säulen, welche die ganze Gesellschaft tragen. Der Terrorist
braucht überhaupt keinen konkreten Zweck anzugeben, wozu
denn auch? Es wäre letzten Endes nur vergebliche Mühe, wie es
andererseits vergebliche Mühe ist (und doch gibt es immer wieder
Leute, die dazu auffordern), mit ihnen zu „verhandeln" oder die
Gründe für ihr Tun zu erforschen. Wie könnte der „Halbstarke"
seine Taten begründen, der einfach aus Lust zerstört oder Tiere
und wehrlose Menschen quält? Wie der Brandstifter? Wie der
Mörder, dessen einziges Ziel die Befriedigung seines Sadismus ist?
Alle solchen Verhaltensweisen, die in unserer Gesellschaft so
übermäßig zugenommen haben, wachsen aus einer gemeinsamen
Wurzel: der angeborenen Aggressivität, die je nach Alter,
Wesensart und psychischer Anlage den Menschen verschieden
stark antreibt. Aber wenn sie schon aus einer gemeinsamen Wurzel
wachsen, die in der menschlichen Natur von jeher angelegt ist, gilt
es herauszufinden, warum sie in unserer Gesellschaft dermaßen
haben überhandnehmen können. Nur so können wir zu einer Antwort kommen.

Unsere Gesellschaft spiegelt in allen ihren Strukturen das Modell
des Schulsystems, wie es oben kurz skizziert ist. Wenn das Kind
oder der Jugendliche nicht gezwungen wird, sich durchzusetzen,
sich im Widerstand gegen den Druck eines festgefügten Lehrsy-
stems zu behaupten und seine Individualität zu bestätigen; wenn
ihm die Familie diesen – natürlich schmerzlichen – charakterbil-
denden Widerstand nicht leistet, der dem Generationenkonflikt
einen dialektischen Sinn gibt; wenn er auch später als Erwachsener

sich nicht anstrengen muß, um seinen Arbeitsplatz zu behalten, weil ihm an jeder Hausecke ein anderer geboten wird (und schließlich bleibt ihm ja immer noch die Sozialversicherung), so fehlt ihm auch – im Gegensatz zu früher – der Anreiz, sich im Konkurrenzkampf zu behaupten. Selbst in den Armeen sind die Normen der Disziplin, die nun einmal zu ihnen gehören und auf die nicht verzichtet werden kann, bis zur Unkenntlichkeit gelockert worden. Wir leben in einer demokratisch aufgebauten Gesellschaft auf der Basis einer blühenden Marktwirtschaft; in einer sehr laxen und permissiven Gesellschaft, in der man nicht duldet, daß jemand über seinen Nächsten Autorität oder Macht ausübt, in der auch die schlimmsten Vandalenakte und die ruchlosesten Taten mild beurteilt werden oder je nachdem sogar vollständig ungestraft bleiben. Da die Institutionen auf Übereinkunft beruhen, bieten sie kaum Möglichkeiten, den Aggressionstrieb dadurch zu kanalisieren; er kann kaum dazu eingesetzt werden, sie umzuwandeln und funktionstüchtiger zu machen. Wenn diese angeborenen Impulse nicht so gelenkt, eingegliedert und sozialisiert werden können, daß sie als legitimes Schmiermittel für die kollektive Maschinerie wirksam werden, bleiben sie brach liegen. Da sie kein für die Gesellschaft und die Person selbst annehmbares und befriedigendes Wirkungsfeld haben und beim Versuch, sich zu entladen, auf antisoziale Pfade geraten, kommt es zu der Erscheinung, die man im weiten Sinn als ,,Antikultur'' bezeichnen kann.

Diese ,,Antikultur'' neigt ihrerseits dazu – und das ist nicht zu umgehen –, eigene Institutionen zu schaffen, die wie Zerrspiegel auf groteske Weise die Züge eben der Gesellschaft wiedergeben, gegen die sie sich zu wenden vorgibt: bisweilen übertreibt sie diese maßlos, wie z. B. im freiheitlichen Aufbau der Kommunen, die sich aus lauter Ekel vor der sexuellen Promiskuität oder den endlosen Streitereien über das Reinemachen im Haus bald wieder auflösen; bisweilen verkehren sie diese ins extreme Gegenteil, wie z. B. in der grausamen Zucht, die die Jugend- und Verbrecherbanden ihren Mitgliedern auferlegen. Die ganze Gesellschaft erblickt sich zugleich erschrocken und fasziniert in diesem Zerrspiegel. Die Untaten dieser Randfiguren bieten der Menge ein spannendes Schauspiel voller Nervenkitzel. Die Urheber kommen damit zum Glorienschein, den sie sich so sehnlich wünschen. Denn ohne

Zweifel gipfelt der Erfolg ihrer Untaten in der Publizität. Wer solche verübt, ist ganz offensichtlich von jenem Geltungsdrang besessen, den man als „Herostratismus" bezeichnet (nach dem Hirten Herostratos, der den Artemistempel zu Ephesos, eines der sieben Weltwunder, in Brand steckte, um berühmt zu werden); und selbstverständlich sehen sie den Zweck ihrer kopflosen Unternehmungen erreicht, denn in der Tat berichten Zeitungen und Fernsehen ausführlich und oft genießerisch über ihre infamen Abenteuer, stellen großzügig ihre Porträts zur Schau, schildern ihre Lebensläufe in allen Einzelheiten und rücken so die Täter in den Mittelpunkt der öffentlichen Aufmerksamkeit – so lange, bis ein anderes sensationelles Tagesereignis die Szene beherrscht. Während dieser Zeit kommen sie zu „Heldenehren" und gliedern sich auf solchen Abwegen schließlich doch wieder in die „große Gesellschaft" ein, die sie so sehr verachten, bekämpfen und zu zerstören trachten.

Abschließend kann als Ergebnis dieser knappen Analyse festgehalten werden, daß der Versuch, frühere soziale Zustände wiederherzustellen, absurd wäre. Absurd, weil es nicht wünschbar ist, und absurd, weil es nicht möglich ist, selbst wenn jemand es versuchen wollte (solche Versuche sind hin und wieder unternommen worden) – der geschichtliche Prozeß läßt sich nicht rückgängig machen. Umgekehrt wäre es ebenso unvernünftig, zu glauben, die gegenwärtige Situation, soweit sie sich als negativ darstellt, lasse sich nicht verbessern. Ich habe bereits auf die Beschäftigung der Soziologie mit dem Freizeitproblem der großen Masse hingewiesen. Vielleicht ist dieses Problem bis jetzt zu eng angegangen worden; vielleicht lassen sich mögliche Lösungen nicht einfach in allgemeinen Reformprogrammen von oben nach unten finden; vor allem wären die drastischen Maßnahmen, die wahrscheinlich nötig würden, in einer offenen und demokratischen Gesellschaft undurchführbar, denn man müßte sie womöglich mit diktatorischen Mitteln und Gewalt durchsetzen – und überdies wären solche Heilmittel auf die Länge vermutlich noch schlimmer als die Krankheit, die sie bekämpfen sollen. Auf jeden Fall scheint es nicht zu genügen, den Leuten neue, anspruchsvollere oder raffiniertere Unterhaltung anzubieten oder ihnen verschiedenerlei Vorschläge zur Freizeitgestaltung zu machen. Abgesehen davon, daß es in der Kon-

sumgesellschaft an Schauveranstaltungen aller Art ohnehin nicht
mangelt, haftet solchen Schauveranstaltungen naturgemäß der
Charakter spielerischer Freiwilligkeit an; was dagegen not tut, ist
etwas, was den Menschen unwiderstehlich herausfordert, sein
Leben voll einzusetzen, etwas, das ihm positive Aufgaben stellt und
ihn mit Lockmitteln, die seine Phantasie wecken, zur aktiven, ver-
antwortungsvollen und schöpferischen Teilnahme ermuntert.

(New York, Oktober 1977)
Aus dem Spanischen übersetzt von Erna Brandenberger

---

*Alle diejenigen, die gegen die Gesetze räsonieren, können dies wohl mit
leichtem Herzen tun, weil sie von Gesetzen umgeben sind und geschützt und
am Leben gehalten werden; bei dem geringsten Anzeichen, daß die Gesetze
zu Fall gebracht würden, würde ihnen mit einem Schlage die Lust am Räsonieren und Schwätzen vergehen, und sie würden atemlos zu dem Heilmittel
greifen, ganz beliebige Gesetze wiederherzustellen, nur um wieder zu Sicherheit zu gelangen, um Frieden und Ruhe wiederzugewinnen: jene Ruhe,
welche schließlich das Räsonnement und das akademische Geschwätz gegen
die Gesetze erst möglich macht.*   Benedetto Croce (1866–1952),
italienischer Philosoph und liberaler Politiker.

*Es gibt zwei Momente der Weltgeschichte, die bald aufeinanderfolgen, bald
gleichzeitig, teils einzeln und abgesondert, teils höchst verschränkt, sich an
Individuen und Völkern zeigen.*
*Der erste ist derjenige, in welchem sich die einzelnen nebeneinander frei aus-
bilden; dies ist die Epoche des Werdens, des Friedens, des Nährens, der
Künste, der Wissenschaften, der Gemütlichkeit, der Vernunft. Hier wirkt
alles nach innen und strebt in den besten Zeiten zu einem glücklichen häus-
lichen Auferbauen; doch löst sich dieser Zustand zuletzt in Parteisucht und
Anarchie auf.*
*Die zweite Epoche ist die des Benutzens, des Krieges, des Verzehrens, der
Technik, des Wissens, des Verstandes. Die Wirkungen sind nach außen
gerichtet; im schönsten und höchsten Sinne gewährt dieser Zeitpunkt Dauer
und Genuß unter gewissen Bedingungen. Leicht artet jedoch ein solcher
Zustand in Selbstsucht und Tyrannei aus, wo man sich aber keineswegs den
Tyrannen als eine einzelne Person zu denken hat; es gibt eine Tyrannei gan-
zer Massen, die höchst gewaltsam und unwiderstehlich ist.*

Goethe: Aus den „Materialien zur Geschichte der Farbenlehre".

KLAUS HORNUNG
Die nationalgeschichtlichen Wurzeln des deutschen Terrorismus

Einer der besten sozialwissenschaftlichen Kenner des Terrorismus, Walter Laqueur, hat darauf hingewiesen, daß die Frage nach den Ursachen des Terrorismus und nach den Motiven der Terroristen nicht mit *einer* zentralen Antwort rechnen kann. Das Phänomen tritt vielmehr in vielen Varianten auf und stellt sich von Generation zu Generation und von Land zu Land sehr verschieden dar. „Jeder Versuch, ihn (den Terrorismus; K. H.) in allen seinen unterschiedlichen Erscheinungsformen zu erklären, muß von vornherein entweder äußerst vage oder aber völlig falsch sein."[1] Gewiß mag die vergleichende Analyse des Terrorismusphänomens unserer Tage schließlich zu einigen grundlegenden und generalisierenden Ursachen- und Motivationskomplexen hinführen, und wir werden auch selbst noch auf solche zu sprechen kommen. Da die Analyse des Terrorismus sich aber gewiß noch weithin in den Anfangsstadien befindet, scheint es sinnvoller zu sein, zunächst einmal den Weg der klassischen „individualisierenden", das heißt der nationalgeschichtlichen Analyse zu beschreiten und vorerst vor allem von den möglichen Ursachen des Terrorismus *in der Bundesrepublik Deutschland* zu sprechen.

Wendepunkt in der Geschichte
der Bundesrepublik Deutschland?

Die terroristische Mordszene des Jahres 1977 stellt in der
Geschichte dieses Landes in der Tat, wie der Bundespräsident in
seiner Trauerrede auf Hanns-Martin Schleyer gesagt hat, einen
tiefen Einschnitt dar, einen Einschnitt, so möchte man hinzufügen,
der hoffentlich die Tiefen des individuellen und gesellschaftlichen
Bewußtseins erreicht und die Kraft freisetzt für die notwendigen
geistigen und politischen Konsequenzen. Was diese Hoffnung
anlangt, so scheint nach den Erfahrungen der letzten Jahre Skepsis
geboten. Noch ist die bequeme Neigung verbreitet, alsbald in den
Tiefschlaf des Selbstbetrugs, der Beschwichtigung und gefährlicher
gesellschaftlich-politischer Tabus zurückzukehren. Da wird von
links vor „Panikmache" gewarnt und rechts allzu bürgerlich-
selbstgerecht kein Anlaß gesehen, angesichts des Terrors mögliche
Versäumnisse selbstkritisch zu beklagen. Viele in diesem Lande
möchten dem Terrorismus zu Leibe gehen, wie man aus einem
sonst gesunden Körper ein Geschwür herausschneidet (von dem
man hofft, daß es „gutartig" ist). Das heißt dann, „Umfeld" und
„Sympathisantenszene" des Terrorismus möglichst begrenzt zu
halten und in ihm ein vor allem polizeiliches Problem zu sehen.
Die andere Art der Beurteilung läßt sich dagegen vom Bild einer
Infektionskrankheit leiten, die sich im ganzen Körper ausbreitet,
möglicherweise einen schon bereits geschwächten Körper zur Voraussetzung hat und geeignet ist, diesen Körper ihrerseits weiter zu
schwächen. Die pathologischen und physiologischen Bilder mögen
unzureichend sein, sie können jedoch andeuten, in welchen durchaus verschiedenen Richtungen die konkrete gesellschaftlich-poli-
tische Diagnose versucht werden kann. Die zweite Diagnose geht
jedenfalls davon aus, daß wir alle, diese Gesellschaft in ihrer
Gesamtheit, Anlaß haben, in den Spiegel zu blicken, in dem die
Fratze des Terrorismus erscheint und der uns durchaus Wichtiges
über das Gesicht und den inneren Zustand dieser unserer Gesellschaft aufzuzeigen vermag. Erscheinungen wie die ideologisch fa-
natisierter und kalt mordender junger Männer und Frauen fallen
nicht vom Himmel. Sie haben eine Genese, eine „Inkubations-
phase". Wer, wie es hier geschieht, im Terrorismus ernste Sym-

ptome möglicherweise weitreichender geistig-moralisch-politischer Krankheits- und Krisenerscheinungen in unserer Gesellschaft sieht, dem wird der Versuch, mit dieser Erscheinung allein auf „normalem", polizeilichem Weg fertig werden zu wollen, wie Hohn erscheinen. Natürlich werden zu der Diagnose des „operablen Geschwürs" nicht nur die selbstgerechten und geistig bequemen Bürger in diesem Lande (und unter ihnen manche Politiker) neigen, sondern auch alle diejenigen Schreibtisch- und Kathedertäter unter Lehrern, Hochschullehrern, Mediengewaltigen, Pfarrern, Journalisten, Verlegern, Lektoren, Buchhändlern usf., die selbst ein gerüttelt Maß Verantwortung für Infektion und Krankheit tragen. Hier könnte sich eine seltsame Allianz der Beschwichtigung anbahnen, die geeignet wäre, die richtige Diagnose zu verhindern, auf die diese Gesellschaft Anspruch hat.

Das geistig-moralische und das öffentlich-politische Ursachengeflecht des Terrorismus in der Bundesrepublik ist nun einmal tief gelagert und verzweigt. Es kann kein Zweifel sein, daß es von ganz bestimmten wissenschaftlichen und ideologischen Richtungen und Schulen und deren – oft simplifizierender – Rezeption in Teilen der studentischen Jugend bis zu – ebenfalls nennbaren – Schulbüchern und Schulbuchautoren, Lehrplänen und ihren Verfassern reicht, von literarischen Buchautoren bis zu Predigern des Neides, des Hasses, der „großen Verweigerung" unter Lehrern, Hochschullehrern und Pfarrern, von ideologisch einäugigen Verlagslektoren und geldgierig das große Geschäft pflegenden Verlegern bis zu sektenhaft-ideologisierten Jungbuchhändlern und ihrem Monopol täglich-gezielter Buchempfehlungen für naive Bürger unter Alten und Jungen. Man lese in diesem Zusammenhang zum Beispiel einmal nach, was Helmut Schoeck an erdrückender Fülle von Tatsachen und Beispielen zusammengetragen hat über die alltägliche „Schülermanipulation" während der letzten zehn Jahre, über alle die Versuche, die „Lernziele" der „Veränderbarkeit", der Leistungsfeindschaft, der Erzeugung schlechten sozialen Gewissens und der Bewußtseinsprägung für den Klassenkampf, der „Enteignung der Scham" durch eine von linken Lehrern monopolisierte Sexualkunde nach dem Prinzip des steten Tropfens in den Alltag unserer Schulen und Schüler zu infiltrieren[2]. Was sich hier ein Jahrzehnt und länger an Indoktrination im

Namen angeblicher Freiheit, Emanzipation, Humanität und Toleranz abgespielt hat, ist vielfach atemberaubend, und alle diejenigen
sollten es im Gedächtnis behalten, die heute eilfertig vor Intoleranz
und „Sympathisantenhetze" zu warnen belieben. Das Ursachengeflecht unserer gesellschaftlichen Krise und des durch sie freigesetzten Terrorismus ist jedenfalls tiefgestaffelt. Es ist ebenso aufzusuchen im mikrogesellschaftlichen Bereich der Erziehung und
der vielfältigen Orte, an denen sich die Generationen begegnen,
wie in unseren gesamtgesellschaftlichen Wertungsmustern hinsichtlich des Verhältnisses des einzelnen zum Staat, unseres öffentlichen Bewußtseins vom Rechtsstaat und so fort.

Die Positionen der Erwachsenen sind nicht besetzt: Die Sozialisationsschwäche unserer Gesellschaft und die pervertierte Freiheit

Ich beginne mit dem Bereich der Erziehung in Familie, Schule,
Hochschule und unserer sonstigen Instanzen der Begegnung der
Generationen und der Sozialisation. Für diejenigen, die nicht kritiklos dem in unserem Land verbreiteten pausbäckigen
Wirtschaftswunderoptimismus anhingen, war es schon in den fünfziger Jahren deutlich, daß in der Wiederaufbau- und Rekonstruktionsphase im Verhältnis der Generationen vieles nicht mehr in
Ordnung war. Schon damals erlebten wir eine immer deutlichere
Schwächung der Erziehungskraft der älteren Generation. Viele
Eltern suchten gleichsam den materiellen Ablaß für ihre Erziehungsschwäche und ihren Mangel an pädagogischer Zuwendung
und moralischer Orientierung der Heranwachsenden in einer Verwöhnungs- und Konfliktvermeidungsstrategie und versuchten, ihr
moralisch-erzieherisches Defizit durch materielle Trumpfgebärden wettzumachen. Schon damals begann jene weiche „Permissivität" des Gewährenlassens die „Agenturen" der Generationsbegegnung in Elternhäusern, Kirchen, Schulen usf. wie ein
schleichendes Gift zu durchziehen. Das zunächst noch völlig unpolitische Halbstarken- und Rockertum spiegelte diesen desolaten
Zustand schon zur Mitte der fünfziger Jahre deutlich genug wider.
Wie ich bereits an anderer Stelle ausgeführt habe: die Verwöhnung

der Jungen durch die Älteren und deren Verachtung durch die
Jungen waren die Folge des Tatbestandes, daß die Positionen der
Erwachsenen zunehmend geräumt wurden[3].

Diese erzieherische Praxis der Bequemlichkeit, wenn nicht schon
oft der Feigheit wurde seit Beginn der sechziger Jahre mehr und
mehr bestätigt und unterstützt durch Erziehungstheorie und
Erziehungswissenschaft: Emanzipation, Mündigkeit, Autonomie,
Herrschaftsbefreiung, Herrschaftslosigkeit, antiautoritäre Erziehung usf. lauteten in jenen Jahren die gleisnerisch funkelnden
Parolen und Halbwahrheiten, die sich von Wissenschaft und
Hochschulen her auf das staunende Volk ergossen, das sich ihnen
gegenüber vielfach wie in Andersens Märchen von des Kaisers
neuen Kleidern verhielt! Ein Rausch unverdauter, talmihafter
Freiheitsparolen entfaltete sich in einer Gesellschaft, der es offensichtlich materiell bereits vielfach „zu gut" ging. Die junge Generation selbst wuchs in einen von ihr als selbstverständlich erlebten
Wohlstand hinein und begann sich zu langweilen – ein Faktum,
das sich zunächst in einer steigenden Wohlstandskriminalität aus-
drückte, seit Ende der sechziger Jahre dann aber immer mehr in
den Formen radikaler Politisierung und Ideologisierung.

Die Praxis der Verwöhnung und Permissivität wurde nicht nur
durch oft tief problematische und unverantwortliche Parolen und
Moden der Erziehungs- und Sozialwissenschaften unterstützt und
bestätigt. Sie erhielt ihre gleichsam amtliche Bestätigung seit der
Mitte der sechziger Jahre durch jene sogenannte Bildungsreform,
die ebenfalls unter den vollen Segeln der „Demokratisierung" auf
das glänzende Meer der steigenden Erwartungen von Eltern und
Kindern hinaussegelte. Viel zuwenig und viel zu spät wurde erkannt, daß es der jungen Generation immer dringender um Antworten auf die inhaltlichen und normativen Fragen dieser Gesellschaft ging, daß die Jungen Antworten erwarteten auf ihre Fragen
nach Sinn und Ziel der individuellen wie der politisch-geschichtli-
chen Existenz als Volk und Staat. Statt dessen flüchtete sich die
amtliche Schul- und Bildungspolitik in Organisationsfragen und
das rein Quantitative, wie es sich etwa in aufwendigen Schulhaus-
bauten und einer forcierten Ausweitung der Lehrerzahlen nieder-
schlug. Das alles wurde keineswegs mit höheren Leistungsforde-
rungen verknüpft – im Gegenteil! Demagogische Parolen wie

„Bildung ist Bürgerrecht!" (Dahrendorf) machten die Runde und heizten nur die schon längst herrschende sozialstaatliche Anspruchshaltung in allen Bereichen der Ausbildung und „Bildung" an. Das „protestantisch-kapitalistische" Leistungsprinzip wurde verfemt, nicht zuletzt in den Familien der bürgerlichen Mittel- und Oberschicht, deren Söhne und Töchter die Wortführer wie die Mitläufer der ersten studentischen Protestbewegung wurden und sich rasch den großen Gesten der Adorno („den Stein aufheben, unter dem das Unwesen brütet") oder Marcuse („große Verweigerung") auslieferten. Die sogenannte Bildungsreform, mehrere Jahre realisiert vor allem als „Bildungspolitik zum Nulltarif" (Hans Maier), wurde zur eigentlichen Bildungskatastrophe. Die Ablehnung der Leistung wurde als besonders „demokratisch" dekoriert. Einer gelangweilten Generation wurde eingetrichtert, daß sie nur Rechte, aber keine Pflichten habe. Die materielle Fülle, in die diese Generation hineinwuchs, erschien als selbstverständlich. Das Sinndefizit dieser Gesellschaft breitete sich spürbar aus, insbesondere ein pervertiertes Verständnis von Freiheit, das ihren moralischen Blutkreislauf vergiftete. Zumindest die erste Generation der Terroristen ist aus *diesem* gesellschaftlichen Umfeld erwachsen.

Noch zu Anfang der sechziger Jahre wurden Warnungen und Kritik wie die folgenden als unverständliche Kassandrarufe abgetan. Der Erziehungswissenschaftler Wolfgang Brezinka formulierte 1962 das grundlegende Problem der pervertierten Freiheit: „Es ist ein nationales Unglück, daß der Hinweis auf Tugenden, ohne die kein Volk bestehen kann, noch immer das Bild des ‚Dritten Reiches' aufsteigen läßt, das sie so furchtbar mißbraucht hat. Viel zu leicht kann heute jeder, der den Menschen selbstsüchtig, triebhaft und gierig lassen möchte, um ihn auszubeuten, die Forderung nach Zucht, Opfer und Sozialem Dienst als Weg in eine neue Sklaverei verdächtigen."[4] Der bekannte Pädagoge Wilhelm Flitner warnte vor einer (gerade auch von Politik und Staat geförderten) Mentalität, „die den Staatsbürger gierig macht nach Besitz, Genuß, Freizeit, hoher Konsumtion", weil der Staat dadurch früher oder später an eine Schwelle kommen könne, „an der es keinen Opfermut mehr gibt, keinen Dienst- und Hilfswillen, weder für den leidenden Nächsten noch für den Staat, noch für die Freiheit, wenn

diese bedroht ist"[5]. Helmut Thielicke warnte in einer Rede vor
dem Bundestag am 17. Juni 1962 davor, daß wir im Begriffe seien,
„eine Generation von Anspruchsvollen und permanent Fordern-
den zu werden. Unser Dogma ist der Satz: ‚Das steht uns zu'."[6].
Und der Gründer der Salemer Schulen, Kurt Hahn, ein Mann, den
gewiß niemand als Pessimisten abtun kann, sprach zur gleichen
Zeit von dem im Gang befindlichen fünffachen Verfall des europäischen Freiheitsverständnisses: dem Verfall der körperlichen
Tauglichkeit, der Initiative, der Selbstzucht, der Sorgsamkeit und
des Erbarmens[7].

Studentischer Protest und Gegenaufklärung

Im Jahre 1968 schrieb der damalige Rektor der TU Stuttgart, Prof.
Dr. F. Leonhard, in einer Untersuchung der Ursachen der Studen-
tenunruhen, die ihm zu einem „Plädoyer für die Jugend" geriet:
„Die Studenten prangern die Widersprüche an, die zwischen dem
Anspruch von Idealen der westlichen Welt, zwischen den vielen
Reden von Frieden und der so anderen Wirklichkeit mit grausa-
men Kriegen besteht. Die grausamen Bilder des unglücklichen
Vietnam-Krieges müssen ja ihr Vertrauen in die Vernunft und
Kulturstaatlichkeit dieser westlichen Welt erschüttern."[8] Um die
gleiche Zeit entwarf im nahen Tübingen der Historiker Gerhard
Schulz ein sehr viel skeptischeres Bild von der Lage an den Hochschulen. Die Träger der studentischen Protestbewegung der Jahre
nach 1968 bezeichnete er bei allem ihrem romantischen Mao-,
Che- oder Ho-Kult als „Kinder der Wohlstandsgesellschaft ... die
in allen ihren Spielen nie bewußt über die Grenzen ihrer besorgten
Existenz hinausgreifen". Ihr romantischer Aktivismus konnte sich
aber auch bald zu einem antizivilisatorischen Affekt steigern, in
dem aktivistische Emotionen gegen humane Vernunft, Aufklärung
und Zivilisation aufbegehrten und dessen triumphierender Rück-
sichtslosigkeit die Träger der gesellschaftlichen Kultur sich aber
auch oft nur allzu willig beugten, eine Situation, die an ähnliche
Erscheinungen der Jahre nach 1930 erinnerte[9]. Selbst der langjäh-
rige Mentor der aufbegehrenden Studenten und Promotor einer
„progressiven" Hochschulpolitik, Jürgen Habermas, sah 1969 die

Ethik der Leistung insbesondere unter Söhnen und Töchtern bürgerlicher und großbürgerlicher Elternhäuser fraglich werden, in
denen „die Heranwachsenden weitab von der Produktionssphäre
leben und der Wirklichkeit nur durch die Filterschicht der Kon-
sumorientierung und Massenmedien begegnen"[10]. Allzu leicht
uferte hier dann „berechtigtes Mißtrauen gegen technokratische
Entwicklungen" durch übertriebene Verallgemeinerungen zu
einem Affekt gegen Wissenschaft und Technik schlechthin aus,
diente die Theorie und Praxis des sogenannten „nichtentfremde-
ten Zusammenlebens" der unmittelbaren Triebbefriedigung ihrer
Initiatoren und ihrer schlicht „ungehemmten Aggressionsabfuhr".
Auch Habermas notierte die Herkunft dieses studentischen Pro-
testpotentials aus den „vaterlosen" bürgerlichen Elternhäusern,
deren permissive Erziehungswirklichkeit nicht mehr die traditio-
nelle Identifikation mit dem Vater ermöglichte (statt dessen sehr
oft dagegen mit der Mutter) und die „Autonomie der Ich-Organi-
sation" der Heranwachsenden in der Wurzel gefährdete. Noch
beschränkten sich in dieser Phase die „kulturrevolutionären Ab-
schaffungsparolen" (Habermas) auf die „Gewalt gegen Sachen".
Die hier sich anbahnende „Enthemmung von Aggressionsphanta-
sien" konnte früher oder später jedoch zu der gefährlichen Illusion
führen, „daß es nicht nur bestimmte Traditionen sind, die immer
wieder aufgebrochen werden müssen, sondern die Kontinuität
der Geschichte als solche". Vergebens warnte Habermas zu dieser
Zeit bereits vor dem darin sich ausdrückenden Irrationalismus,
dessen abstrakte Aufhebung von Kultur die „Glaubensmächte"
subjektiv freisetzen und sie zu „dämonischen Gewalten" verkehren mußte.
Deutlicher skizzierte dann Karl Steinbuch in seinem Buch „Kurskorrektur" (1971) die Situation. In den Freiheits- und Emanzipa-
tionsparolen jener Jahre spiegelte sich nicht nur das Bewußtsein
einer materiell reich und wohlhabend gewordenen Gesellschaft,
einer wahren Schlaraffenlandmentalität, wider, nicht nur das Versagen der älteren Generation, insbesondere der Eliten in Politik,
Wissenschaft, Wirtschaft, Erziehung und Medien, die es allesamt
versäumten, auf den geistigen Hunger der Jugend zu reagieren und
glaubwürdige Ziele für die Zukunft zu zeigen. Hinzu kam ein Faktor, der die Situation in der Bundesrepublik als einer „fortgeschrit-

tenen Industriegesellschaft" kennzeichnete und sie insofern auch
vergleichbar werden läßt mit anderen ähnlich entwickelten Indu-
striegesellschaften zumindest des Westens. Steinbuch spricht von
den hochkomplizierten Strukturen in Technik, Wirtschaft, Politik
und so weiter, Strukturen, welche die Vorstellungskraft der meisten Menschen überfordern, die nicht selbst Spezialisten oder bereit und in der Lage sind, sich mit Fleiß einzuarbeiten. Solches
Übersteigen unserer Vorstellungskraft führt dann leicht zur einfachsten aller möglichen Reaktionen: zur Verdächtigung alles
dessen, was man nicht versteht, als Produkt von Machenschaften
der Herrschenden und Mächtigen[11]. An der Rückseite der modernen wissenschaftlich-technisch-industriellen Zivilisation lauert
nicht nur das Mißtrauen gegen Spezialisten, Funktionäre und
Technokraten, das den Konsens der liberal-repräsentativen
Demokratie wegzusprengen droht. Jetzt kamen auch wieder jene
Pauschalformeln der Welt- und Gesellschaftserklärung aus *einem*
Prinzip, jene Verschwörungstheorien in Mode, die uns Ältere so
grausam an ähnliches vierzig Jahre zuvor erinnern: Wieder wurden
diese so scheinbar plausiblen globalen Weltdeutungsformeln mit
gläubiger Inbrunst in Umlauf gesetzt, begierig aufgenommen und
geglaubt. Und wieder einmal gingen diese Parolen vom „big mo-
ney", vom „Muff unter den Talaren", vom „Kapital" usw. vor allem von den Hochschulen und vom akademischen Nachwuchs aus,
geeignet zunächst zur Rechtfertigung der „Gewalt gegen Sachen"
und schließlich auch als Legitimationsklischees für Mord und Totschlag im Dienst der sogenannten „Volksrevolution".
Niemand wird Motive und Entwicklungen des Terrorismus verstehen, der nicht die geistige und sozialpsychologische Landschaft an
unseren Hochschulen seit dem Ende der sechziger Jahre ins Auge
faßt. Allein schon die Tatsache, daß an vielen deutschen Hochschulen eine stetige, mehr oder weniger offene oder schleichende
Zerstörung des Rechtsbewußtseins praktiziert wurde, läßt es
geboten erscheinen, das Umfeld unserer Hochschulen in die
Ursachenanalyse mit allem Ernst einzubeziehen, auch wenn
viele Beteiligte und Verantwortliche von Nestbeschmutzung oder
Schlimmerem reden werden. Natürlich sind Extremismus und Terrorismus nicht identisch. Zwischen ihnen gibt es qualitative
Sprünge, oft aber auch ein nur „quantitatives Weitergleiten"[12], wie

es sich auch an vielen Lebensläufen terroristischer Aktivisten able-
sen läßt.

Einen wesentlichen Faktor dieser Entwicklung stellt dabei jene
Erscheinung dar, die Hermann Lübbe mit dem treffenden Stichwort der „Kultur der Gegenaufklärung" zu charakterisieren versucht hat. Deren wichtigster Träger war und ist die „kritische Intelligenz", die insbesondere die Universitäten und Hochschulen in
„Zentren politischer Heilsgewißheit, von wirklichkeitsüberlegener
Besserwisserei, von penetrantem Moralismus und von eifernder
Intoleranz" verwandelte[13]. Lübbe bezeichnet diese neue Gegenaufklärung als „das wichtigste Element unserer gegenwärtigen
ideologiepolitischen Situation". In ihrem Zeichen verfällt die
eigentliche Kunst der wissenschaftlichen Kritik, nämlich Fragen zu
stellen; an deren Stelle tritt das Bekenntnis zu einem Katalog abschließend festgestellter Wahrheiten. Dieser Entwicklung neuer
ideologischer Orthodoxien, ausgerechnet an den Stätten kritischer
Wahrheitsbemühung entspricht die Zuwendung zu heiligen Tex-
ten, die mit schriftgelehrtem Eifer Satz für Satz durchbuchstabiert
werden. Jetzt traten jene Studenten und studentischen Gruppen
hervor, die oft zwei Jahre ihres Studiums und mehr damit zubrach-
ten, Karl Marx' „Kapital" kollektiv zu lesen, jene Bewußtseinsver-
engung unter vielen unserer Studenten, die an das Sektierertum
des Typus der Zeugen Jehovas erinnert. Es breitete sich an unseren
Hochschulen jene „Faszination durch Theorie"[14] aus, wie sie für
die neomarxistisch inspirierte Protestbewegung so kennzeichnend
wurde, jene Art von „Theorie" als Totalerklärung mit Totalitäts-
anspruch, die bei näherem Hinsehen ihren gegenaufklärerischen
Grundzug als Weltanschauung und Ideologie enthüllte. Hier werden die differenziertesten Erscheinungen von Mensch, Welt, Gesellschaft und Geschichte in stereotype Erklärungsschemata gebracht. Hier wird nicht nur eine Totalerklärung der gegenwärtigen
Wirklichkeit, sondern auch des historischen Prozesses, der zu ihr
geführt hat, wie des Zieles, auf das der Gesamtprozeß letztlich hin-
ausläuft, angeboten. „Wesenserkenntnis" wird zum Ausgangs-
und Zielpunkt solcher Art von „Theorie", und hierfür bietet sich
insbesondere Marx' Unterscheidung der bloßen „Erscheinung"
der Dinge und ihres eigentlichen „Wesens" an, die so hervorragend geeignet ist, gegenüber entgegenstehenden Tatsachen abzu-

schirmen, zu „immunisieren". Karl R. Popper hat vor dem
„Essentialismus" dieses Hegelschen Erbes[15] ebenso gewarnt wie
Hans Albert vor dem Wortzauber solcher „politischer Theologie
im Gewand der Wissenschaft", vor dem die Gegenseite nur allzu
leicht die Waffen streckt[16]. Ernst Topitsch hat den Hintergrund
der eschatologisch-apokalyptischen Überlieferung dieses „politischen Messianismus" scharf herausgearbeitet[17].

Die Industriegesellschaft und das Zeitalter der Ideologien

Mit allem dem haben die Universitäten, genauer gesagt: nicht un-
beträchtliche Teile ihres Personals und daher auch Teile des akademischen Nachwuchses, einem tiefgreifenden Bedürfnis nach
„Reduktion von Komplexität" (Niklas Luhmann) angesichts
wachsender technischer Rationalität und Komplexität in der fort-
geschrittenen Industriegesellschaft Tribut gezollt. An der Kehrseite dieser Industriegesellschaft wächst das Bedürfnis nach
reduktionistischer Vereinfachung und „Erklärung" mit Hilfe leicht
faßlicher, simpler Deutungsmuster, wachsen Glaubensbedürfnis
und irrationale Glaubensbereitschaft angesichts schwindender
Orientierung durch Tradition und Religion und inmitten einer ten-
denziell religionslosen Gesellschaft, die die Erfüllung ihrer Heils-
und Glaubensbedürfnisse im Diesseits, in der vermeintlichen Realität und Konkretheit von Gesellschaft und Politik und mit deren
Mitteln sucht. Von der Wissenschaft die Erfüllung solcher umfassenden Deutungs- und Orientierungsbedürfnisse zu erwarten[18] ist
also nur ein Ausschnitt aus dem Gesamtpanorama jenes Säkulari-
sierungsprozesses, der dieses zwanzigste Jahrhundert, das so stolz
ist auf Vernunft und technisch-industrielle Machbarkeit, immer
mehr zu einer Epoche der Weltanschauungen, der Ideologien und
„politischen Religionen" werden läßt, deren Kennzeichen es ist,
daß sie jeweils Teilaspekte der Wirklichkeit zum Ganzen verabso-
lutieren[19]: Wie im Nationalsozialismus und Faschismus die vital-
biologische Schicht verabsolutiert wurde, so wird heute in den
marxistischen Schulen die ökonomisch-gesellschaftliche Dimension der menschlichen Existenz zur alleinigen Grundlage der
Weltdeutung. Die vollkommene, gerechte Gesellschaft, ein irdi-

sches Paradies voll Überfluß und Brüderlichkeit, wird wieder
einmal auf dieser Erde für möglich gehalten. Radikalität besteht
für alle diese späten Jünger Marxens immer noch in der Überzeugung, daß die Wurzel für den Menschen der Mensch, „daß
der Mensch das höchste Wesen für den Menschen sei", woraus
auch sie den kategorischen Imperativ der revolutionären Veränderung ableiten[20].

Damit sind wir an einem Punkt, der für die Ursachendeutung des
Terrorismus zentral zu sein scheint, der freilich über die nur nationalgeschichtlichen Ursachen hinausreicht und die Entwicklung in
der Bundesrepublik Deutschland verknüpft mit umfassenden
Strukturproblemen der entfalteten Industriegesellschaft überhaupt. In *ihrer* „Erfahrungsleere" und daher Orientierungsschwä-
che hat etwa Hans Freyer zu Recht den Ansatzpunkt für die Entstehung der modernen Ideologien gesehen, ohne welche auch der
politisch bestimmte Kern des Terrorismus nicht zu erklären ist:
„Ein Bild des Ganzen ist notwendig. Der Mensch würde es nicht
aushalten, nur eingespannt und preisgegeben zu sein; er will wissen, was los ist. Das Bild muß so universal sein wie nur möglich:
eine ganze Deutung der Welt samt Weltgeschichte, eine ganze
Metaphysik, Theologie, Anthropologie, eine Auskunft über alles,
was der Mensch nur fragen kann."[21] Die grobmaschige Vereinfachung und dogmatische Enge dieser Ideologien ist nicht nur eine
Folge ihrer Vergröberung zu agitatorischen Zwecken, sie gehört
vielmehr zu ihrer Struktur. Ideologien bedienen sich zwar häufig
wissenschaftlicher Begrifflichkeit und wissenschaftlichen An-
spruchs – wir können das bei den ideologisierten Teilen unserer
Studentenschaft deutlich sehen –, und sie arbeiten auch bestimmte
Resultate der Wissenschaft in ihre Gesamtdeutungsversuche ein.
Aber solche Ideologien sind ihrer logischen Gesamtstruktur nach
durchaus nicht Wissenschaft. Denn während diese sich offenhält
gegen den Nährboden der primären Erfahrung und begierig alles
aufsaugt, was ihr aus ihm zuströmt, und das Material der Tatsachen
dann diskursiv und generalisierend verarbeitet, sucht die Ideologie
das Material der Tatsachen auf Beweisstücke für ihre Übereinstimmung mit vorausgesetzten ideologischen Pauschalannahmen
ab: „Wie der Jude (oder der Kulak oder der Kapitalist) aussieht,
steht a priori fest."[22]

Während also Wissenschaft bereit ist, auch „ihre obersten Wahrheiten jederzeit hinzugeben für ein einziges Experiment, das ihnen
einwandfrei widerspricht, und alle ihre Erkenntnisse von vornherein in die Klammer des Vorbehalts zukünftiger Forschung setzt,
bis hin zum bewußten Verzicht auf abschließende Formeln, in
denen das Ganze endgültig gedeutet würde"[23], kommt es der
Ideologie vor allem darauf an, Wirkungen zu erzielen, Massen
zusammenzuhalten, sie zu entflammen oder zu vertrösten, die Welt
nicht nur zu „interpretieren", sondern sie zu „verändern", wie
Karl Marx es in seiner 11. These über Feuerbach formuliert hat.
Dieses ideologische Denken ist so gebaut: „ein Endziel, das über
allem Zweifel steht – und die Wirklichkeit als das Gelände, durch
das ein Weg dahin auf jeden Fall markierbar ist; eine Endformel
des Guten – nach ihr scheiden sich die Guten und die Bösen; ein
Wettkampf zweier Lebensordnungen, in dem der Endsieg der
einen gerade durch die völlige Ohnmacht, in der sie sich zur Zeit
befinden, dialektisch bewiesen wird..."[24]
Freyer kennzeichnet so die Ideologien als „Großdenkformen", mit
denen die Leere und Orientierungslosigkeit in den „sekundären
Systemen" der Industriewelt ausgefüllt und deduktiv überwölbt
wird. Sie „verraten auf den ersten Blick, woher sie stammen: nicht
aus der Wissenschaft, sondern aus der Religion, freilich nicht aus
der Religion des gläubigen Herzens, sondern aus der Religion der
eifernden Propheten, mehr noch aus der Theologie der Priester,
die in zweiter und dritter Generation die Visionen der Propheten
dogmatisieren"[25]. Es gehört zu den fundamentalen Ansätzen zur
Deutung der entfalteten Industriegesellschaft im allgemeinen wie
des terroristischen Phänomens im besonderen, wenn Freyer darauf
hingewiesen hat, daß insbesondere diejenigen „Abtrünnigen", die
in ihrer Denkstruktur viel Theologie aus der Welt ihrer Väter mit-
bringen (so daß ihre religiösen Organe zwar hochentwickelt, jedoch
funktionslos geworden sind), besonders geeignet und anfällig sind,
Ideologien zu glauben und zu vertreten[26]. Ideologien erweisen sich
bei näherem Hinsehen stets als „deformierte Religion", weniger
als deformierte Wissenschaft (obwohl sie das auch sind). Chilias-
men, Vorstellungen von einem Tausendjährigen Reich der Fülle,
des Friedens und des Glücks, werden nun in greifbare Nähe lokalisiert: „Das Paradies, natürlich das Paradies auf Erden, ist das Min-

deste, was versprochen wird; irgendeine Harmonie, die, einmal ge-
wonnen, gar nicht wieder aus dem Lot kommen kann, irgendein
verklärtes Menschentum, das durch die richtige Ordnung der
Sachen aus allen Entfremdungen endgültig erlöst ist... Bevorzugt
sind Krisensituationen als Schlachtfelder der Entscheidung, letzte
Engpässe, hinter denen die Fülle liegt, Endkämpfe der beiden
Heerscharen, deren Ausgang nicht zweifelhaft sein kann..."[27]
Freyer hat schließlich auch noch betont, daß auf solche Art ideologischer „Wahrheiten" ein ganz bestimmter Typ von Menschen besonders anspricht, insbesondere alle jene, denen es an selbsterwor-
bener und zuverlässig überprüfbarer Erfahrung mangelt und daher
an der Fähigkeit, sich im Ganzen, von dem sie betroffen sind, zu
orientieren. „Hierzu treten die verschiedensten psychologischen
Mechanismen, die die Anfälligkeit für Ideologien befördern: Ent-
täuschungen, die das Augenmaß für das Erhoffbare verdorben haben, der Trieb, sich mit vielen in Reih und Glied zu wissen, andererseits der Trieb, zu den Eingeweihten zu gehören. Ohnedies sind
die meisten Menschen für Wahrheiten nur empfänglich, wenn
diese ein wenig aggressiv sind."[28]
Wir verlassen nun rasch den Bereich der Erziehung, der Genera-
tionsbegegnungen und des industriegesellschaftlich generalisierten
Ideologiephänomens und kehren zu zwei nationalgeschichtlichen, spezifisch deutschen Problembereichen zurück, die zur
Deutung des deutschen Terrorismusphänomens unerläßlich zu
sein scheinen.

Vergangenheitsbewältigung und Hypermoralismus

Hier ist als erstes die fortdauernde unzweifelhafte Tiefenwirkung
des Nationalsozialismus zu nennen, die durch die mancherlei Versuche seiner „Bewältigung" eher verfestigt, nicht aber wirklich
therapeutisch abgebaut wurden. Vielfältige Zeugnisse von Terroristen der ersten Generation beweisen, daß sie – obwohl einer für
den Nationalsozialismus nicht mehr haftbar zu machenden Generation angehörig – in ihren Motiven von einem tiefsitzenden
Gefühl der Kollektivschuld – man möchte fast sagen: geradezu
neurotisch – besessen waren. Sie sind gewiß zunächst einmal vor

allem Kinder Marxens und Marcuses, in einem sehr viel komplexeren Sinn aber immer auch „Kinder Hitlers" gewesen. Horst Mahler (Jahrgang 1936) hat bekannt: „Wenn ich sagen sollte, wie für mich alles angefangen hat, fiele mir der Faschismus ein. Äußerlich war ich ihm entronnen; aber noch danach war alles irgendwie von einem Schatten überzogen. Ich wollte einer von den ‚anderen Deutschen' werden." Ulrike Meinhof (Jahrgang 1934) wurde von der Erinnerung an den Abtransport ihrer Tante nach Auschwitz beherrscht. Und die Verachtung für die Vätergeneration gipfelte in Gudrun Ensslins (Jahrgang 1940) Ausruf: „Ihr könnt nicht mit Leuten reden, die Auschwitz gemacht haben."[29] Bekanntlich wurde dieses durchaus undifferenzierte ideologische Basisgefühl von grundlegenden Äußerungen etwa der Väter der Frankfurter Schule untermauert und bestätigt. Unter dem Anspruch „moralischer Sensibilisierung" wurden Teile einer ganzen Generation in geradezu pathologische Schuldkomplexe und in die daraus resultierende große Vereinfachung hineingetrieben, die sich als Konfrontation der „Kinder des Lichts" und der „Kinder der Finsternis" realisierte. Parolen wie „Nie wieder Auschwitz!", „Wehret den Anfängen!", „Nie wieder Faschismus!" beanspruchten zwar, gültiger Ausdruck einer tiefen Katharsis in der nachwachsenden Generation zu sein. Sie verfielen indes mehr und mehr zu Slogans eigener Selbstgerechtigkeit, eines ideologisch-ungeschichtlichen und daher unbarmherzigen, ja pharisäerhaften Schwarz-Weiß-Denkens, dem es freilich gelang, nahezu jeden Autoritätsanspruch der „schuldigen" älteren Generation als „faschistoid" zu entlarven und diese Generation zu „verunsichern". Solches Denken erwies sich als unfähig, das geschichtlich-politische Grundgesetz der „ungewollten Wirkungen" menschlichen Handelns auch nur im Ansatz zu erfassen – sei es bei der älteren NS-Generation, sei es im eigenen Wollen und Tun. Nur *so* wurde es möglich, daß gerade Hypermoralismus[30] und entschiedener Pazifismus im Namen des „Nie wieder Auschwitz!" in neuer entsetzlicher Gewalt mündeten – ein wahrhaftes Lehrstück zumindest für diejenigen, die *mehr* vom Menschen und von der Geschichte wissen als die hypermoralische deutsche Nachkriegsgeneration!

Nur wer das historisch-politische Grundgesetz der „Heterogonie der Zwecke", der ungewollten Wirkungen und Nebenfolgen menschlichen Handelns als das Einmaleins der Geschichte und Politik begriffen hat, ist auch in der Lage, die allerdings unerläßlichen geistig-moralischen und politischen Konsequenzen aus dem nationalsozialistischen Totalitarismus zu ziehen. Die historisch-politische Eindimensionalität des Hypermoralismus, wie er in Teilen unserer akademischen Nachwuchsgenerationen Gestalt gewann, wird nicht aus einem unfruchtbaren „nachfaschistischen Defaitismus" herauskommen und, getrieben von einem geschichtsfernen und unpolitischen Gemisch aus Schuldkomplex und Selbstgerechtigkeit, immer wieder in neuen Ausbrüchen von Gewalt im Namen absoluter Forderungen ihren Ausweg suchen, der in Wirklichkeit eine Sackgasse ist. „Das Weg-vom-Faschismus ist nicht mehr fruchtbar. Zu viele Wege führen weg vom Rechtsfaschismus, darunter mindestens einer, der hinführt zum Linksfaschismus..."[31]

Die Kälte geschichtslosen Barbarentums

Unsere Vergangenheitsbewältigung aus Anlaß des Nationalsozialismus war weithin so gründlich, daß wir uns unsere nationale wie europäische Geschichte verekeln und verstellen ließen durch den braunen Koloß der Nazizeit. Ohne eine Atmosphäre der Geschichtslosigkeit in großen Teilen unseres Nachwuchses, auch und gerade des intellektuellen, wären viele extremistische Erscheinungen, die schließlich im Terror mündeten, nicht möglich gewesen. Geschichtslosigkeit, das heißt Verlust des „kollektiven Gedächtnisses" eines Gemeinwesens, ist stets eine geistige Krisen- und Krankheitserscheinung ersten Ranges. Denn hier setzt der Verlust aller Normen, des Sinns individueller und kollektiver Existenz, auch der Geborgenheit an und breitet sich wie Rost in der Gesellschaft aus. Dann kann man Geschichte und Tradition nur noch als Last oder Schuld begreifen, nicht mehr als wahrhaft kritisches Potential gegenüber allzu seichten Parolen und Moden des Tages und des Marktes. Ohne Geschichtsbewußtsein breitet sich ein haltloser Futurismus aus, der auf einer tabula rasa nach der Reißbrettskizze einer abstrakt-unpolitischen Vernunft völlig neu beginnen und den „neuen Menschen", unter Umständen auch mit gewalttätigen Methoden, schaffen zu können glaubt. Hier *kann* man dann gar nicht mehr Maßstäbe für das Mögliche kennen und achten. Nach dem „Verlust der Geschichte" mit ihren Kriterien des Vergleichenkönnens und des Menschenmöglichen sind Absolutheitsanspruch und Intoleranz die geradezu notwendigen Folgen. Wo die Geschichte aus dem geistigen Haushalt des einzelnen wie der Gesellschaft gleichsam herausgepreßt wurde (aus welchen Gründen und mit welchen Argumenten auch immer), strömen die Globaldeutungsformeln der Ideologien in das Vakuum ein, und es breitet sich inmitten geistig-sittlicher Proletarierexistenzen die Kälte eines neuen Barbarentums aus, die nicht mehr zu feien vermag gegen den Rauschzustand, mit *einer* Formel Gott und den Menschen erklären zu wollen[32]. Die Vorstellung vom grenzenlosen Fortschritt und der absoluten Befreiung kann nur hegen, wer nichts von der Geschichte und daher auch nichts vom Menschen weiß. Die unvergessene Hannah Arendt hat von der Leugnung der Grundstruktur des menschlichen Daseins in seiner Natalität und Mortalität als dem tiefsten Kennzeichen des Prometheismus der Moderne gesprochen[33]. Diese Leugnung hat in der Motivationswelt des politischen Terrorismus, jedenfalls in seiner gegenwärtigen deutschen Variante, eine neue Dimension gefunden. Sein besonders menschenverachtender Extremismus hat hier seine eigentliche Wurzel.

Staat ohne Ernstfall – Freiheit auf Abruf

Solche Feststellungen führen dann noch auf ein weiteres, tief eingefressenes Tabu der Gesellschaft der Bundesrepublik Deutschland: die geradezu surrealistische, wirklichkeitsfremde Vorstellung, der „Ernstfall" könne endgültig aus dem Leben der Völker, zumindest jedoch des eigenen, eliminiert werden[34]. Nach dem Übermaß an Geschichte in den zwölf Jahren des „Tausendjährigen Reiches" und des Zweiten Weltkriegs gehörte die Neigung, so weit als möglich aus der Geschichte, ihren Gefahren und Risiken auszusteigen, gewissermaßen zur geistig-gesellschaftlichen Grundausstattung des Neubeginns von 1949. Die Bundesrepublik, die unter dem Schutzdach und den Souveränitätsvorbehalten der Sieger-

und Besatzungsmächte ins Leben trat, sollte so etwas wie eine Großschweiz in Mitteleuropa werden. Die Deutschen begannen sich nach dem Krieg zu den auserwählten Völkern zu zählen, „denen ein höheres, verklärtes, gewalt- und machtloses Dasein vergönnt sei"[35]. Die Väter des Grundgesetzes im Parlamentarischen Rat neigten zu der verfassungsrechtlichen Feststellung: „Katastrophen sind künftig verboten!", und sie schufen so eine von der „Freiheit vom Ernstfall" geprägte Verfassung. Das politische Denken der Deutschen in der Bundesrepublik kreiste eine Generationsspanne lang ausschließlich um die Normalität. Politik erschöpfte sich weithin in Innen-, Wirtschafts- und Sozialpolitik, in den binnengesellschaftlichen Verteilungskämpfen. Außenpolitik vollzog sich nahezu erschöpfend in der hypermoralischen Versicherung, man wolle nichts anderes als ein „Volk der guten Nachbarn" für nah und fern sein. Man wiegte sich in der Illusion, es genüge, einen nahezu perfekten Wohlfahrts- und Sozialstaat, einen wahrhaften Gefälligkeits- und Verwöhnungsstaat aufzubauen, um alle Probleme zu lösen. So bedeutende Köpfe wie Carl Friedrich v. Weizsäcker bestätigten mit ihrer Autorität manche dieser Illusionen, wenn sie vom Frieden als der Lebensnotwendigkeit des technisch-industriellen Zeitalters sprachen.
Um so stärker war und ist der Schock, daß der Terrorismus gerade aus der Mitte dieser Gesellschaft selbst hervorgegangen ist und daß in ihm sich wieder einmal der Absolutheitsanspruch einer „politischen Religion" verkörpert. Inmitten eines breiten Spektrums neuer tiefgreifender globaler Unsicherheit ist der Terrorismus als Ausdruck und Teil weltbürgerkriegsartiger Verhältnisse für die Bürger der Bundesrepublik zum eindrücklichen Merkposten dafür geworden, daß sich die Substanz der Politik *nicht* in der Normalität pluralistischer Toleranz erschöpft. Es gilt, wieder den Ausnahmezustand und Ernstfall einzubeziehen, wie er neuerdings von ideologisch-absoluten Positionen und Gruppen dem Gemeinwesen und der Völkergemeinschaft aufgezwungen wird.

Die Lehren des Terrorismus:
Ein hilfloser Staat ist ein herzloser Staat

Auf dem Hintergrund solcher neuer Erkenntnisse, eines Lernprozesses, den dieser Staat und diese Gesellschaft an Haupt und Gliedern zu vollziehen haben, offenbart sich erst die Unintelligenz der in den letzten Monaten verbreiteten Formel „Lieber ein hilfloser Staat als ein herzloser Staat". Unter dem Druck der politischen Erfahrung mit dem Terrorismus dürfte es uns heute wie Schuppen von den Augen fallen: Der hilflose Staat *ist* ein herzloser Staat, weil er seine zentrale Aufgabe nicht mehr zu erfüllen vermag, nämlich die Bürger zu schützen. Unter dem Druck des Terrorismus wird man in diesem Land das Alphabet der *politischen* Vernunft neu zu buchstabieren haben, wozu insbesondere auch gehört, daß der *Rechts*staat keinesfalls *ohne* die Voraussetzung und Realität des *Staates* zu haben ist; daß in dieser Welt Recht ohne Macht zum Gespött wird.

Die Alten haben das alles gewußt, was wir heute erst wieder neu lernen müssen: Im barocken Bibliothekssaal des Klosters Wiblingen bei Ulm steht ein Standbild der Justitia, in der einen Hand die Waage der Gerechtigkeit, in der anderen jedoch das Schwert zu deren Durchsetzung – Symbol einer Wirklichkeit, an die uns der Terrorismus gemahnt und die für diese Welt unauflösbar ist. In ganz ähnlicher Weise hat Thomas Hobbes, der große und oft geschmähte englische Staatsphilosoph, uns gelehrt, daß der Gehorsamsanspruch des Staates steht und fällt mit seiner Fähigkeit der Schutzgewährung. Der Terror erinnert uns wieder daran, auf welchen unsicheren Voraussetzungen „Gesetz und Ordnung" im Zusammenleben der Menschen beruhen, wie nahe jederzeit Faustrecht, Bürgerkrieg, Mord und Totschlag sind ohne die Dammbauten staatlicher Friedensordnung. Wir haben allzulange geglaubt, uns über solche Altväterweisheit hinwegsetzen und das Recht ohne das harte Felsgestein des Staates haben zu können – die Gerechtigkeit nur mit der Waage, ohne das Schwert. Diese massiven gesellschaftlichen Tabus und Illusionen bereiteten nicht zuletzt das Bett, in dem sich der Terrorismus, lange Zeit nahezu unerkannt und leichtfertig verharmlost, entwickeln konnte [36]. Heute muß die Einsicht wachsen, daß *Freiheit* niemals ohne

Sicherheit zu haben ist, daß man jene nicht gegen diese ausspielen kann. Es hätte mit Freiheit aber auch nichts zu tun – wie manche immer noch glauben und träumen mögen –, wenn sich das staatliche Gewaltmonopol auflösen und die Gewalt wieder „auf der Straße fahren" würde, wie einst Walther von der Vogelweide im staufischen Bürgerkrieg klagte. Die unersetzliche Kulturleistung des modernen Staates, gegenüber der kein Zynismus am Platze ist, besteht eben darin, daß er den einzelnen wie den Gruppen und Parteien die Gewalt entzog, daß er Faustrecht und feudales Gruppenrecht (und damit die Epoche der konfessionellen Bürgerkriege) durch die Monopolisierung der Gewalt überwand. Heute gibt es manche Anzeichen der Auflösung des modernen friedenstiftenden Staates und der Gefahr, daß er einem neuen Zeitalter der Ideologien, politischen Religionen und Weltanschauungsparteien zum Opfer fallen, der Feudalität neuer Konfessionsparteien und Weltanschauungskriege weichen könnte. Die Ideologen und Verfechter der Emanzipation und Revolution *wollen* ebendies: ein neues „Interregnum", eine Zeit des Chaos und der Anarchie, aus der schließlich ihre eigene, neue, unermeßlich gewaltsame und despotisch gesteigerte Herrschaft siegreich hervorginge! Auch der deutsche Terrorismus, zahlenmäßig noch nicht bedeutend, jedoch genährt von tiefgreifenden geistigen und gesellschaftlichen Krisenerscheinungen, gewinnt erst auf diesem Hintergrund des globalen Weltbürgerkriegs seinen gefährlichen Stellenwert[37].

Anmerkungen

[1] Walter Laqueur: Interpretationen des Terrorismus. In: Manfred Funke (Hrsg.): Terrorismus – Untersuchungen zur Strategie und Struktur revolutionärer Gewaltpolitik. Schriftenreihe der Bundeszentrale für politische Bildung, Bd. 123, Bonn 1977, S. 37.

[2] Helmut Schoeck: Schülermanipulation. Herderbücherei, Bd. 565, Freiburg 1976.

[3] Klaus Hornung: Die Positionen der Erwachsenen sind nicht besetzt. Zur „Strategie der Feigheit" in unserer Erziehung. In: INITIATIVE 17. Freiburg 1977, S. 100ff.; vgl. Hans-Heinrich Muchow: Sexualreife und Sozialstruktur der Jugend. Rowohlts Deutsche Enzyklopädie, Bd. 94, 1959, S. 133ff.

[4] Wolfgang Brezinka: Erziehung für die Welt von morgen. In: Neue Sammlung 1962, Heft 1, S. 19f.

[5] Wilhelm Flitner: Über Erziehung zur Freiheit. In: Von der Freiheit. Hannoversche Beiträge zur politischen Bildung, Bd. 1. Hannover 1962, S. 38.

[6] Helmut Thielicke: An die Deutschen. Tübingen 1962, S. 22.

[7] Kurt Hahn: Die Nationale und die Internationale Aufgabe der Erziehung. Schriftenreihe zur Förderung der Wissenschaft (Vortrag vor dem Industrieklub Düsseldorf am 22. 4. 1958), S. 10ff.

[8] Fritz Leonhard: Studentenunruhen – Ursachen, Reformen. Ein Plädoyer für die Jugend. Stuttgart 1968, S. 105.

[9] Gerhard Schulz (Hrsg.): Was wird aus der Universität? Tübingen 1969, S. 207ff.

[10] Jürgen Habermas: Protestbewegung und Hochschulreform. Frankfurt a. M. 1969.

[11] Karl Steinbuch: Kurskorrektur. Stuttgart 1971.

[12] Freiheit der Wissenschaft, Heft 10/1977, S. 2.

[13] Hermann Lübbe: Hochschulreform und Gegenaufklärung, Herderbücherei, Bd. 418, Freiburg 1972, S. 53ff.

[14] Kurt Sontheimer: Das Elend unserer Intellektuellen. München 1975, S. 67ff.

[15] Karl R. Popper: Die offene Gesellschaft und ihre Feinde, Bd. 2. Bern 1970.

[16] Hans Albert: Konstruktion und Kritik – Aufsätze zur Philosophie des kritischen Rationalismus. Hamburg 1972, S. 375ff.

[17] Ernst Topitsch: Marxismus und Gnosis. In: ders.: Sozialphilosophie zwischen Ideologie und Wissenschaft, ²1966, S. 261ff. – Vgl. auch Topitschs Beitrag in INITIATIVE 1.

[18] Erwin K. Scheuch: Das Gesellschaftsbild der „Neuen Linken". In: Die Wiedertäufer der Wohlstandsgesellschaft, Köln 1968, S. 110.

[19] Herbert Kremp: Am Ufer des Rubikon. Eine politische Anthropologie. Stuttgart 1973, S. 45ff., 77ff.

[20] Karl Marx: Einleitung zur Kritik der Hegelschen Rechtsphilosophie.

[21] Hans Freyer: Theorie der Gegenwart. Stuttgart 1954, S. 124.

[22] Ebd., S. 125.

[23] Ebd., S. 126.

[24] Ebd., S. 125f.

[25] Ebd., S. 127f.

[26] Ebd., S. 128.

[27] Ebd., S. 127f.

[28] Ebd., S. 129.

[29] Karl-Heinz Janßen: Die schrecklichen entlaufenen Wohlstandskinder. In: Die Zeit, Nr. 38/9. 9. 1977, S. 3.

[30] Arnold Gehlen: Moral und Hypermoral. Eine pluralistische Ethik. Frankfurt a. M. – Bonn 1969.

[31] Reinhard Klemens Maurer: Jürgen Habermas' Aufhebung der Philosophie. In: Philosophische Rundschau, Beiheft 8/1977, S. 69.

[32] Günter Zehm: Der Weg in die inhumane Kälte. In: Die Welt, 18. 10. 1972. – Vgl. INITIATIVE 8 (Die Zukunft der Vergangenheit).

[33] Hannah Arendt: Vita Activa – oder Vom tätigen Leben. Stuttgart 1960, S. 14ff., 287ff.

[34] Winfried Martini: Freiheit auf Abruf. Die Lebenserwartung der Bundesrepublik. Köln – Berlin 1960, bes. S. 155ff.

[35] Michael Freund: Demokratie – Wagnis des Vertrauens. In: M. Freund – A. Arndt: Notstandsgesetze – aber wie. Köln 1962. S. 73.

[36] Vgl. INITIATIVE 22 (Der innere Zensor. Neue und alte Tabus in unserer Gesellschaft).

[37] Vgl. dazu INITIATIVE 13 (Bereiten wir den falschen Frieden vor? Vom Gestaltwandel internationaler Konflikte).

MICHAEL LANDMANN
Rückblick auf die Frankfurter Schule

Am Ende des vierten Jahrhunderts vor Christus hatte der große metaphysische Impuls der Vorsokratik und der Platonisch-Aristotelischen Philosophie sich verbraucht. Es entstanden die beiden philosophischen Schulen, die dann den Hellenismus und zum Teil noch die Kaiserzeit beherrschen sollten: Stoa und Epikureismus. Beiden Philosophien geht es primär nicht mehr um die Natur, nicht um das Sein des Kosmos, sondern um den Menschen. Sie sind Ethiken. Dem Menschen wollen sie helfen, sich gegen die Stürme der Leidenschaft und des Schicksals würdig zu behaupten. Metaphysik interessiert nur noch insoweit, als sie als Stütze für die Ethik dienen kann.

Ein analoger Wandel vom Ontologischen zur Subjektseite, vom rein Theoretischen zu einem „Interesse", hat in unserem Jahrhundert stattgefunden. Und wieder sind es zwei philosophische Schulen, in denen der „hellenistische Umschwung" sich manifestiert: Existenzphilosophie und Kritische Theorie. Die Existenzphilosophie wendet sich noch – darin die klassische Linie fortsetzend – unmittelbar an den einzelnen. Demgegenüber sind für die Kritische Theorie Selbstverwirklichung und Glück des einzelnen abhängig vom Ganzen der ihn umschließenden Gesellschaft. Erst in einer von Not und von Unterdrückung des Menschen

durch den Menschen befreiten Gesellschaft, erst im Rahmen men-
schenwürdiger gesellschaftlicher Bedingungen für alle könne dann
auch der einzelne (wenngleich davon in der Kritischen Theorie
nicht viel die Rede ist) seinem höchsten Anspruch an sich selbst
genügen. Der Gesellschaft habe sich daher zuerst die Philosophie
zu widmen.

Für beide Richtungen zählt nur noch die Welt des Menschen.
Und auch insofern erinnern sie an Stoa und Epikur, als sie beide
nicht mehr nur selbstgenügsam-konstatierende, kontemplative
Erkenntnis, sondern ,,medicina mentis", Therapie, sein wollen.
Einheit von Feststellung und Wertung, mehr: Einheit von Theorie
und (revolutionärer) Praxis! Indem sie die Verfallenheit anprangert und die Eigentlichkeit aufscheinen läßt, bildet die Existenzphilosophie zugleich einen *Appell*, uns zur ,,Eigentlichkeit" em-
porzuarbeiten. Indem sie das schlechte Bestehende verwirft und
das Bild einer besseren, menschlicheren Gesellschaft wachhält, will
die Kritische Theorie beitragen zur revolutionären Veränderung
der Gesellschaft.

Kritische Theorie als Intellektuellenmarxismus

Das Stichwort der intendierten ,,Veränderung" der Gesellschaft
– einer Veränderung, die nicht graduelle Reform mit dem Ziel
,,besseren Funktionierens", sondern radikale Transformation sein
soll – gibt der Kritischen Theorie einen Platz in der Geschichte
des Marxismus. In der Tat ist ,,Kritische Theorie" ursprünglich fast
nur ein *nom de guerre* für einen Intellektuellenmarxismus. Die
,,Frankfurter Schule" steht in der Nachfolge von Georg Lukács
(Geschichte und Klassenbewußtsein) und Karl Korsch (Marxismus
und Philosophie). Beide repräsentieren Vorstufen der Kritischen
Theorie, ohne zu ihr zu gehören. Gegenüber der Reglementierung
und entsprechenden Sterilität des Geistes in den kommunistischen
Parteien ersteht hier eine nicht parteigebundene Variation des
Marxismus. Noch an die ,,Neue Linke" der Studentenrevolution
vermittelt die Frankfurter Schule den ,,Neomarxismus".

Auf den Marxismus Hoffnungen zu setzen wurde für die Frankfurter in den frühen dreißiger Jahren zeitgeschichtlich auch nahege-

legt durch die Gefahr (und dann die Machtübernahme) des Nationalsozialismus. Als Waffe gegen den Faschismus nimmt jedoch der Marxismus eine neue Gestalt an. In den Kontext der Auseinandersetzung mit dem Faschismus gehören Horkheimers und Adornos Studien über die „autoritäre Persönlichkeit". Noch die Studentenrevolution nannte sich in ihrer ersten Phase die „antiautoritäre Bewegung".

Marxismus ist nicht (außer in den Augen kommunistischer Parteifunktionäre) ein System ewig feststehender Wahrheiten. Ändert sich die Realität, dann muß auch die Theorie sich ändern, die diese Realität zu verstehen hat. Neben dem Aufkommen des Faschismus bildet einen weiteren Hebel zur Begründung des „Neomarxismus" die Verbürgerlichung weiter Teile der Arbeiterschaft. Daher muß jetzt ein neues „revolutionäres Subjekt" gesucht werden. Herbert Marcuse findet es in den Enterbten der Industriegesellschaft, in der Dritten Welt und in den nicht-integrierten Schichten des Westens selbst. Andere erblicken die „neue Arbeiterklasse" (Mallet) in der technischen Intelligenz oder bemühen die „Produktivkraft Wissenschaft" (Habermas). Auch das „Feindbild" hat sich geändert: auf der Gegenseite steht jetzt nicht mehr der kapitalistische Unternehmer, sondern der „Manager" (Burnham).

Die spezifisch marxistischen Lehrstücke – historischer und dialektischer Materialismus, Unter- und Überbau, Ökonomismus, Kapitalismuskritik, Klassenkampf – sind in der Kritischen Theorie nicht dominant. Soweit sie auftauchen, werden sie modifiziert und ins Allgemeinere gewendet. Der einzige, der in der „Zeitschrift für Sozialforschung" wirtschaftshistorisch arbeitete, war Friedrich Pollock. Im ersten Aspekt nur ein „neuer Marxismus", aktualisiert die Kritische Theorie wieder das im Marxismus latente bürgerlich-aufklärerische Potential. Sie ist in Wahrheit eine „neue Aufklärung".

Wie in allen Aufklärungen wird die Erkenntnis in der Kritischen Theorie dirigiert von einem Engagement, von einem Interesse. Dadurch bildet sie nur ein Moment zukunftgerichteter Praxis. Das Interesse, so sagt Horkheimer ausdrücklich, kommt zur aufklärenden Erkenntnis nicht äußerlich hinzu, sondern steigt aus ihrem eigenen Grunde auf. Den Begriff des „Interesses" hatte schon Kierkegaard in die Philosophie eingeführt. „Während das

objektive Denken gegen das denkende Subjekt und dessen Existenz gleichgültig ist, ist der subjektive Denker als Existierender
an seinem Denken wesentlich interessiert, er existiert ja darin."
Wieder eklatiert hier die Verwandtschaft zwischen Existenzphilosophie und Kritischer Theorie.

Dieses Interesse wendet sich zunächst *negativ:* „kritische" Theorie
gegen „affirmatives" Einverständnis. Aufklärungen sind Opposi-
tionsbewegungen. Kritische Theorie will an die unversöhnten Leiden erinnern, will das herrschende Unrecht „denunzieren", den
Widerstand gegen es verstärken und so zu seiner Aufhebung beitragen. Wir sprachen schon von ihrem Kampf gegen das „Autoritäre". Kritische Theorie wendet sich gegen „versklavende Verhältnisse". Zu ihnen gehören auch Metaphysiken und Ideologien:
der Kampf kann nicht allein auf der Realebene geführt werden,
es bedarf auch der „Bewußtseinsveränderung". Bei Herbert Marcuse prävaliert der Affekt gegen die „Leistungsgesellschaft", die,
auch wo der Zwang äußerlich nicht mehr aufdringlich ist, den
Zwang verinnerlicht hat und uns um die unmittelbare Befriedigung
des Eros, und damit um die wirkliche Entfaltung unserer Person,
verkürze. „Totale Verwaltung" verschlinge zuletzt die Verwalter
selbst.

Positiv tritt Kritische Theorie ein für Emanzipation, für Mündigkeit, für eine freie Gesellschaft autonomer Individuen, für „vernünftige Zustände", für das „gute Leben". Allerdings bleibt diese
positive Seite mit Absicht unspezifiziert. Das „Absolute" kann,
wie Horkheimer in seinem Nachruf auf Adorno sagt, nicht darge-
stellt werden, aber es wird ersehnt. Es ist das „Andere", von dem
her die bestehende Gesellschaft dem Verdikt unterliegt.

Ein neuer Dogmatismus

Die Frankfurter Schule unterscheidet zwischen zwei Formen der
Vernunft. Zunächst die aufklärerische, emanzipatorische; sie mißt
alle menschlichen Verhältnisse an den großen Ideen der Französischen Revolution, der Gerechtigkeit, des Friedens, des Glücks.
„Die Richtung auf rationale Gesellschaft ist jedem Menschen eingeboren." Das Bekenntnis zur emanzipatorischen Vernunft ist also

ein Apriorismus – und entsprechend ein Dogmatismus. Der emanzipatorischen steht gegenüber die instrumentelle Vernunft. Diese
stellt lediglich für beliebige Zwecke, die sie als vorgegebene übernimmt, über die sie nicht weiter reflektiert, die Mittel, und immer
effektivere Mittel, zur Verfügung. Sie entspricht dem, was Max
Weber als die „Zweckrationalität" der Neuzeit beschrieb. In der
Industrie, in der Administration, überall herrscht heute diese rein
technologische, „technokratische" Denkweise. Sie reproduziert
bloß die bestehende Struktur und dient nicht der Befreiung, sondern der Herrschaft. In dieser Denkweise sind die Impulse der
Aufklärung verkümmert.
Wie zwei Formen der Vernunft, so unterscheidet dann vor allem
der Jüngste der Frankfurter Schule, Jürgen Habermas, zwei Formen der Praxis. Der instrumentellen Vernunft entspricht die ge-
wöhnliche Arbeit. Sie muß begleitet werden von der „Interak-
tion", von Habermas auch als „herrschaftsfreie Kommunikation"
charakterisiert. In ihr kommt es uns nicht nur auf Erhaltung des
Lebens, sondern auf ein menschenwürdiges Leben an. Während
instrumentelle Vernunft sich den sogenannten „Sachzwängen"
unterordnet, enthüllen diese sich hier als bloß immanent und somit
als scheinbar. Von emanzipatorischer Vernunft belehrt, können wir
ihnen entgehen, indem wir die Verhältnisse als ganze ändern.
Im Zusammenhang damit steht die Auseinandersetzung der
Frankfurter Gesellschaftswissenschaft mit der empirischen Soziologie. Dieser wird vorgeworfen, daß die – analog den Naturwissenschaften – soziale Gegebenheiten als quasi neutrale Tatsachen
glaubt isolieren zu können. In den Augen der Frankfurter Schule
ist das „Tatsachenfetischismus", „Mythos dessen, was ist", und
damit „Gegenaufklärung". Soziologische Wissenschaft darf sich
nicht, wie sie das im Positivismus tut, völlig von ihren philosophischen Grundlagen, von ihren Wurzeln in der Aufklärung, lösen:
Indem sie das tut, arbeitet sie nur noch mit einer verkürzten Rationalität. Durch Isolation läßt sich das soziale Einzelfaktum zwar
exakt messen, quantifizieren und entsprechend auch verifizieren;
gleichzeitig jedoch wird es (um mit Lukács zu sprechen) „verding-
licht".
Demgegenüber gilt es für die Frankfurter Schule, die sozialen Phänomene *erstens* in die „Totalität" der Geschichte und der Gesell-

schaft einzustellen (diesen Begriff hatte ebenfalls zuerst Lukács eingeführt). Man muß ihrer gegenseitigen interrelativen Verflochtenheit nachgehen, muß sie mit den geschichtlichen Bewegungsgesetzen der Gesellschaft als ganzer zusammenbringen. Gegenüber bloßer „Oberflächensoziologie", für die die Gesellschaft als ganze kein mögliches Objekt der Theorie ist, kommt es darauf an, den „Verstrickungszusammenhang" (Horkheimer) zu sehen. *Zweitens* verwechselt die positivistische Soziologie die sozialen Gegebenheiten, wenn sie glaubt, sie wertfrei hinnehmen zu können, mit den materiellen Objekten der Naturwissenschaft. Dieser Szientismus übersieht, daß in Wahrheit Aussagen über soziale Phänomene immer aufgrund normativer Vorentscheidungen, aufgrund von Ansprüchen geschehen. Man kann die wirkliche Gesellschaftsordnung nicht erforschen, ohne die mögliche, die gegenwärtige nicht, ohne die zukünftige im Auge zu haben. Neben der Gesellschaft der Privilegien und der autoritären Strukturen darf das Bild der frustrationsfreien Gesellschaft nicht verblassen. Angesichts der Forderung nach einer humanen, freien Gesellschaft wird das Führerprinzip *unwahr*. Es ist „die Sache an ihrem Begriff" (d.h. an ihrer Idee) „zu messen" (Adorno), nicht der Begriff an der Sache.

Wo diesen beiden Forderungen an die Sozialwissenschaft nicht Genüge geschieht, da wird sie aus einem Hebel der Kritik und aus einem Ferment der Veränderung selbst zu einem Teil der bestehenden Gesellschaft. Sie wird selbst zu einer reproduzierenden Produktivkraft der herrschenden Profit- und Gewaltverhältnisse. Sie macht sich zum Werkzeug der die Gesellschaftsordnung steuernden Minderheit, der irrationalen Entscheidung, der rückständigtraditionellen Weltanschauung. Wissenschaftlicher Fortschritt dient dann der gesellschaftlichen Regression. Die Sozialwissenschaft ist genausowenig „unschuldig" wie die Naturwissenschaft, die, indem sie die Natur verfügbar macht, den Unternehmer groß werden läßt. Demgegenüber läßt Kritische Theorie sich den Wertaspekt nicht vom politischen Machthaber oder vom Auftraggeber vorgeben. Sie bekennt sich wieder zur „Parteilichkeit der Vernunft" (Kant). Im Namen der wertenden Vernunft übernimmt eine von ihr gelenkte Wissenschaft Verantwortung und fordert Mitbestimmung bei den gesellschaftlichen Prozessen.

Man hat den sogenannten „Positivismusstreit" resp. „Methoden-

streit" zuweilen als eine Endphase der Kritischen Theorie aufge-
faßt. Das ist zeitlich richtig, denn der Methodenstreit fällt zeitlich
in die späten fünfziger und in die sechziger Jahre. Es ist aber sach-
lich nur bedingt richtig, denn die Kritik an der empirischen Soziologie liegt schon an der Wurzel der Frankfurter Schule. Der
Methodenstreit expliziert nur ein ursprüngliches Element.

In der Tat ist es in späterer Zeit zu einem Umbau der anfänglichen
Lehre, zu so etwas wie einer „zweiten Phase" der Schule gekommen. Diese liegt jedoch auf anderer Ebene.

Die dreißiger Jahre sahen die Moskauer Prozesse. In ihnen wurde
die Opposition in Rußland zerschlagen und damit die Hoffnung
auf die Wirksamkeit eines parteilosen Marxismus geschwächt.
1939 kam es zum Hitler-Stalin-Pakt. Ost und West schauten tatenlos der Hitlerschen Judenvernichtung zu. Dies – aber nicht nur
dies – veranlaßte Horkheimer und Adorno, das Übel unserer Welt
tiefer als bisher zu suchen. Worauf es ankommt, das ist nicht nur
die Überwindung des Faschismus. Und nicht nur der Marxismus
ist es, der die Rettung bringen kann; wenn Rettung überhaupt
noch möglich ist, je möglich war . . .

Herrschaft als Ursünde

Das Urgebrechen wird jetzt nicht mehr nur in der Ausbeutung,
in der unterdrückenden Herrschaft über Menschen erblickt. Es
liegt vielmehr im Moment der Herrschaft als solcher. Auch die
Herrschaft über die Natur, sonst als Grundlage der technischen
Lebenserleichterung gefeiert, erscheint jetzt als ungerechtfertigt,
als ein Ausdruck der Unversöhntheit zwischen Mensch und Natur.
Auch die Natur wird von unserer Technik – Sollte eine andere
Technik möglich sein? Wird die Zukunft sie bringen? – „ausge-
beutet". Als Ziel erscheint jetzt die „Versöhnung mit der Natur",
in der die Spannung zwischen Subjekt und Objekt sich auflöst.
Dieser Gedanke ist freilich in der schellingisierenden Naturphilo-
sophie Ernst Blochs, bei dem es eine „Resurrektion des Natursub-
jekts" gibt, mehr am Platze als bei den unmetaphysicheren Frankfurtern.

Selbst in der Subsumtion des Exemplars unter die Gattung, der einzelnen Sache unter einen Begriff, liegt für den Adorno der „Negativen Dialektik" Herrschaft, der gegenüber es das einzelne in seiner unverkürzten Einmaligkeit, Besonderheit, Partikularität, Verschiedenheit, „Nicht-Identität" in Schutz zu nehmen gilt. „Das Ganze ist das Unwahre." Daher der hohe Rang, den Adorno der Kunst zuteilt; sie bildet das Bollwerk gegen „verdinglichtes Denken". Die Kehrseite des vielgerühmten autonomen Subjekts, des rationalen Ego, heißt Gewalt: gegen die Natur, gegen den zum Objekt degradierten Mitmenschen, gegen tiefere Schichten und Impulse des eigenen Selbst. Das Ego als solches trägt patriarchale Züge. Gewalt ist jetzt für Adorno des Menschen zweite Natur. Ihr verdankt er seine Triumphe. Aber an der Basis des Triumphs liegt Unmenschlichkeit. Daher wird er seiner Herrschaft nicht froh. Sie schlägt auf ihn zurück als Entfremdung.

Es gibt also auch nicht-ökonomische Formen der Herrschaft. Der Kapitalismus ist nur eine Form der Herrschaft neben andern. Herrschaft begann lange vor ihm, schon im mythischen Zeitalter. Bereits das erste Kapitel der Genesis setzt den Menschen als „Herrn" über die Natur ein. Herrschaft wird den Kapitalismus und das Bürgertum überdauern. Hier zeigt sich das Hinauswachsen der Kritischen Theorie über ihren marxistischen Ausgangspunkt. Das Unrecht, das der Marxismus anprangert und abschaffen will, erscheint nur noch als Fall eines allgemeineren Unrechts.

In der Abwertung der Technik, der Aristotelischen Logik, des Cartesischen Subjekts zeigt die späte Frankfurter Schule, wie oft beobachtet wurde, Verwandtschaft – Zeitstilverwandtschaft? – mit Heidegger, mit dem als einem konservativen und romantischen Denker sie ihrem Bewußtsein nach nichts zu tun haben will.

Als Gegenbild gegen das rational-zielgerichtet-herrschaftliche Verhalten wird in der Spätzeit der Schule ein – lebens- wie kulturgeschichtlich – vorgängiger Zustand imaginiert, der den Namen „Mimesis" erhält. Vor der Formel war das Bild, vor der Maschine der rituelle Tanz. Trotzdem wäre die Rückkehr zur Mimesis Regression; ja sie ist, nachdem die Entwicklung zur herrschaftlichen Vernunft einmal stattfand, unmöglich. Mimesis ist keine Utopie im Sinn Ernst Blochs, sondern erinnert eher an das „Verlorene Paradies" oder an die romantische „Urzeit". Außerdem ist Mimesis *auch* Herrschaft, bloß mit umgekehrtem Vorzeichen: statt des

Menschen über die Natur Herrschaft der Natur über den Menschen. Mit der Wendung zur Mimesis, von der Geschichte zur Natur, vollzieht Adorno – ähnlich wie der späte Heidegger und auch der späte Löwith – eine „asiatische" Regression.

Aufklärung als Verhängnis

Einerseits versteht sich die Kritische Theorie als neue Aufklärung; gegenüber positivistisch „halbierter" (Habermas) Soziologie erinnerte sie an die aufklärerisch-emanzipatorischen Ursprünge der Soziologie, an die wieder anzuknüpfen sei. Andererseits unterliegt die Aufklärung selbst ihrer Verurteilung. Aufklärung sei nicht erst im Positivismus entartet; das Gift strömt aus ihrer eigenen Quelle. „Wissen ist Macht": so sagte schon Bacon. Der Beweis für die Wahrheit ist in der Neuzeit das Machenkönnen. In der Vernunft selbst liegt der Keim zu ihrer „Verfinsterung", zu ihrer Operationalisierung, zu ihrer Reduktion auf ein bloßes Instrument universeller Manipulation. Ebenso genuin wie die befreiende ist also die machtausübende Vernunft: „Dialektik der Aufklärung". Ehedem hieß es noch: Freiheit des Menschen wird den äußeren Zufall besiegen, rationale Entscheidung die bloße Tatsächlichkeit unter Kontrolle bringen. Jetzt dagegen wird aus der Liquidation der unberechenbaren Natur die „Liquidation des Subjekts". Die Aufklärung zerstört sich selbst. Sie mündet in Barbarei. Die Barbarei kommt diesmal nicht von außen, nicht von den Gegnern der Zivilisation; sie ist die endogene Konsequenz der Zivilisation.

Damit wird freilich in historisch unscharfer Weise die antikirchliche und antifeudalistische, gegen die Bosheit der Mächtigen und die Dummheit der Menge gerichtete Aufklärung des achtzehnten Jahrhunderts zusammengenommen mit dem Ethos der mechanistischen Naturwissenschaft der beginnenden Neuzeit und ihrer technischen Konsequenz. Für Horkheimer und Adorno kommt der Totalitarismus nicht, wie man es oft gesehen hat, aus irrationalen Strömungen, sondern aus der „Aufklärung", deren Konsequenz er nur zieht: wie sie die Natur in Objekte und in Atome auflöst, die für berechnend-formale Rationalität fungibel werden, so wiederholt der Totalitarismus dasselbe für die menschliche Welt und macht den Menschen dadurch manipulierbar. Er quantifiziert das Individuum und unterwirft es so der totalen Verwaltung. Aber was hier der „Aufklärung" angelastet wird, gilt in Wahrheit von der Mechanistik. Diese historische Undifferenziertheit rächt sich als eine Verschwommenheit auch in den Gegenwartsthesen.

Gegen den entqualifizierenden, entseelenden Geist der Mechanistik, gegen die Aufklärung war schon einmal eine Bewegung zu Felde gezogen: der Sturm und Drang, Schiller in seinen „Göttern Griechenlands", die Romantik. Die Frankfurter Schule tut alles, um sich gegen die restaurative Romantik abzugrenzen. Sie stellt nicht das Irrationale gegen die Ratio, sondern „bessere Vernunft" gegen „depravierte Vernunft". Dennoch bringt die gemeinsame Gegnerschaft es unausweichlich mit sich, daß auch in der Kritischen Theorie gewisse romantische Töne erklingen. Vor allem bei Herbert Marcuse ist dieser Zusammenhang schon mehrfach beobachtet worden.

Ursprünglich war der Gedanke der Kritischen Theorie der: Instrumentelle Vernunft hat sich zu sehr verselbständigt; daher muß sie erneut in die aufklärerisch-emanzipatorische Vernunft eingebunden und durch sie gelenkt werden. Dann wird alles wieder gut. Jetzt dagegen zeigt sich: Der szientifische und technische Prozeß setzt die Zwecke aus sich selbst. Die Technokratie ist in sich geschlossen. Eine Zwecksetzung von außerhalb ihrer – eine, deren höchster Zweck der Mensch wäre – greift in sie nicht mehr ein. Das ist die Selbstliquidierung der Vernunft. Die einst vernunftgeborenen, dann jedoch verselbständigten Verhältnisse treten dem Individuum als irrationale und unabänderliche Mächte gegenüber.

Indem die spätere Frankfurter Schule als Hauptgegner Technokratie und Bürokratie stellt – die als solche vom Kapitalismus unabhängig sind –, begegnet sie sich mit der parallelen Anprangerung bei den Freidenkern des Ostblocks. Zwischen diesen und den Frankfurtern besteht daher eine gegenseitige Anziehung.

Das konservative Element in der Kritischen Theorie

Bei Ernst Bloch, dieser eigenständigen Parallelerscheinung zur Frankfurter Schule, wirkt schon in der Materie Hoffnung. Der

Mensch mit seinen Utopien bildet für diesen metaphysischen Zug der Welt nur die vorderste Spitze. Bei den späten Frankfurtern sind die Hoffnungen auf eine hellere Zukunft zerbrochen. Man könnte darin eine Näherung an Max Weber erblicken: schon ihm war klar, daß die Zunahme der „Zweckrationalität" seit der Neuzeit neben den segensreichen auch bedrohliche Seiten birgt, und zwar hielt er den einmal in Gang gekommenen Prozeß für irreversibel. Man hat die „zweite Phase" der sich abseits stellenden großen Herren der Frankfurter Schule auch in die Nähe lebensphilosophischer, „konservativer Kulturkritik" und „Zeitkritik" (etwa eines Karl Kraus) bringen wollen: Neuromantik in der Maske der Neuaufklärung! Daran ist so viel richtig, daß sich die Kritik der Schule jetzt vom Ökonomischen, Gesellschaftlichen und Politischen ausweitet auf die Kultur als ganze. Allein der Konservative glaubt noch an ein besseres Vorher. Von ihm her verdammt er das schlechtere Spätere. Er träumt von Erneuung, von Wiederherstellung. Für die späten Frankfurter dagegen sitzt das Verhängnis an viel tieferer Stelle. Es brach nicht erst zeitlich ein, sondern ist im Grunde mit dem Menschsein als solchen mitgegeben. Es kann daher auch durch die Überwindung des Faschismus oder des Kapitalismus nicht beseitigt werden. Der Bruch ist nur scheinbar ein historisch entstandener und dann irreparabler; er liegt im „Wesen". Die jetzt eingenommene Position ist daher eher die eines anthropologisch-metaphysischen Pessimismus (nicht umsonst entsinnt sich der alte Horkheimer wieder seiner frühen Schopenhauer-Lektüre), einer radikalen Negation des Bestehenden und der Verzweiflung an ihm, eines Nihilismus. Schon in den zwanziger Jahren hatte Walter Benjamin für eine irrealistisch-verstiegene Haltung, die er als „links vom Möglichen überhaupt" charakterisierte, den Ausdruck „linke Melancholie" geprägt. Solche „linke Melancholie" bemächtigt sich jetzt Horkheimers und Adornos. Daß sie für die Studenten der zweiten Hälfte der sechziger Jahre zu Revolutionären werden konnten, war ein sich rasch auflösendes Mißverständnis.

In ihren Anfängen hatte sich die Kritische Theorie – wir sahen es – noch als ein Moment aufklärerisch-revolutionärer Praxis begriffen. Jetzt dagegen greift Resignation Platz, die bis zu politischem Abseitsstehen geht. Die Theorie ist jetzt so radikal, daß sie mit der Praxis keine Verbindung mehr findet. Wenn das Unrecht bereits in der Verfügungsgewalt des Menschen über die Natur besteht, wo ist dann das revolutionäre Subjekt, das diesem Unrecht ein Ende setzen könnte? Der Augenblick der (schon von Marx angestrebten) „Verwirklichung der Philosophie", sagt Adorno, wurde versäumt und läßt sich jetzt nicht mehr nachholen. In Wirklichkeit bestand ein solcher Augenblick nie. Die Aufgabe der Philosophie wird daher jetzt wieder eine rein theoretische: sie hält das Bewußtsein daran wach, daß die Veränderung der Welt mißlang, mißlingen mußte und muß. Sie meldet ihren Widerspruch an. Sie stellt die Unvernunft bloß. Sie artikuliert das unerlöste Leiden. Trotz ihrer Ohnmacht und Hoffnungslosigkeit behält Philosophie schon allein dadurch, daß sie nicht schweigt, daß sie benennt, eine Funktion. Indem sie der schlechten Realität unversöhnt gegenübersteht, bildet sie eine Insel der Resistenz. Philosophie wird zu einer Art negativer Theologie, die vom „Transzendenten" zwar nichts zu sagen weiß, als daß es das „Andere" ist, aber ebendadurch an es als Grenzwert erinnert.

Mit der Spätphase Horkheimers und Adornos konvergiert auch Herbert Marcuses „große Weigerung". Zur politischen Aktion gehört die „bestimmte Negation". (Der Ausdruck stammt von Hegel.) Die „große Weigerung" dagegen ist als ein bloßes Nichtmitmachen zu sehr nur eine *allgemeine* Negation. Deshalb war die revolutionäre Praxis, zu der sie die Studenten entflammte, nur die Scheinpraxis der Demonstrationen, die im Ästhetischen verpuffte.

Wegen des zerschnittenen Bandes zur Praxis wurde der Frankfurter Schule von kommunistisch linientreuer Seite vorgeworfen, sie bilde „das Ende der bürgerlich-marxistischen Intelligenz... das Ende der bloßen schriftstellerischen Individualproduktion" (Gerhard Zwerenz: Kopf und Bauch. Frankfurt 1973, S. 125). Auch mit den studentisch-aktivistischen Schülern der Kritischen Theorie kam es zum Bruch. Die *übernahmen* von ihr den revolutionären Impuls und konnten gerade deshalb bei ihr *nicht* stehenbleiben. Am Schock über eine gegen ihn gerichtete studentische Demonstration ist Adorno 1969 gestorben. Zur selben Zeit sagten sich die jetzt nicht mehr neomarxistischen, sondern offen östlich-kommunistischen Studenten von ihrem ehemaligen Idol Marcuse los.

Einseitige Kapitalismuskritik

Auf dem siebten Kongreß der Komintern von 1935 erklärte deren Generalsekretär Georgi Dimitrov: „Faschismus ist die terroristische Diktatur der reaktionärsten, chauvinistischsten und imperialistischsten Elemente des Finanzkapitals." Diese Theorie entspringt dem marxistischen Dogmatismus, der alles Schlechte der Welt nicht anders als ökonomistisch, aus Machenschaften der Kapitalistenklasse, erklären kann. Die Theorie ist aus doppeltem Grund unrichtig. Erstens hat der deutsche Nationalsozialismus (denn er primär war mit dem „Faschismus" gemeint) spezifische Wurzeln auch in der politischen und sozialen Entwicklung, in der Religions- und Geistesgeschichte Deutschlands. Ökonomische Bedingungen wie im Deutschland der Vor-Hitler-Zeit bestanden zu anderen Zeiten auch in anderen Ländern und führten trotzdem nicht zum Faschismus, während kapitalistisch weniger fortgeschrittene Länder im Faschismus mündeten. Zweitens zeigen sich faschistische Züge auch in den sozialistischen, nicht-kapitalistischen Ländern. Faschistische Mentalität und Ausdrucksform hängen offenbar weit mehr als mit einem bestimmten Wirtschaftstypus mit dem Übergang der Menschheit in ein Zeitalter technisierter Massenkultur zusammen. Die Koppelung des Faschismus mit dem kapitalistischen System entspringt einem Vorurteil, einem Interesse. Der universale Welterklärungsschlüssel wird schematisch auch auf das Phänomen des Faschismus angewandt.

Es zeugt nicht eben von den kritischen Fähigkeiten der – sich selbst stolz so nennenden – „Kritischen Theorie", daß sie den Parteidoktrinarismus übernahm, den Dimitrov ihr vorsoufflierte. „Wer nicht vom Kapitalismus sprechen will, der sollte auch vom Faschismus schweigen", heißt es bei Horkheimer. Bei ihm wie bei Marcuse bildet der Faschismus den natürlichen Ausfluß und das höchste Stadium des Kapitalismus. Die kapitalistischen Unternehmer können am Ende ihre Herrschaft nur noch aufrechterhalten durch Vernichtung der bürgerlich-liberalen Demokratie.

Der Mythos von der „faschistischen" Bundesrepublik

Damit wird nicht nur eine falsche These über die Genesis des Faschismus verteidigt, es fällt auch ein falsches Licht auf die ganze Entwicklung seit der älteren Neuzeit. Die Frankfurter Schule neigt zur Überschätzung der hermeneutischen Funktion der Gegenwart. In Adornos Ästhetik bildet die moderne, expressionistische Kunst den Hebel, um auch die ganze frühere Kunst zu deuten. Ebenso verrät Auschwitz das Geheimnis aller bisherigen Geschichte und Gesellschaft. Wegen des Holokausts war sie insgesamt nur ein „Fortschritt zur Hölle".

Unter der Gefahr des heraufziehenden Nationalsozialismus, so sahen wir, hatte die Frankfurter Schule sich begründet. Als den eigentlichen Schuldigen am Nationalsozialismus diagnostizierte sie den Kapitalismus. An diese Ausgangsposition blieb die Schule zeit ihres Bestehens „primärfixiert". Wohl hat die Schule in späteren Jahren über den östlichen Kommunismus geschwiegen und ihn verachtet. Sie hat den roten Totalitarismus dem braunen gleichgesetzt. Beim späten Horkheimer kommt es zu offener Feindschaft gegen die Sowjetunion. Anderseits bildet es keinen Zufall, daß aus der von der Frankfurter Schule beeinflußten Neuen Linken in der zweiten Generation wieder eine orthodox-marxistische Linke wurde: oft treten in der Karikatur die typischen Züge deutlicher hervor als im Urbild. Der primäre Gegner bleibt für die Schule immer das (kapitalistische) „System" des Westens, die „fortgeschrittene Industriegesellschaft", die auch „Kulturindustrie" und mit ihr die Kommerzialisierung und Einebnung aller alternativen Werte einschließt. Das „System" ist so unmenschlich, daß man es auf keinen Fall in Schutz nehmen kann, auch nicht relativ gegen den Osten, selbst wenn dieser gegen den humanistischen Sozialismus in der Tschechoslowakei einmarschiert. Denn das „System" bleibt essentiell „präfaschistisch", „faschistoid". Wenn die „Neue Linke" von der „faschistischen Bundesrepublik", von den „faschistischen Methoden der amerikanischen Polizei" spricht, dann wurde das einesteils dadurch möglich, daß immer im zeitlichen Abstand aus Epochenbegriffen typologische Begriffe werden. Andernteils wiederholt die Neue Linke damit getreulich den Tenor der Frankfurter Schule.

Faktisch hat, in weltgeschichtlichem Maßstab, im Westen nach dem Zweiten Weltkrieg die faschistische Mentalität abgenommen. Der Westen hat aus dem Faschismus gelernt. Der Faschismus erweist sich hier weit mehr als eine vorübergehende Entgleisung als eine Gefahr, der man einmal erlag, der man jedoch, nachdem man sie nun näher kennt, zu begegnen sucht. Der Faschismus ist weit entfernt davon, das innerste Wesen von Staaten mit kapitalistischer Wirtschaftsform zu enthüllen. Die Zeit nach dem Zweiten Weltkrieg ist charakterisiert durch die Dekolonialisierung. In den USA besiegt die Bürgerrechtsbewegung den bisher halboffiziellen Rassismus. Deutschland, die Heimat des Nationalsozialismus, bekennt sich jetzt einmütig (anders als in der Weimarer Republik) zur Demokratie. Es leistet den Juden Wiedergutmachung. Umgekehrt begegnet heute all das, was die Menschheit in den dreißiger Jahren am Faschismus so tief erschreckte – Diktatur, Imperialismus, Mißachtung des Individuums, Rechtlosigkeit, KZs, Manipulation der öffentlichen Meinung, Indoktrination, Drosselung der freien Meinungsäußerung, Antisemitismus –, weit ausgeprägter im östlichen Lager. Wenn heute abermals eine Gefahr für Freiheit und Demokratie, die Gefahr eines „neuen Mittelalters" droht, dann von seiten des Ostens.

Die späte Frankfurter Schule verharrte demgegenüber in einer politischen Attitüde, die in den frühen dreißiger Jahren plausibel sein mochte, die jedoch mit der weltpolitischen Entwicklung nach dem Zweiten Weltkrieg „ungleichzeitig" war. Die Schule kam von ihrer frühen Entscheidung nicht los, konnte keine radikale Wendung mehr vollziehen. Sie sah – was dem Philosophen am schwersten zu verzeihen ist – an der neuen Wirklichkeit vorbei und stiftete dadurch mehr Verwirrung als Klärung. Nach wie vor prangerte sie den kapitalistischen Westen an, ohne zu entdecken, daß er bei all seinen Schwächen und von niemandem geleugneten Schattenseiten den östlichen Systemen vorzuziehen ist. Sie hatte ihn so sehr mit dem Faschismus identifiziert, daß sie blind wurde gegen seine Qualitäten, auch nachdem diese im Vergleich zum Osten wieder hervortraten. Das marktwirtschaftliche System des Westens ist heute sozialer als das planwirtschaftliche System des Ostens. Selbst „repressive Toleranz" (Marcuse) bleibt Toleranz, verglichen mit der Intoleranz! Die Frankfurter erkannten nicht die Bedrohung durch den neuen Totalitarismus und die Verteidigungswürdigkeit des Westens gegen sie. Wie sie in ihren Anfängen den Feind richtig signalisiert hatten, so blieben sie an ihrem Ende zuwenig sensibel gegen den, der *jetzt* der wahre Feind war. Sie brandmarkten, was ein unabänderliches Verhängnis von Gesellschaft und Politik in unserer Weltstunde sein mag, und fanden keine angemessenen Worte gegen die an sich durchaus veränderbaren Zustände in den etablierten kommunistischen Staaten. Die Auseinandersetzung mit dem Stalinismus bleibt (jedenfalls bei Horkheimer, nicht bei Marcuse) implizit. Dadurch trugen sie dazu bei, dem Westen den Glauben an sich selbst zu nehmen und seine Widerstandskraft zu zermürben.

Bei den Dissidenten des Ostblocks ist mehr Wahrheit als in den subtilsten Analysen aus der Spätphase der Kritischen Theorie.

Vom einstigen auf dem lieben Gott basierten Moralglauben der Menschheit ist bloß der an die Gerechtigkeit übriggeblieben, weil sich unter deren Flagge (berechtigte) Ressentiments ausleben lassen. Ansonsten glaubt der Mensch nur das, was ihm in Gestalt wissenschaftlicher, also sozusagen „beweisbarer" Überlegungen gebracht wird. Der Mensch klammert sich um so mehr an die Wissenschaft, als sie ihm konstant ihre Macht zeigt; sie hat ihn nicht nur unmittelbar in die Unsicherheit des Glaubensverlustes gestürzt, sondern sie vergrößert auch unaufhörlich diese Unsicherheit, da unter ihrer Leitung sich der technische Dschungel organisiert hat, in dem der Mensch sich vollkommen verloren fühlt. Der Mensch ist also autoritätsbedürftiger denn je zuvor geworden; er mythisiert also die ihn umgebenden Mächte, nicht zuletzt das Rationale schlechthin, wie es ihm in Gestalt der Wissenschaft entgegentritt, und durch unbedingte Unterordnung unter solche Autorität hofft er, seiner Unsicherheit ledig zu werden. Der Marxismus trägt all diesen Tatsachen und Wünschen Rechnung. Infolgedessen hat er sich zur Totalität entwickeln können. Die Faschismen sind im großen und ganzen bloß seine Nachahmung.

Hermann Broch (1886–1951)
in einem Brief an Friedrich Torberg, 1950.

GÜNTER BARTSCH

Anarchismus – Nihilismus – Terrorismus

Versuch der Symptom-
und Begriffsklärung

Wolfsmenschen

Während der sechziger Jahre tauchten selbst in seriösen Illustrierten erschreckende Bilder auf. Sie zeigten ungewaschene junge
Männer, die ihre nackten Körper in Schafsfelle, welche eher wie
Wolfsfelle aussahen, gehüllt hatten. Dem Leser blickten „Wölfe
in Menschengestalt" entgegen, denen die Zivilisationsverachtung
schon ins Gesicht geschnitten war. Davor und dahinter warben
dieselben Illustrierten für Luxusartikel einer Kunststoffwelt, die
verwöhnte Konsumenten in Watte verpackte. Welch ein Kontrast!
Zwei ineinander verschachtelte Welten?
Das angepriesene „Zeitalter der Kunststoffe" hat kaum zehn
Jahre gedauert, aber die „Wölfe" blieben und vermehrten sich.
Außer den menschlichen dringen tierische aus Rußland und Polen
in den Westen ein. Auch andere Raubtiere kehren plötzlich aus
versunkenen Epochen in die Wälder zurück. Vor den touristen-
wimmelnden Küsten des Mittelmeers tauchen angriffslustige Haie
auf. Solche Zeichen sind zu beachten und in den Zusammenhang
zu stellen. Sie haben ihre eigene Ordnung, deren Wurzeln ins Ele-
mentarreich gesenkt sind. Die Ratio allein genügt nicht, um das
Muster und die Richtung des Geschehens zu erfassen.
In politischen Krisen ändert sich nur das Verhalten der Bürger zu
Regierung und Staat, in kulturellen Krisen auch zu Pflanze und

Tier. Dieser fundamentale Wandel bricht seit einem Jahrzehnt im ökologischen Bewußtsein auf, zugleich in der tiefen Sehnsucht nach einem einfachen Leben[1], das wieder naturverbunden sein soll. Neu ist das ökologische Bewußtsein, diese Sehnsucht durchrieselte hingegen schon Rousseau, den Vorboten einer Weltumwälzung. Was geschah seitdem? Eine industrielle Zivilisation entstand. Sie erschien zunächst wie ein Füllhorn, ist aber inzwischen zu kompliziert und eine Last geworden. Viele Menschen in den Industriestaaten versuchen, diese Last abzuwerfen. Andere wollen das tropische und dennoch künstliche Wachstum der industriellen Zivilisation beschneiden. Manche begnügen sich damit, ab und zu wieder selber Brot zu backen oder einfach mit den Händen zu essen.

Jedenfalls haben auch bei uns Millionen Menschen seit den sechziger Jahren das beängstigende Empfinden, in dieser Smogzivilisation allmählich zu ersticken. Sie sitzt ihnen wie ein Alp auf der Brust.

Zuerst veränderte sich das Haut- und Kleidungsgefühl. Stoffmäntel wurden durch Fellmäntel ersetzt, weil diese naturnäher erschienen. Der Kurs von Wildleder und Schafsfellen schnellte hoch. Wildleder bevorzugen die Gemäßigten unter den Alpdruckgeplagten, Schafsfelle die Radikalen. Manche Demonstrationen der Neuen Linken rollten wie Heidschnuckenherden in der Lüneburger Heide heran.

Gleichzeitig ließen sich zahllose Männer auf einmal Bärte wachsen. Es wurde üblich, das Oberhemd möglichst weit aufzuknöpfen, um die behaarte Brust zu zeigen. Wer so dicht behaart wie ein Tier war, konnte nun stolz darauf sein. Einerseits nahmen Gesicht und Frisur vieler Männer einen femininen Zug an, andererseits trat etwas Wölfisches in die Züge der radikalsten Radikalen, auch in der Mimik des Bleckens der Zähne beim Reden. Die feministische Tendenz neigt zur Gewaltlosigkeit, die wölfische zum Extremismus. Gegenwärtig breiten sich beide aus – in beiden Geschlechtern.

Jedesmal, wenn die Zivilisation zu kompliziert wird, treten Nihilismus und Anarchismus auf.

Jenseits- und Diesseitsglaube

Der Begriff des *Nihilismus* wurde 1799 von Friedrich Heinrich Jacobi in einer Polemik gegen Fichte geprägt. Er bezeichnete damit einen von der Wirklichkeit losgelösten, subjektiven „Idealismus". „Die reine Vernunft vernimmt nur sich." Demnach war Fichtes Philosophie nihilistisch, eine ichbesessene Negation der göttlichen Schöpfung[2].

Hatte sie einen nihilistischen Kern, und steckte dieser Kern im gesamten Deutschen Idealismus? Traditionell wurde der Nihilismus mit dem Atheismus gleichgesetzt. Man deutete oder empfand ihn als Abwendung vom Christentum, als Verlust des Glaubens überhaupt. Doch mußte auch das Christentum seinen ursprünglichen Gegnern als eine Art von Atheismus erscheinen, weil es den gesellschaftlich sanktionierten Götter- oder Gottesglauben der Antike untergraben hatte.

Aber nicht deshalb reihte es Nietzsche unter die „nihilistischen Religionen" ein. Bei ihm trat ein anderer Gesichtspunkt in den Vordergrund. Er verstand unter Nihilismus die Verneinung des natürlichen Lebens und das Christentum als dessen Verleumdung.

Nietzsche sprengte die Identifizierung des Nihilismus mit dem Verlust jeglichen Glaubens. Er markierte – mit Marx – den Übergang von der Jenseits- zur Diesseitsgläubigkeit, von den Transzendenz- zu den immanentistischen Sozialreligionen. Erst aus dem Boden der letzteren wuchsen die Nihilisten. Die klassischen Sozialreligionen sind Kommunismus, Sozialismus und Anarchismus. Anfang des zwanzigsten Jahrhunderts kam noch der Faschismus hinzu, in gewissen Grenzen auch die Sozialdemokratie (als Bernsteinsche Synthese von Liberalismus und Sozialismus). Hinter den politischen und sozialen Kulissen werden metaphysische, ja theologische Konflikte ausgetragen. Der Konflikt zwischen Transzendenz- und Sozialreligionen erschüttert die gesamte Welt, obwohl er nur von wenigen Hellsichtigen wahrgenommen wird. Denn die Erschütterung vollzieht sich in den Fundamenten und ist nur seismographisch erfahrbar.

Russischer Nihilismus und Zarenmord

Die russische Geschichte weist viele Eigenarten auf. Ihre bisher wohl eigenartigste Erscheinung war der Nihilismus als eine sozial-politische und sozialphilosophische Strömung. Mit beiden Aspekten in der sozialistisch-populistischen Narodniki-Bewegung verwurzelt, entstand er Anfang der sechziger Jahre des neunzehnten Jahrhunderts in der russischen Jugend als „Reaktion gegen die Kunst" (Krapotkin) der damaligen Zeit. Diese Reaktion ging mit einer Hinwendung zu den Naturwissenschaften einher. Dem poetischen Idealismus folgte ein ökonomischer Materialismus. Russische Studenten verschlangen Büchners vulgärmaterialistischen Traktat „Kraft und Stoff".

Die Nihilisten erschienen zunächst als Einzelgänger, schmolzen jedoch insgesamt zu einem neuen Typus der Intelligenz zusammen, welcher anstelle gesellschaftlicher Normen nur noch subjektive Empfindungen gelten ließ. Diese Empfindungen hatten einen politischen und kulturellen Akzent, weil sie die Werte der absolutistischen Gesellschaft verneinten.

Trotz formeller Aufhebung der Leibeigenschaft im Jahre 1863 bestand sie faktisch für den größten Teil der Bauern weiter. Der lange verschleppte Zarenerlaß bewirkte mehr eine Erschütterung des sozialen Gefüges als eine Modernisierung. Ebenso war es in den Städten, wo trotz liberaler Regungen, z. B. in den Freimaurerlogen Moskaus und Petersburgs, der häusliche Despotismus weiterbestand. Diese städtische Ergänzung der Leibeigenschaft erregte besonders den Zorn der studierenden Jugend und emanzipationsdurstiger Mädchen, die auch gegen Reifröcke und Samtroben rebellierten. Der rebellische Geist drang bis ins exklusive Marschallsviertel.

So tanzte der russische Nihilismus gleichsam auf der Nadelspitze einer geistigen Revolution gegen den Absolutismus, die alle Gesellschaftsschichten ergriff und selbst den Adel durch einen Generationskonflikt unterminierte. Er war laut Krapotkin eine Empörung des Individuums gegen Gewohnheiten und Sitten, die der formell aufgehobenen Leibeigenschaft und der zaristischen Selbstherrschaft entsprachen.

Turgenjew hat den Typus des Nihilisten als erster beschrieben. In seinem berühmten Roman „Väter und Söhne" charakterisierte er ihn als einen Menschen mit folgenden Grundzügen:

1. Antiromantik (die Liebe wurde auf einen physiologischen Akt reduziert);
2. Selbsterziehung außerhalb der Universitäten auf der Grundlage materialistischer und ökonomischer Schriften;
3. Nützlichkeitsprinzip (selbst jeder Spaziergang sollte fortan ein praktisches Ziel haben);
4. Energieüberschuß (ein Kraftgefühl, das in den polizeistaatlichen Verhältnissen Rußlands überall auf Schranken stieß und sich daher zum Teil der Zerstörung verschrieb);
5. Antiautoritäre Haltung („Ein Nihilist ist ein Mensch, der sich vor keiner Autorität beugt").

Turgenjew erwies sich als Schriftsteller mit präziser Sehergabe. Er analysierte einen neuen Typus, der sich vor seinen Augen gerade erst in Umrissen herausbildete. In seiner Einfühlungskraft wurde er nur noch von Dostojewski übertroffen, für den der Nihilismus bereits das Hauptproblem (oder spezifischstes Produkt) der russischen Gesellschaft war. Aber bei Dostojewski trägt er verbrecherische Züge. Raskolnikow begeht einen Doppelmord aus ihm selber unbestimmten Gründen. Stawrogin sieht tatenlos, doch mit einem gewissen Lustgefühl zu, wie sich ein von ihm mißbrauchtes Mädchen erhängt. Anschließend verübt er Selbstmord aus einem Überschuß von Kraft, die weder ein Ventil noch ein Ziel finden konnte. Turgenjew hatte demgegenüber den moralischen und sozialengagierten Antrieb des Nihilisten betont, der sich gegen eine längst verjährte Gesellschaftsordnung auflehnte: subjektiv, aber avantgardistisch.

So sind zwei verschiedene Interpretationen und literarische Bilder des russischen Nihilismus entstanden. Der Westen hat sich hauptsächlich an Dostojewski orientiert, für den der Nihilismus gleichbedeutend mit Atheismus und der schlimmsten Form von Kriminalität war. Diese Rezeption steht auch im Hintergrund der heutigen Terrorismusdebatten. Sie spielen sich gleichsam vor einem schriftstellerischen Gemälde ab, das für die Debattierer selber nicht mehr sichtbar ist, weil es sich verinnerlicht hat.

Turgenjews und Dostojewskis Beschreibungen des Nihilismus stimmten jedoch in einem Punkt überein. Aus beiden Werken stieg

immer wieder derselbe Vergleich auf. Was ist nützlicher: Shake-
speare oder ein Paar Stiefel, Raffael oder Petroleum (für die Hüt-
ten der russischen Bauern)? Die Nihilisten entschieden sich für die
Stiefel und das Petroleum. Sie waren Bilderstürmer. Folglich – das
lag jetzt schon in der Luft – konnte man die Dramen Shakespeares
und die Gemälde Raffaels verbrennen. Die politische Konsequenz
dieser Einstellung war der Terrorismus.

Bestätigte er nicht die Interpretation Dostojewskis? Dies wäre nur
dann der Fall gewesen, wenn man den Terrorismus auf Kriminalität reduzieren konnte. Im Rußland der zweiten Hälfte des neunzehnten Jahrhunderts fiel das noch weit schwerer als heute bei uns.
Politische Motive wurden anerkannt. Zu offenkundig kamen die
Terroristen aus der nihilistischen Bewegung, die ein Aufstand gegen die repressiv absolutistisch regierte Gesellschaft war.

Krapotkin hat diesen Zusammenhang von Nihilismus und Terrorismus verleugnet, obwohl er sich in seinen eigenen Schriften ab-
zeichnete (auch in seiner Biographie). Er war zugleich eine perso-
nelle Schaltstelle zwischen Nihilismus und Anarchismus. Unter
den russischen Verhältnissen schlug die liberale Idee der individuellen Freiheit in den individuellen Terror um, weil sie sich in der
Regel nicht verwirklichen konnte. Und wenn die westlichen Liberalen den Staat auf ein Wächteramt beschränken wollten, so gingen
die russischen Anarchisten den Weg dieses Gedankens zu Ende,
indem sie die restlose Abschaffung des Staates verlangten.

In der ursprünglichen Narodniki-Bewegung, die den Sozialismus
auf das bäuerliche Gemeineigentum pflanzen wollte, dominierten
die föderalistischen Ideen Bakunins. Zwischen 1872 und 1875
fluteten Tausende von jungen Leuten auf die Dörfer. Sie „gingen
ins Volk", um eine Volkserhebung gegen den Zarismus auszulösen, wurden jedoch von vielen Bauern verdächtigt, im Dienste
des Adels und der Grundbesitzer zu stehen, in zahlreichen Fällen
auch angezeigt und den Behörden ausgeliefert. Diese schmerzhafte
Erfahrung spaltete die Narodniki in je eine föderalistische und eine
zentralistische Partei. „Die Majorität bestand noch aus den alten
friedlichen Propagandisten und den revolutionären Agitatoren,
welche ihre Abneigung gegen Politik, Terrorismus und Centralisa-
tion bewahrt hatten" – schreibt Alphons Thun in seiner
„Geschichte der revolutionären Bewegungen" Rußlands. Aber im

Frühjahr 1879 bildete sich ein provisorisches Exekutivkomitee der zentralistischen Minderheit, das die Terroristen im Juni desselben Jahres auf einer Konferenz bei Lipezk mit ihren Leuten besetzten. Es verurteilte im August 1879 proklamatorisch den Zaren zum Tode, organisierte die Vollstreckung und schuf als politischen Apparat die Untergrundpartei „Volkswille".

Bis dahin hatte man sich darauf beschränkt, die Verhaftung, Deportation oder schlechte Behandlung von Revolutionären durch gelegentliche Attentate auf hohe Beamte zu rächen. Unter dem prägenden Einfluß von Morosow und Tarnowski wurde der Terror nun auf die Zarenfamilie konzentriert und zu einem politischen Kampfinstrument ausgeformt, mit dem das Exekutivkomitee systematisch zuschlug, um das absolutistische Regime zu enthaupten. Zu diesem Zweck hielt es eiserne Disziplin, strengste Geheimhaltung und maximalste Zentralisation für unerläßlich. Die Mitglieder der Partei „Volkswille" wurden hierarchisch in drei Klassen von „Agenten" eingeteilt, welche die Befehle des Exekutivkomitees widerspruchslos ausführen mußten. Bedingungslose Unterwerfung galt als Prinzip.

Jedes Mitglied des Exekutivkomitees mußte sich verpflichten, „alle persönlichen Sympathien und Antipathien, seine gesamten Kräfte und selbst das Leben zu opfern", um den Sturz der Regierung herbeizuführen. § 4 des Statuts sah außerdem vor, daß ihr Vermögen „zum Zeitpunkt ihres Eintritts unweigerlich und für immer Eigentum des Exekutivkomitees wird". Der Berufsrevolutionär war keine Schöpfung Lenins. Er entstand in der nihilistischen Partei „Volkswille" und sprang wie eine Stahlfeder aus dem Mechanismus des Terrors. Im Unterschied zum bolschewistischen Kader herrschte im Exekutivkomitee Gütergemeinschaft. Auf dieser Grundlage war es ein bruchloses und besseres Modell der kommunistischen Gesellschaft. Übrigens erschien ihm der Mord als politisches Kampfmittel nur für Rußland berechtigt und geeignet. Morosows Versuch, den Terror zu generalisieren und als Instrument der internationalen Revolution einzusetzen, wurde von der großen Mehrheit des Exekutivkomitees zurückgewiesen. Es verweigerte den Druck seiner diesbezüglichen Broschüre, worauf Morosow austrat und ins Schweizer Exil ging.

Die hierarchische Gliederung und straffe Zentralisierung der

„Volkswille"-Partei machten sie jedoch unversehens zu einem
Abbild des bekämpften Staates, dessen Prinzipien insgeheim übernommen wurden. So setzte sich die Narodniki-Spaltung in der
Herausbildung von Antipoden fort. Anarchismus und Nihilismus
traten auf einmal gegenüber. Während der erste staatsfeindlich
blieb, wurde der zweite zum Keim des totalen Staates, welcher den
absolutistischen noch übertrumpfen sollte..

Anarchismus und Terrorismus

Aber nicht einmal Bakunin konnte dem terroristischen Sog wider-
stehen. Das zeigte sich, als er gemeinsam mit dem Nihilisten Net-
schajew den „Katechismus des Revolutionärs" verfaßte, der alle
Mittel – einschließlich Gift und Dolch – für zulässig erklärte, um
die zaristische Selbstherrschaft samt ihren Trabanten auszurotten.
Darüber hinaus erwogen die beiden ein Bündnis der Revolutionäre
mit den „kühnen Banditen der Berge" und dem Lumpenproleta-
riat der Städte. Bakunins Wort an die (russische) Jugend von 1869
empfahl massenhafte Vernichtung hochstehender Personen: „Die
Opfer sind vor der unverhohlenen Volksempörung bezeichnet."
Ähnlich äußerte sich Kropotkin in der Zeitschrift „Revolte".
Das terroristische Erbe des Nihilismus wurde vom gewaltbejahenden Flügel des Anarchismus übernommen und in die „Propaganda
der Tat" umgemünzt. Theoretische Aufklärung des Volkes genüge
nicht, um die Revolution zu entfachen. Sie sei nur durch aufrüt-
telnde Aktionen gegen Repräsentanten des bestehenden Systems
auszulösen. Sobald das Volk in Bewegung gerät, sollten die
Regierungsgebäude samt allen Akten in Brand gesteckt werden.
Bakunin bezeichnete es in einem Gespräch mit Debogory-
Mokriewitsch als schweren Fehler des anarchistischen Aufstands
von 1872 in Barcelona, dies unterlassen zu haben. In Rußland sei
schon Pugatschew auf die Schädlichkeit der Herrschaft des Papiers
gekommen. Für Bakunin war Gewalt gegen Personen von der
Gewalt gegen Sachen untrennbar, obwohl sie in zeitlichem
Abstand aufeinander folgen konnten. Die Revolutionäre sollten
hochstehende Amtspersonen, das Volk sollte die Akten und
Regierungsgebäude vernichten.

Durch die Übernahme der Methode des individuellen Terrors, welche Bakunin sogar ins Massenhafte auszuweiten empfahl, verwischten sich die Grenzen zwischen Anarchismus und Nihilismus wieder. Für seine tolstoische Schule war Gewaltanwendung ein Widerspruch zur antiautoritären Grundhaltung und ein Kompromiß mit der Staatstradition. Aber ein Teil der europäischen, südamerikanischen und japanischen Anarchisten gliederte sich in ähnliche Kampfgruppen auf, wie sie die nihilistische Partei „Volkswille" gebildet hatte. Außerdem gab es am Rande der Bewegung Einzelgänger, die auf eigene Faust Anschläge verübten. Insgesamt war es unter den Anarchisten immer nur eine kleine Minderheit, die zum Terror griff. Ihre Aktivität fiel jedoch wie ein Feuerregen auf die Gesellschaft und brannte sich in deren Gedächtnis ein. Allmählich wurde der Anarchismus mit dem Terrorismus gleichgesetzt.

In Deutschland machten anarchistische Randfiguren Geschichte, weil ihre (mißglückten) Attentate auf den Kaiser zur Vorlage und Annahme des Sozialistengesetzes im Reichstag führten, also eine zwölfjährige Unterdrückung der Sozialdemokratie (mit Ausnahme ihrer Parlamentsfraktion) zur Folge hatten. Während dieser Zeit (1878–90) schlug der Marxismus tiefe Wurzeln in der deutschen Arbeiterbewegung, die vorher eher Lassalles evolutionärer Konzeption zugeneigt hatte.

Der radikale Anarchismus verschrieb sich im allgemeinen nur zwischen 1881 und 1896 dem Terror, und praktisch wagten ihn lediglich seine Extremisten. Dann sah er selbst ein, daß auf diesem Wege kaum etwas zu erreichen war.

Als Gegenstück zu den terroristischen Gruppen entstanden syndikalistische, welche den Anarchismus mit der Arbeiterbewegung zu verknüpfen suchten, wofür sie eine legale Basis und öffentliche Tribünen brauchten. In Spanien, Frankreich, Italien und Portugal gewann der Anarcho-Syndikalismus die Mehrheit in den Gewerkschaften. Er wurde zum Zentrum der Arbeiterbewegung aller romanischen Länder.

Das zeichnete sich bereits 1907 auf dem Amsterdamer Kongreß der Anarchistischen Internationale ab. Er verwarf gegen wenige Stimmen die terroristische „Propaganda der Tat" als untaugliches Mittel für die Umwandlung der kapitalistischen in eine anarchistische Gesellschaft. An die Stelle der terroristischen Kampftrupps sollten Studien- und Propagandagruppen treten.

Von da an gab es nur noch vereinzelte Attentate und Terroraktionen – ausgenommen Spanien, wo ein regelrechter Kleinkrieg zwischen Unternehmerpolizei und anarchistischen Gewerkschaften tobte. In dieser paramilitärischen Auseinandersetzung kündigte sich der Spanische Bürgerkrieg (1936–38) mit seinen rund zwei Millionen Toten an.

Immerhin war die Grenze zwischen Nihilismus und Anarchismus vorübergehend so verwischt, daß der russische Anarchist Debogory-Mokriewitsch seine Memoiren als „Erinnerungen eines Nihilisten" veröffentlichte. Der Terrorismus erwies sich als Bindeglied. Er entstand ursprünglich jedoch im Rahmen des Nihilismus, entgegen dem zum Anarchismus tendierenden Flügel der Narodniki-Bewegung. Insofern war er bei Bakunin eine Infektion, welche sich von ihm auf den internationalen Gewaltanarchismus übertrug.

Terroristische Versuchung und nihilistische Überfremdung

Der Nihilismus setzt soziale Bewegungen voraus; in Rußland hatte er sich bereits auf ihre Keime gepfropft. Hierdurch wurden sie allesamt deformiert. Und da Rußlands soziale Bewegungen, mit Ausnahme des Narodniki-Sozialismus, zu internationalen Modellen gerannen, verpflanzten sich die nihilistischen Deformationen des Anarchismus und Kommunismus auf nahezu die ganze Welt. Sie haben ihren eigenen Rhythmus von Flut und Ebbe. Gegenwärtig steigt wieder die Flut.

Außer dem Anarchismus, soweit er nicht rechtzeitig von Tolstois Gewaltlosigkeit oder vom Syndikalismus durchdrungen wurde, erlagen in Rußland auch die Sozialrevolutionäre und die Bolschewisten der terroristischen Versuchung. Man könnte sagen, daß sich der Nihilismus auf alle drei sozialen Bewegungen verteilte und sich in ihnen tropfenweise auflöste. Er verschwand damit nicht, sondern wirkte in neuen Formen weiter.

Der Nihilist ist eine Art Herrenmensch. Philosophisch kann er als „Übermensch", praktisch als Kommissar oder Einsatzgruppenleiter eines Sonderkommandos wiederkehren. Das Versickern des traditionellen Dieners und des Nihilisten geschah parallel. Sie waren in gewisser Hinsicht die beiden Pole der Gesellschaft, welche sich gleichsam ihre Flügel abschnitt, um sie aufzufressen.

Die Anfang des zwanzigsten Jahrhunderts gegründete Sozialrevolutionäre Partei Rußlands, volkssozialistisch statt marxistisch, bildete eine spezielle terroristische „Kampforganisation" (KO). Deren Leiter waren nacheinander Gerschuni, Asef und Sawinkow. Technisch und organisatorisch unabhängig, unterstand sie politisch und ideologisch dem Zentralkomitee der Partei, das Aufträge und Weisungen erteilen konnte. Jedoch hatte die KO ihr eigenes Statut, wonach sie sich „den Kampf mit der Selbstherrschaft mittels terroristischer Akte zur Hauptaufgabe" machte. Die nihilistische Tradition verlangte rücksichtslose Entschlossenheit, aber Kalajew warf seine Bombe nicht, weil sie womöglich auch eine Frau und Kinder zerrissen hätte. Sawinkow, der die Tötung des Innenministers Plehwe organisierte, schickte anschließend seiner Frau ein Gedicht mit folgenden Anfangszeilen:

> Gib mir ein wenig Sanftmut,
> mein Herz ist wie Stein.
> Gib mir ein wenig Mitleid,
> ich bin voller Wunden.

Nicht nur sein menschliches, auch sein soziales Gewissen als Sozialist schlug. Doch der Nihilismus ließ sein Herz erstarren. Sawinkow bot dem Zentralkomitee an, mit seinen eigenen Händen den Zaren zu töten. „Befehlt uns, ins Winterpalais einzudringen, mit Dynamit umgürtet. Wir werden es tun. Im Namen der Revolution, zum Ruhm des Terrors!"

Revolution und Terror waren in seinem politischen Bewußtsein eins. Systematische Gewaltanwendung versetzte ihn in einen Rauschzustand. Der „Ruhm" des Terrors, die Schreckensherrschaft von unten, sollte noch gesteigert werden durch eine Eskalation der Taten. Die maximalistische Richtung der Sozialrevolutionäre sprengte 1906 die gesamte Sommerresidenz des Ministers Stolypin in die Luft: 32 Tote und 22 Verwundete bedeckten die Trümmer, der Minister selbst blieb unverletzt.

Lenins Plädoyer für den Massenterror

Lenin als Wortführer des Bolschewismus wandte sich von Anbeginn gegen den individuellen Terror – jedoch *nicht* aus Abscheu vor der Gewalt; vielmehr deshalb, weil ihm diese Art der Gewaltanwendung zu improvisiert, zu spontan und zu individualistisch erschien: aus allen drei Gründen ungeeignet, das Bollwerk des Zarismus zu zerstören. An die Stelle des individuellen Terrors sollte der Massenterror treten, sobald eine revolutionäre Situation herangereift war. Lenin verwarf eine spezielle Kampforganisation wie die sozialrevolutionäre zugunsten zahlreicher Kampftrupps, die diszipliniert und koordiniert vorgehen sollten – zur ,,rücksichtslosen Vernichtung ziviler und militärischer Führer der Gegenseite'', die sämtlich umgebracht werden müßten.

In einem Artikel vom 29. August 1906 über die Lehren der russischen Revolution von 1905 bezeichnete es Lenin als schweren Fehler des Moskauer Dezemberaufstands, diese Persönlichkeiten nur vereinzelt ,,liquidiert'' zu haben, statt sie massenhaft auszulöschen. Um einer Wiederholung vorzubeugen, beantragte Lenin auf dem nächsten Parteitag der Sozialdemokratischen Arbeiterpartei Rußlands (SDAPR), ,,den Massenterror zu billigen und zum Bestandteil ihrer Taktik zu machen''. Der Antrag wurde abgelehnt. Die meisten Sozialisten wandten sich gegen ihn, auch gegen Banküberfälle, wie sie von Stalin in der Tifliser Gegend organisiert wurden, um Geld für die Parteikasse und die Finanzierung von Berufsrevolutionären zu beschaffen. Aber Lenin dachte nicht daran, darauf zu verzichten.

Er machte den Massenterror einschließlich der sogenannten ,,Expropriationen'' von Banken und Geldtransporten zu einem festen Bestandteil der bolschewistischen Taktik, die von seiner eigenen Anhängerschaft und Organisation auch befolgt wurde. In allen russischen Gouvernements sollten bewaffnete Zweier-, Dreier-, Fünfer- und Zehnergruppen gebildet werden, um den Partisanenkrieg als spezifische Form des Massenterrors anzufachen, solange die revolutionäre Situation noch weiterglühte.

Hatten die Nihilisten einzelne und ausschließlich männliche Mitglieder der Zarenfamilie getötet, so wurde diese während des Bürgerkrieges von den Bolschewisten gänzlich ausgerottet (vielleicht

mit Ausnahme der sagenumwobenen Prinzessin Anastasia). Der
Bolschewismus vollendete, was der Nihilismus begonnen hatte.
Auf den Rumpf der russischen Gesellschaft setzte sich die Selbstherrschaft der Kommunistischen Partei. Hatten die Revolutionäre
jahrzehntelang dafür gekämpft, daß die zaristische Selbstherrschaft
lediglich durch eine bolschewistische abgelöst wurde? Damit fanden sich viele nicht ab, am wenigsten die Sozialrevolutionäre.
Aus dieser Stimmung kam es am 30. August 1918 zu dem Attentat
auf Lenin, verübt durch die Sozialrevolutionärin Kaplan. Das
Karussell des Terrors drehte sich erneut und nunmehr rückwärts.
Er fraß die Kinder und Lieblinge der Revolution, nicht diese
selbst.
Nach dem Attentat gingen die erst im November 1917 zur Macht
gelangten Bolschewisten zum Massenterror auch gegen ihre Verbündeten über, besonders gegen die Anarchisten und linken
Sozialrevolutionäre. Nun wurde er zu einer kommunistischen
Herrschaftsmethode, unter Stalin bis zur Perfektion instrumen-
tiert. Zunächst „liquidierte" man die Mitglieder anderer Parteien,
welche allesamt verboten oder dem bolschewistischen Organismus
einverleibt wurden. Dann sauste das blitzende Beil des Massenterrors auch auf die Köpfe der innerkommunistischen Opposition, vor
allem auf die Trotzkisten und Sinowjewisten. Trotzki hatte ihn in
einer Polemik gegen Karl Kautsky ausdrücklich verteidigt, und
selbst im Exil billigte er noch die Ausmerzung der Zarenfamilie
– bis er 1940 in Mexiko selber an die Reihe kam. Die Schneide
des Terrors kehrt sich früher oder später gegen alle, welche das
politische Henkerbeil jemals erhoben haben.

Nationalsozialismus und Faschismus

Das erfuhren auch zahlreiche SA-Leute um Röhm, die nach Hitlers Machterschleichung ihre politischen Gegner massakrierten
oder folterten. Im Jahre 1934 kam ihre Stunde, vollstreckt durch
die SS. Das Regiment der SS überlagerte im Laufe der Zeit sogar
den Apparat der NSDAP.
Auch der Faschismus wollte, nämlich durch eine korporative
Wirtschaftsordnung, die soziale Frage lösen. Aber er bevorzugte

von Anbeginn den Straßenterror, zuerst zur Einschüchterung,
dann zur Überrumpelung und schließlich zur Vernichtung seiner
Gegner. Der Straßenterror begleitete auch Hitlers parlamentarischen Weg zur Macht. Er setzte sich in den Konzentrationslagern
ebenso fort wie der bolschewistische Massenterror auf dem Archipel GULAG. Hitler und Stalin schienen austauschbar zu sein oder
in weltpolitischer Arbeitsteilung vorzugehen. An der Spitze großer
Staaten standen hemmungslose Terroristen, die nicht nur Polen,
sondern die ganze Erde unter sich aufteilen wollten. Zwischen
1933 und 1945 gab es tatsächlich einen „Flächenbrand des Terrorismus" (Bundespräsident Scheel), der viele Millionen Menschen,
auch hinter den Fronten des Zweiten Weltkriegs, wie lebendige
Fackeln verzehrte.

Man hat die Gemeinsamkeit des nazistischen und bolschewistischen Regimes in ihrem totalitären Charakter gesucht. Aber darüber hinaus gab es noch ein anderes Bindeglied. Ich möchte es den
nihilistischen Überstaat nennen, in Rußland verkörpert durch die
GPU, in Deutschland durch die SS. Ihre Apparate hockten wie
Kraken über dem gewöhnlichen Staat, und ihre Saugarme reichten
bis ins kleinste Büro. Der nihilistische Überstaat war in beiden Fällen das parteiliche Instrument des Massenterrors von oben als
Herrschafts- und Behauptungsmethode. Da Terror per se Gesetzlosigkeit ist, setzten sich diese Apparate des Schreckens auch über
die offiziellen Gesetze des eigenen Staates hinweg, der sich unter
ihrem kalten Griff wand.

Aber was bedeutete es, daß die Gestapo Menschen, welche von
den offiziellen Gerichten des Dritten Reiches gerade freigespro-
chen worden waren, abholen und in KZs bringen konnte? Und was
verriet die unter Chruschtschow beklagte „Verletzung der sozialistischen Gesetzlichkeit" während der Stalinzeit? Am wenigsten,
daß Hitler und Stalin „willkürlich" handelten oder einen „schlechten Charakter" hatten! Sicher war auch dies der Fall, doch der
springende Punkt liegt anderswo. Jedes Staatsgesetz hat Maschen,
durch die geschickte Personen oder ganze Gruppen schlüpfen können. Stalin und Hitler strebten daher die lückenlose, totale Ordnung an. Aus diesem Grunde errichteten sie Überstaaten, welche
jedes Gesetz brechen konnten und sollten, das der lückenlosen
Ordnung im Wege stand. Stalinismus und Hitlerismus waren Herr-

schaftsformen der Gesetzlosigkeit, also das, was man gemeinhin unter „Anarchie" versteht, während wir korrekterweise von Nihilismus sprechen müssen. Nirgendwo sprang man mit den Anarchisten erbarmungsloser um als im Rußland Stalins und im Deutschland Hitlers. Indes zeigte sich die Begriffsverwirrung selbst bei sonst so scharfen Denkern wie Ernst Niekisch[3]. Er charakterisierte das Dritte Reich als „eine nur durch Terror zusammengehaltene Anarchie". Das ist zwar nicht völlig falsch, jedoch schief.

Präziser ist die Analyse des Dritten Reiches durch den Exnationalsozialisten Hermann Rauschning. Er begriff den Nationalsozialismus als „Zersetzungsmittel bürgerlicher Denk- und Wertkategorien", ferner als „Bewegung schlechthin, Dynamik absolut gesetzt, Revolution mit wechselndem Nenner, jederzeit bereit, ihn zu vertauschen". Alles diente dem einzigen Zweck, die Macht zu behaupten und zu erweitern[4].

Ähnlich sagt Milovan Djilas in „Die Neue Klasse" über das politische System der UdSSR und anderer Länder: „Das Wesen des Kommunismus ist Macht." Ein zunächst unverständlicher Satz, wenn man den nihilistischen Hintergrund übersieht. Und vielleicht sollte man analog zum Überstaat eher von Übermacht sprechen.

Rauschning sagte bereits 1938, nach seiner Absage an Hitler, vom Dritten Reich, das entscheidend Neue sei einerseits die Ausgliederung einer privilegierten Machtelite, andererseits die Atomisierung der Nation in eine von Zwangskollektiven zusammengehaltene Masse. Dieselbe Entdeckung fand sich 1964 in einer oppositionell-marxistischen Analyse des polnischen Systems durch Kuron und Modzelewski. Sie sprachen von einer bewußten Desorganisation der Massen durch die kommunistischen Massenorganisationen, um sie aller Mittel der Selbstverteidigung gegen eine privilegierte Monopolbürokratie zu berauben und gleichzeitig deren Interessen dienstbar zu machen. Aus der kommunistischen Revolution ging ebenso wie aus der faschistischen eine selbsternannte Elite von „Übermenschen" hervor, für die Macht zum Selbstzweck wurde. Im gleichen Tempo, wie das geschah, kam es zur „Abstoßung ideologischer Motive" (Rauschning) oder zu deren beliebiger Manipulation, zur Ersetzung der Partei alten Stils durch die „Bewegung", die unaufhörlich mittels Kampagnen angeheizt werden muß, damit keine Nachdenkpausen entstehen können.

Für den Bolschewismus hatte Lenin die ideologischen Motive in „Staat und Revolution" (vom August 1917) formuliert: Errichtung einer Großkommune auf dem Boden der Sowjetrepublik, ohne Staat, Bürokratie und Polizei, mit Arbeiterselbstverwaltung der Wirtschaft. Aber schon im März 1918 schlug er sie wie Stuckfassaden von seiner inzwischen etablierten Parteidiktatur ab. Drei Jahre später fielen auch die Sowjets unter die lederjackige Herrschaft der Politkommissare. Doch schon 1902 – in „Was tun?" – hatte Lenin jegliche Spontaneität verdammt. Er brauchte jetzt nur noch die Konsequenzen zu ziehen. Nachdem die Macht in Rußland erobert war, wurde der Staat nicht abgeschafft, sondern in geradezu kyklopischer Weise ausgebaut. Gleichzeitig betrieb man die Ausweitung der Macht durch Forcierung der Weltrevolution – aber dergleichen läßt sich kaum forcieren; zumal Lenin in Rußland auf einmal den Staatskapitalismus zum neuen Nenner machte. Seine Nachfolger erfinden eine „Übergangsphase" nach der anderen, um den Bankrott des Kommunismus und seinen nihilistischen Drall zu verschleiern.

Der Wolfmensch brach schon damals ins Gehege der Zivilisation. Das eine Fell war rot, das andere braun oder schwarz.

Rauschning subsumierte Kommunismus und Faschismus unter den Begriff der „nihilistischen Revolution" – als Aufstand der Massen, der durch Kader angepeitscht wird. Er vergaß dabei die Existenz der sozialen Bewegungen. Oder sie lösten sich in seinen Augen restlos auf. Jedoch kann der Nihilismus als intellektuelle Kraft die sozialen Bewegungen nur überfremden, *nicht* ersetzen. Er benötigt sie als Transmissionsriemen, so wie der Kommunismus seine Massenorganisationen. Und seine Überfremdung läßt das Gewissen der einstigen Idealisten wieder schlagen.

Trotzki schämte sich auf einmal der Macht und ging zurück in die Arbeiterviertel. Guevara legte auf Kuba sogar freiwillig seine hohen Ämter nieder und wurde wieder Partisan, als der er in Bolivien umkam. Solche Fälle passierten in jedem kommunistisch regierten Land. Die Macht- und Parteielite spaltete sich in Realisten auf der einen, in Idealisten auf der anderen Seite. So lebten die ursprünglichen Impulse der vom Nihilismus überfremdeten sozialen Bewegungen in der innerparteilichen Opposition wieder auf, die inzwischen ihre eigene Welttradition hat. Ein gutes Beispiel aus der

DDR ist Bahros Buch „Die Alternative", das als Diskussions-
grundlage für vom offiziellen Apparat frustrierte Kommunisten
entstand. Für Bahro gibt es in der SED nur noch eine Minderheit
echter Kommunisten, und die wollte er in einem besonderen Bund
gegen die eigene Parteibürokratie zusammenfassen. Seine Verhaftung hat diesen Plan nicht vereitelt; sein Plan wurde nur von
anderen Personen verwirklicht. Am exemplarischen Beispiel
solcher Menschen wird ersichtlich, wie falsch es war, den Kommunismus *insgesamt* der nihilistischen Revolution zuzurechnen. Das
gilt *auch* für den Faschismus und den Anarchismus, vom Sozialismus ganz zu schweigen. In allen diesen Bewegungen ertönte der
Ruf nach einer zweiten oder dritten Revolution, sobald die errun-
gene Macht zum Selbstzweck erstarrt und der Terrorismus zur
Herrschaftsmethode geworden war. Es gibt in ihnen also auch
Strömungen, welche die nihilistischen Verhärtungen wieder auf-
weichen und wie lästige Fremdkörper abstreifen wollen.
Vielleicht ist hierzu der authentische Anarchismus am ehesten fähig. Sein Appell an die individuelle *und* gesellschaftliche Spontaneität kann die Fundamente der totalitären Systeme gleichsam von
unten her aufbrechen. Aufgrund dieses subversiven Charakters
wird er allgemein verfolgt. Man sollte zwischen der *antitotalitären*
und der *antidemokratischen* Subversion unterscheiden!

Die feindlichen Brüder

Auf die Dauer vermag niemand, beim Nihilismus, der totalen
Negation, zu verharren. Er kann jedoch zur eigenständigen Ord-
nungsmacht werden, und zwar gerade mittels des Terrors, der ihm
eingeboren ist. Lenin wie Hitler – beide bändigten eine „Anarchie", und das war ihre Legitimation. Das „Parteienchaos" in Rußland (zwischen Februar und Oktober 1917) wie in der Weimarer
Republik erschien Millionen Menschen unerträglich, die mit ihrer
Freiheit nichts anfangen konnten. Wer mehr äußere als innere
Freiheit hat, mißbraucht oder verschenkt sie.
Terror bedeutet die Bildung eines *Gegen*staates inmitten des offiziellen. Denn das Wesen des Staates liegt im Gewaltmonopol, welches zur Herstellung des Landfriedens oder zur Beendigung der
Blutfehden aufgerichtet wurde. Stellt eine Partei (wie die bolsche-

wistische oder die nationalsozialistische) Milizen oder „Selbst-
schutzverbände" auf, so bricht sie dieses Monopol.

Terror ist systematische und zielgerichtete Gewalt gegen Personen
oder Sachen oder gegen beide zugleich. Attentate allein machen
noch keine Terroristen, sonst wären auch der österreichische
Sozialist Friedrich Adler und der deutsche Nationalrevolutionär
Stauffenberg solche gewesen. Der Terrorismus als politisches
Kampfmittel erstrebt stets auch die Einschüchterung ganzer Klassen und Völker.

Wir haben seine nihilistische Herkunft nachgewiesen. Es gibt jedoch eine Art Arbeitsteilung zwischen Anarchie und Nihilismus.
Sie erscheinen immer dann auf der geschichtlichen Bühne, wenn
eine alte Kultur sich in einer Krise befindet.

So waren die Zyniker im alten Griechenland – voran Diogenes,
der öffentlich onanierte, um seine Sittenverachtung zu bekunden –
zweifellos überwiegend Nihilisten. Ihnen gegenüber tauchte die
anarchistische Sozialutopie als ein bestimmendes Element der
stoischen Philosophie auf, im visionären Traum von einer staaten-
losen Gesellschaft der natürlichen Freiheit und Gleichheit.

Im „Herbst des Mittelalters" schwärmten die „Brüder und Schwestern des freien Geistes" durch ganz Europa. Der britische Historiker Norman Cohn bezeichnete sie als „ferne Vorgänger Bakunins
und Nietzsches"[5]. Sein Vergleich mit Nietzsche ist etwas irreführend, obwohl man bedenken kann, daß er einmal vom Staat als
dem „kältesten aller Ungeheuer" sprach. Aber eben nur einmal
und nicht auf dem Nährboden des mystischen Anarchismus, von
dem die Schwestern und Brüder des freien Geistes zehrten.

Nihilisten und Anarchisten erscheinen meist gleichzeitig auf kulturellen Schwellenübergängen Arm in Arm, um sich schließlich zu
entzweien. Alle Zivilisationsbrüche Europas – Achsenzeit (Jaspers), Renaissance und Aufklärung – hingen mit einem Zusam-
menbruch der bis dahin gültigen Wertordnungen und dem Aufkei-
men neuer Gesellschaftsformen zusammen. Sie verknüpften sich
mit nihilistischen *und* anarchistischen Wirren. Selbstmordepide-
mien, Zerfall des staatlichen Gefüges, Aufkommen von Tyrannen
und Cäsaren – dies sind drei typische Erscheinungen. In den geistigen und staatlichen Ruinen blühte immer das Unkraut des Terrors.
Er ist eine Ausgeburt der Verzweiflung, solange er nicht zum kal-

ten Kalkül wird – entweder als Kampfmittel oder als Herrschaftsmethode. Es gibt den Terror von unten und von oben.
Als politisches Kampfmittel von unten durch die russischen Nihilisten stilisiert und ins geschichtliche Bewußtsein gepreßt, wurde er
als Herrschaftsmethode erstmals offiziell durch die französischen
Jakobiner um Robespierre und St-Just eingeführt[6]. Seitdem liegen
beide Varianten wie Operationsinstrumente bereit. Jede Gruppe
von Machtstrebenden oder Machthabenden kann sich ihrer bedienen. Sie sind politisch neutral, was man von den sozialen Bewegungen nicht sagen kann.

Zweite Schöpfung?

Jedoch sollte auch zwischen Anarchie und Anarchismus differen-
ziert werden, um die anfängliche Allianz und den späteren Konflikt
mit dem Nihilismus zu erklären. Denken heißt unterscheiden.
Wenn diese Fähigkeit im allgemeinen ernsthaft nachläßt, so sinken
alle geistigen Ordnungen ins Formlose zurück. Das Chaos beginnt
mit der Einebnung des Geistigen, mit dem Verlust der Unterschei-
dungskraft. Dieser Verlust äußert sich in Identifizierungen, welche
aus Vordergründen gefällt werden und die historischen Tatsachen
mißachten und manipulieren.
Anarchie tritt ein, wenn sich eine Gesellschaft auflöst, weil ihr kul-
turelles Bindegewebe zerfällt oder so zerfasert ist, daß es den
Zusammenhalt nicht mehr gewährleisten kann. Der Nihilismus be-
schleunigt die Auflösung durch ätzende geistige Säuren und
Anwendung zerstörender Mittel, hierunter besonders des Terrors.
Anarchismus ist das Bestreben, in den Tiefen des Volkes eine
Wiedergeburt der Gesellschaft – aber nunmehr ohne staatlichen
Überbau – wie in einem Akt der Urzeugung zustande zu bringen.
Bakunin sprach von einer „zweiten Schöpfung", da die erste miß-
glückt oder etatistisch entartet sei. Nur jene soziale Bewegung,
welche diese Wiedergeburt durch Entfesselung der menschlichen
Spontaneität vorantreiben will, darf man anarchistisch nennen. Sie
erstrebt die Freisetzung der individuellen und gesellschaftlichen
Spontaneität, damit der Dampfkessel des Staates von innen her
explodiert und eine herrschaftsfreie Gesellschaft entsteht.

Nach anarchistischer Überzeugung ist der Staat etwas Parasitäres, der Gesellschaft Aufgezwungenes. Diese könne, wie schon Proudhon meinte, ihre Probleme selbst viel besser lösen. Der Staat verwirre und verknote sie nur. Er sei demnach ein Hemmschuh, nicht eine Triebkraft der gesellschaftlichen Entwicklung; die zentrale Institution zur Unterdrückung und Ausbeutung der Menschenmehrheit im Dienste der jeweils herrschenden Kaste. Die Anarchisten prägten als erste den Begriff der ,,roten Bourgeoisie". Bakunin sah bereits das Schreckgespenst des Revolutionärs auf dem Zarenthron voraus. Echte Anarchisten, wie Proudhon, Krapotkin und Landauer, wünschen die Selbstregierung der Gesellschaft, ihre föderative und dezentrale Gliederung aus dem Schoße sozialer Spontaneität. Diese Gliederung soll gleichsam durch Geburtsorgane erfolgen, welche von einer Regeneration der Gesellschaft erhofft werden.

Die Selbstgliederung der Gesellschaft soll durch Räte, Kommunen oder periodische Volksversammlungen erfolgen. Hier gehen die Anarchisten ebenso wie in ihrem Verhältnis zum Eigentum in den Ansichten auseinander: manche wollen sogar die Konsumgüter sozialisieren, wie zum Beispiel die Anhänger Krapotkins; andere sind ultraliberal, so die Anhänger Stirners. Der Kommunismus rotiert um die Eigentumsfrage, der Anarchismus hingegen um das Staatsproblem, während es den Sozialisten hauptsächlich um eine genossenschaftliche Arbeiterorganisation geht. Wer diese drei klassischen sozialen Bewegungen durcheinanderbringt, wie es selbst viele Historiker tun, der versperrt sich jegliche Einsicht in den Gang der Geschichte und ihre Triebkräfte.

Historische Subjekte und Archetypen

Nicht Klassen oder politische Parteien, sondern die sozialen Bewegungen sind die historischen Subjekte. Ihre Wechselwirkungen und ihre Konflikte entscheiden letztlich über das Schicksal aller Menschen als politische und soziale Wesen. Jede von ihnen verkörpert einen bestimmten Archetyp im kollektiven wie individuellen Unterbewußtsein.

Deshalb reichen politische oder gar polizeiliche Maßnahmen niemals aus, um mit einer sozialen Bewegung fertig zu werden, etwa mit dem Kommunismus oder mit dem Anarchismus, selbst wenn sie wie der letztere klein und unscheinbar ist. Nötig wäre die Löschung des betreffenden Archetyps in den menschlichen Seelen. Aber dies ist unmöglich.

Rein politische Erwägungen sind immer oberflächlich. Jede soziale Bewegung bringt einen bestimmten Wesenszug des Menschen zum Ausdruck: der Anarchismus den Durst nach absoluter Freiheit, der Kommunismus die Sehnsucht nach allgemeiner Gütergemein-schaft, der Sozialismus den Drang nach einer genossenschaftlichen Weltordnung. Wenn man die sozialen Bewegungen ebenso kombi-nieren könnte, wie sie als Wesenszüge in jedem Menschen kombi-niert sind, dann würden sie ihre Einseitigkeit und ihren Systemcha-rakter verlieren. Verabsolutiert entfremden sie sich und werden totalitär. Es käme darauf an, die Kernideen aus den verschiedenen ideologischen und politischen Systemen herauszubrechen, um sie gleichsam in ein arbeitsgemeinschaftliches Verhältnis zueinander zu setzen.

Auf diese Weise könnten wir auch den Terrorismus der Gegenwart überwinden, der ein nihilistisches Geschwür im Körper jener so-zialen Bewegungen ist, welche nach Alleinherrschaft streben oder sie, an die Macht gelangt, mit allen Mitteln verteidigen. In diesem Geschwür sammelt sich Eiter, der in den Blutkreislauf der gesam-ten Gesellschaft dringt. Der Terrorismus ist eine nihilistische Seu-che, deren Geschwürbildungen aufgestochen werden müssen, ohne daß bei diesem Eingriff der Körper der sozialen Bewegung verletzt wird – was eine ebenso behutsame wie unerbittliche Hal-tung erfordert.

Der perfekte Staat – ein Saurier?

Gegenwärtig fehlt es an Menschen, die zu dieser Haltung fähig sind. Wir leben in einem *Interregnum,* in einer Zeit, in der an die Stelle der alten Herrschaft neue Formen von Verwaltung treten. Zwar wachsen die staatlichen Gebäude immer höher, fast bis zum Himmel hinauf. Doch es ist die Macht der Ohnmacht, die sie nun-mehr verkörpern oder vielmehr verhüllen.

Es wimmelt in ihren Gebäuden von Beamten und Angestellten, aber sie kriechen gleichsam wie Ameisen durcheinander. Und es fehlt eine Ameisenkönigin, die ihr Tun auf einen gemeinsamen Nenner bringen könnte. Der Menschenstaat, anders als die tierischen Kollektivorganismen eine künstliche und mechanische Konstruktion, kann um so leichter lahmgelegt werden, je komplizierter und perfekter er ist[7].

Gerade die perfektesten Staaten erscheinen heute in ihrer Schwerfälligkeit wie urweltliche Saurier, die dem Aussterben nahe sind. In der Bundesrepublik genügten weniger als zwanzig Terroristen, um wochenlang einen gewaltigen Regierungsapparat zu blockieren, der mit ihnen wie mit einem anderen Staat verhandelte, welcher eine gleich starke Armee wie die Bundeswehr zu haben schien. Millionen Menschen verschlug es bei diesem Anblick die Sprache. Viele spürten mit Grauen, daß ein Zeitalter zu Ende geht.

Das ärmliche Menschenbild des Materialismus steht heute ratlos vor den Problemen, deren Lawinensturz begonnen hat und die es mit verschuldete. Auch der Terrorismus kann aus dieser Sicht nie erklärt werden. Der heutige ist ein Reflex des Aufstands gegen den Sittenkodex der bürgerlichen Gesellschaft, die langsam versinkt, weil ihre Werte keine Bindekraft mehr haben. Die rationalistische Kultur, auf der sie beruhte, und das puritanische Berufsethos sind erschöpft. Allein der scheinbar unbedeutende Umstand, daß heute meist von Job statt von Beruf die Rede ist, zeigt den Verfall dieses Ethos an[8].

Gammler und Hippies erschienen als Gegentypen des fleißigen Berufsmenschen, der in täglicher Pflichterfüllung aufging. Sie kamen wie auf Bestellung, als die Produktionsraserei und der Wachstumsfetischismus zum menschenmordenden Streß führten. Listig baute die Geschichte ihre Korrektive ein, doch diese Korrektive wurden für asozial gehalten und beiseite geschoben. Wenn die bürgerliche Gesellschaft zur Integration solcher „Ketzer" und zur Selbstreform unfähig ist, muß sie untergehen.

Sie scheint die Mehrheit der Jugend gegen sich zu haben. Man kann von einer antibürgerlichen Grundhaltung der Jugend sprechen, die mit einer vage sozialistischen Grundtendenz gepaart ist. Noch kommt das Negative ihres Protestes stärker als das Positive zur Geltung – eine Nährbasis des Terrorismus, welcher seine Todeskandidaten vornehmlich aus der jungen Generation rekrutiert. Solange die positiven Energien den negativen unterliegen, ist die Gefahr explosiver Gewalt gegeben. Jeder von uns kann beitragen, dieses Verhältnis umzukehren, indem er durch positives Denken und Tun das Reservoir des Negativen schwächt.

Wenn wir Positives denken und tun, tragen wir zum Aufbau einer neuen Kultur bei. Wir erneuern dadurch den zerstörten gesellschaftlichen Humus, aus dem wieder gemeinschaftsbildende Werte wachsen können. Aber die große Prüfung für uns alle ist, ob wir das Menschliche auch im Terroristen sehen und ihn darauf ansprechen können.

Wenn wir lediglich die Unmenschlichkeit des Terroristen ins Auge fassen, besteht die Konsequenz in seiner Vernichtung oder lebenslangen Isolierung. Unter diesem Gesichtspunkt machen wir uns selbst negativ; wir schwächen das Positive in der Welt noch mehr und gehen eine unbewußte Allianz mit der Destruktivität des Terrorismus ein, der das Negative in Potenz ist. So kann eine tiefenpsychologische Verstrickung entstehen, die uns noch tiefer in den Sumpf des Nihilismus sinken läßt. Sollten jene, welche die Terroristen bekämpfen, selbst terroristisch werden, indem sie die Demokratie in einen Polizeistaat verwandeln, so hätten die Rote-Armee-Fraktionen der verschiedenen Länder würdige Nachfolger gefunden, die ihr Werk auf höchster Ebene und im Scheine der Legalität fortsetzen würden.

Die Hauptbasis des Terrorismus

Dies wäre um so bedenklicher, als sich die Demokratie der entscheidenden Phase ihrer Auseinandersetzung mit dem Kommunismus nähert. Gerade der Terrorismus ist ein Zeichen dafür. Keineswegs zufällig waren es *rote* Armeefraktionen, die ihn entfesselten. Anarchisten hätten eine „Schwarze Armee" aufgebaut, entsprechend der Farbe ihrer Fahne. Die deutsche RAF distanzierte sich von ihrer Ideologie zugunsten der marxistischen und bekannte in einem ihrer ersten Manifeste: „Wir sind Kommunisten..." In kommunistischem Sinne äußerte sich auch der frühere RAF-Anwalt Klaus Croissant.

Ebenso steht es mit ähnlichen Gruppen in Japan und in der Türkei sowie mit den Roten Brigaden in Italien und Frankreich. Sie setzen sich überwiegend aus militanten *Kommunisten* maoistisch-guevaraistischer Spielart und nur wenigen Anarchisten zusammen. Daher muß der Neukommunismus, wie er sich seit 1967/68 entwickelt hat, als stille Reserve des Terrorismus und als seine hauptsächliche Rekrutierungsbasis betrachtet werden, *nicht* die Neue Linke schlechthin. Die Grundzüge dieses neuen Kommunismus sind maoistisch und guevaraistisch. Der Guerillakrieg, bisher hauptsächlich in den Bergen und ländlichen Gebieten der Dritten Welt ausgetragen, soll nun in die städtischen Metropolen verpflanzt werden.

Die politische Struktur der Systeme in China und Kuba unterscheidet sich von denen in Rußland und Osteuropa nur graduell. Darüber dürfen die ideologischen Gegensätze nicht hinwegtäuschen. Ausgerechnet der Terrorismus könnte zum Bindeglied zwischen dem neuen und dem traditionellen Kommunismus werden. Obwohl die Ideologen des letzteren zum bürgerlich-demokratischen Schlips gegriffen haben, sind sie durch die leninistische Tradition untergründig mit dem militanten Kommuno-Nihilismus verbunden, auch mit dessen extremistischem Flügel. Im übrigen hat selbst Herbert Marcuse zu einem Bündnis mit der alten Linken aufgerufen. Für diese ist aber Macht längst zum Selbstzweck geworden, wodurch sie zu einem Vehikel des Nihilismus wurde.

Jedoch nimmt *jede* Partei, die ihre Macht nicht wieder abgeben will, einen nihilistischen Zug an. Das gilt auch für Demokraten. Ohne gesellschaftlichen Humus kann die Demokratie sogar insgesamt nihilistisch werden, falls sie der Staatsvergottung verfällt. Hier würde sich ein institutionell als Opposition legalisierter Anarchismus womöglich als wirksamstes Korrektiv erweisen, *falls* er ein überzeugendes Bekenntnis zum Prinzip der Gewaltlosigkeit ablegt. Politische Kultur ist durch industrielle Zivilisation nicht zu ersetzen, ebensowenig wie gute Tischmanieren durch ein WC. Wir haben zuviel Zivilisation und zuwenig Kultur.

Das empfindet die junge Generation am schmerzlichsten. Neu an ihrer Protesthaltung ist die Kritik der ,,Konsumgesellschaft". Frühere Revolutionäre empörten sich über die Armut, die heutigen rebellieren gegen den Überfluß, weil er in ihren Augen das menschliche Leben korrumpiert und denaturiert. Hierbei sollte man bedenken, was der später ermordete amerikanische Justizminister Robert Kennedy einmal über die amerikanische Jugend sagte: „Sie hatte alles außer einer einzigen Sache – und diese Sache ist das Wesentliche." In der Tat: Wo das Leben seinen Sinn verliert, sind alle käuflichen Güter letzten Endes nur ein schaler Ersatz. Wenn wir keine neue Kultur schaffen, in der authentisches Leben etwas gilt, wird sich der Sumpf des Nihilismus, aus dem die bösen Blumen des Terrors sprießen und schießen, niemals trockenlegen lassen.

Der Terror wächst jedoch auch aus der Enttäuschung über den Materialismus und den Intellektualismus, welche gleichsam die beiden Flügeladjutanten des Nihilismus sind. Er kennzeichnet die tiefe Krise der bürgerlichen Gesellschaft, welche für die kommunistischen Systeme noch verhängnisvoller als für die westlichen Demokratien sein kann. Die Grundlage der kommunistischen Diktaturen ist nämlich materialistisch, ihr Überbau hingegen intellektualistisch – unvergleichlich mehr als im Westen, wo sich andere Anschauungen und Haltungen frei entfalten können.

Unter den Terroristen befinden sich ungewöhnlich viele Mädchen und junge Frauen. Was kann dies bedeuten? Das weibliche Geschlecht hat größere Kraftreserven als der Mann, dessen Potenzen einem jahrtausendelangen Verschleiß ausgesetzt waren und nun weitgehend verbraucht sind. Frauen können die ungeheuren Belastungen des Untergrunds eher und länger ertragen. Wenn sie einmal aufbrechen, sind sie auch entschlossener, „bis zum Tod zu kämpfen" – eine Losung, die von Ulrike Meinhof stammt. Dahinter steht keine Todessehnsucht, wie man manchmal leichtfertig unterstellt. Bevor Frauen, die gewöhnlich wenig von Politik halten, sich vehement in die Politik stürzen, muß die Gesellschaft in eine Unruhe geraten sein, die dem intellektuellen Mann oft entgeht.

Nur in kulturellen Umbrüchen, welche tief unter die politische Haut gehen, treten Frauen so entschieden und geballt auf. Diesmal ist der kulturelle Umbruch mit einer „Achsenverlagerung" vom Männlichen zum Weiblichen verknüpft, die sich bei den terroristischen Mädchen freilich negativ ausdrückt[9]. Gleichwohl ergreifen auch sie die Initiative im Strom jener weltweiten Umpolung, welche bereits in allen Bereichen beobachtet werden kann.

Wurzeln des Terrors

Wer die unter dem Titel „Wie alles anfing" erschienenen Erinnerungen des deutschen Untergrundisten Michael Baumann liest,
wird sich künftig vor Pauschalurteilen hüten. Gewöhnlich spalten
sich die terroristischen Gruppen nach einiger Zeit in *zwei* Fraktio-
nen auf. Eine Fraktion besteht aus abgebrühten Typen, denen das
Opfer ihrer Taten nicht mehr als eine Laus gilt, während die andere
vor dieser Brutalität erschrickt und zu den Ausgangsimpulsen zu-
rückstrebt. Baumann schrieb aus eigener Anschauung über die
Westberliner Tupamaros:
„Diese ganzen Zärtlichkeitssachen, die innerhalb der Kommunen
erlebt worden waren, eine neue Sensibilität, die ist innerhalb dieser
Bombenlegergruppe nicht mehr durchgekommen. Ist dann zugunsten von sie einem rigiden Aktionismus kaputtgemacht worden."
Baumann konnte erst wieder „lieben und normal leben", nachdem
er sich von den abgebrühten Typen getrennt und sie über die Zeitschrift „Spiegel" aufgerufen hatte, ihre Knarren wegzuwerfen.
Sein Buch deckt fünf Wurzeln des Terrors in der Bundesrepublik
auf:
1. Rache für den Tod des Studenten Benno Ohnesorg (1967) und
   für das Attentat auf Rudi Dutschke (1968): „Jetzt zuhauen,
   kein Pardon mehr geben!".
2. Überlaufende Aggressionsstauseen in einer Gesellschaft, die
   langweilig und streßhaft zugleich ist (Baumann zerstach zunächst mit einem Stilett die Reifen von 100 PKWs).
3. Verlust der personalen Identität und hochgradige soziale Entfremdung.
4. Angst vor der Freiheit, die eher als Last denn als Chance erscheint und gleichsam abgestoßen wird.
5. Furcht vor der Liebe infolge vereister Gefühle, welche jedoch
   auftaubar bleiben.
Baumanns Buch zeigt, wie falsch es ist, die Terroristen summarisch
zu beurteilen und lediglich als Polizeiobjekte zu behandeln.
In Deutschland kommt noch das irrationale Moment eines politisch gespaltenen Volkes und Landes hinzu. Dadurch ist ein zu-
sätzlicher Unruheherd gegeben, der angesichts des Status quo zwischen den beiden deutschen Staaten zu extremen Ausbrüchen

neigt. In der DDR gibt es zwar noch keine Terroristen (vorerst nur vereinzelte Fälle gewaltsam-demonstrativer Zerstörung von Sachen), doch sind immerhin schon mehrere Selbstverbrennungen bekannt geworden. Irgendwie hängt das untergründig zusammen. Das deutsche Volk hat seine politische Identität verloren, wodurch auch die personale Identität der einzelnen Deutschen gefährdet ist. Beide Faktoren können sehr verschiedenartige, sogar gegensätzliche Ausdrucksformen finden: der gemeinsame Nenner ist Gewaltsamkeit gegen andere oder sich selbst. Hier könnte einer der Gründe dafür liegen, weshalb die aggressivsten Terroristen Europas deutscher Nationalität sind.

Im Weltmaßstab ist es freilich eher umgekehrt. Viele Völker entwachsen ihrer nationalen Identität. Die Wurzeln des Nationalstaats verfaulen. Er wird gleichzeitig von regionalistisch-autonomistischen Bewegungen und internationalistischen Strömungen aufgesprengt. Viele Terroristen helfen auf ihre Art nach. Die Völker wachsen zusammen, doch der Nationalstaat trennt sie wieder voneinander. Solange die entstehende Menschheit keine andere Organisationsform findet, wird das Interregnun andauern. Auch aus den verfaulenden Wurzeln des Nationalstaats steigt der Terror empor.

Es besteht allerdings die Gefahr, daß der sich ankündigende Kontinentalstaat rassistische und totalitäre Züge haben wird. Der Nihilismus ist untrennbar mit allen Erscheinungsformen des Totalitarismus verknüpft. Wenn Anarchismus die totale Ablehnung des Staates bedeutet, so bejaht der Nihilismus hingegen den totalen Staat – jenseits der regionalen Kulturen und nationalen Traditionen. Er ist, anders als der Anarchismus, notwendig kultur- und traditionsfeindlich. Aber im Unterschied zum russischen Nihilismus kann der heutige keine eigenständige Bewegung mehr sein. Seine Schwäche liegt auch in seiner Amoral, im Zynismus und in der Kloakensprache. Das sind Zeichen des Niedergangs, während der russische Nihilismus eine aufsteigende Kraft war.

Anarchie und Nihilismus sind die beiden permanenten Gefahren – in gewisser Hinsicht auch Versuchungen – der Demokratie. Ihrer ganzen Natur nach bringt sie ständig Anarchisten und Nihilisten hervor, letztere sowohl als Ingenieure der Macht wie auch als Techniker des Terrors. Beide entspringen ihren letzten Konse-

quenzen. Der Terrorismus ist das Scharnier zwischen Transzen-
denz- und Sozialreligionen. Er kann auch das Scharnier zwischen
Anarchie und Nihilismus sein.

Wir alle – Humanisten und Terroristen zugleich

In der Türkei schwärmen die Kampfgruppen der „grauen Wölfe"
umher. Sind sie auf der Jagd nach Terroristen oder selbst terroristisch? Man weiß es nicht. Fällt die Grenze zwischen Tätern und
Opfern? Wird die ganze Menschheit zum Wolf, der sich mangels
Schafen selbst auffressen und Stück um Stück verschlingen muß?
Es gibt auch eine andere Möglichkeit: daß der Wolf zum Menschen
wird, wenn man das in ihm verborgene Menschliche reaktiviert.
Seit den sechziger Jahren gibt es einen Sprung in der zivilisatori-
schen Entwicklung – sowohl Regression als auch Mutation sind
nunmehr möglich. Der Terrorismus bedeutet Regression, einen
Rückfall in die infantile Gewaltsamkeit des Trotzes. Aus der
Neuen Linken, welche ihn hervorbrachte, entwickeln sich aber
auch mutative Kräfte, deren Ausweis und Reifezeugnis das Prinzip
der Gewaltfreiheit ist. Nur mittels *dieses* Prinzips kann die Doppel-
kette von innenpolitischem Terror und außenpolitischer Kriegs-
politik zerrissen werden.
Noch befinden wir uns im Interregnum. In solcher Zeit kommt es
darauf an, den Wert des Lebens neu zu erkennen. *Memento vivere!*
Nur Bejahung überwindet die Verneinung, welche Nihilismus und
Terrorismus speist. Das Positive ist letzten Endes immer stärker
als das Negative, weil in eine unsichtbare Harmonie eingegliedert,
welche zwar von Menschen gestört, aber niemals zerstört werden
kann Deshalb brechen alle totalitären Kräfte, obwohl sie zunächst
unüberwindbar erscheinen, früher oder später zusammen. Das
Totalitäre ist disharmonisch und kann daher nur zeitweilig die
Oberhand gewinnen. Auch diesmal wird seine Stunde eher
schlagen, als viele zu hoffen wagen.

Anmerkungen

[1] Vgl. INITIATIVE 19 (Adieu, ihr Städte! Die Sehnsucht nach einer wohnlicheren Welt). Freiburg i. Br. 1977 (mit Beiträgen von Günter Bartsch, Dominik Jost, Susanne Schaup, Ilmar Tammelo u. a.).

[2] Vgl. Dieter Arendt (Hrsg.): Nihilismus. Die Anfänge: Von Jacobi bis Nietzsche. Köln 1970.

[3] Vgl. Ernst Niekisch: Das Reich der niederen Dämonen. Hamburg 1953; Friedrich Kabermann: Widerstand und Entscheidung eines Revolutionärs. Leben und Denken von Ernst Niekisch. Köln 1973.

[4] Vgl. Hermann Rauschning: Die Revolution des Nihilismus. Kulisse und Wirklichkeit im Dritten Reich. Neu herausgegeben von Golo Mann. Zürich 1964.

[5] Norman Cohn: Das Ringen um das Tausendjährige Reich. Revolutionärer Messianismus im Mittelalter und sein Fortleben in den modernen totalitären Bewegungen. Bern – München 1961.

[6] J. L. Talmon: Die Ursprünge der totalitären Demokratie. Köln – Opladen 1961.

[7] Vgl. INITIATIVE 7 (Der überforderte schwache Staat. Sind wir noch regierbar?) Freiburg i. Br. 1975 (mit Beiträgen von Gottfried Eisermann, Bernd Guggenberger, Helmut Kuhn, Heinzgeorg Neumann u. a.).

[8] Vgl. INITIATIVE 16 (Kapitulation des Bürgers. Vom Nutzen und Nachteil der versorgten Gesellschaft). Freiburg i. Br. 1977 (mit Beiträgen von Walter Hildebrandt, Emil Küng, Johannes Messner, Heinz-Dietrich Ortlieb, Rudolf Schottlaender u. a.).

[9] Vgl. dazu Günter Bartsch: Achsenverlagerung. Von den Suffragetten zum Öko-Feminismus. In: INITIATIVE 23 (Verweiblichung als Schicksal? Verwirrung im Rollenspiel der Geschlechter). Freiburg i. Br. 1978.

Wenn sich die Sozietät des Rechtes begibt, die Todesstrafe zu verfügen, so tritt die Selbsthülfe unmittelbar wieder hervor, die Blutrache klopft an die Türe.

Goethe: Wilhelm Meisters Wanderjahre.
Aus Makariens Archiv.

Der Kannibalismus der Konterrevolution selbst (wird) die Völker überzeugen, daß es nur ein Mittel gibt, die mörderischen Todeswehen der alten Gesellschaft abzukürzen, zu vereinfachen, zu konzentrieren, nur ein Mittel – den revolutionären Terrorismus.

Karl Marx in der „Neuen Rheinischen Zeitung", 1848.

HANS F. GEYER

Terrorismus und sozio-ökonomische Apokalypse

Ernst Blochs „Prinzip Hoffnung" ist wenigstens in einer Hinsicht überzeugend: Die marxistische Säkularisierung religiöser Inhalte wird nicht nur „bewiesen" – wozu kaum mehr Anlaß besteht –, sondern vor allem höchst eindrucksvoll illustriert. Bloch überfällt uns in seiner Kulturgeschichte der Utopie mit einer wahren Bilderpracht der Verheißungen von Vergangenheit, Gegenwart und Zukunft.

Die Apokalypse

Am apokalyptischen Inhalt dieser Verheißungen läßt Bloch keinen Zweifel. Mit offenbarem Wohlgefallen zitiert er mehrere Male[1] 1 Kor. 2,9 des Paulus: „Das kein Auge gesehen hat und kein Ohr gehört hat und in keines Menschen Herz gekommen ist, das hat Gott denen bereitet, die ihn lieben." Und genauso wird uns die „Klassenlose Gesellschaft" überraschen. Bloch läßt gänzlich außer acht die verhängnisvollen religionsphilosophischen, politologischen und gesellschaftlichen Veränderungen, welche die Säkularisierung religiöser Inhalte unweigerlich mit sich bringen muß. Man hat es seinerzeit Fichte vorgeworfen, daß er nicht reinlich genug

unterschied zwischen seinem „empirischen Ich" und dem göttlichen „überempirischen Ich", daß er also gerne als „Mundstück
Gottes" auftrat. Ernst Bloch, dem ausdauernden Trompeter von
Jericho vor der Zitadelle des Kapitals (noch fällt sie nicht), könnte
man einen ähnlichen Vorwurf machen. Er weiß nicht, sowenig wie
es Marx wußte, was er philosophisch anrichtet. Um es mit einem
Wort zu sagen: Er setzt den Menschen auf den Thron Gottes. Er
instituiert den Menschen zum Weltrichter des Weltgerichts über
die menschliche Geschichte. Dafür hat ein Philosoph der französischen „Neuen Philosophie" aus Nanterre, André Glucksmann, ein
feines Gespür. Er spricht, im Anschluß an das cartesianische
„Cogito, ergo sum" (Ich denke, also bin ich), von der „ontotheolo-
gischen" Beweisführung, die der Marxismus in der Fortführung der
Philosophie des Deutschen Idealismus von Fichte bis Hegel entwickelt hat[2]. Dialektisch wird nicht nur bewiesen, daß ich bin, sondern auch daß ich denke, und zwar aus meiner *Existenz* heraus.
„Folglich" muß auch *existieren,* was ich denke. „Bewiesen" wird
nicht nur das bloße Sein, sondern das überhöhte, das theologische
Sein, also das göttliche. „Eritis sicut Deus" (Ihr werdet sein wie
Gott) – eine Bibelstelle, die den Beifall Blochs findet.
Aber da *ich* nun einmal weiß, daß es so ist, höchst göttlicherweise
so ist, werde ich dann noch das geringste Recht haben, mich um
Meinungen zu kümmern, die nicht mit der meinigen übereinstim-
men? Was fange ich dann noch an mit der politischen Kultur Euro-
pas, die einzigartige dieses einzigartigen Erdteils, die kein anderer
Kontinent entwickeln konnte, die zweieinhalb Jahrtausende umfaßt, die zurückgeht auf die athenische Demokratie, auf den Senat
des alten Rom, eine Tradition, die noch im Mittelalter fortgeführt
wird mit der Magna Charta (Budgetrecht), sich fortsetzt in der
Neuzeit mit der Bill of Rights (Gewaltentrennung) und der
Habeas-corpus-Akte (Schutz gegen willkürliche Verhaftung zur
„Stunde des Milchmanns"). Gibt es da noch eine politische Verantwortung des Bürgers? Macht die Apokalypse sie nicht überflüs-
sig? Muß sie nicht von der Apokalypse erdrückt werden? Brauche
ich mich noch darum zu kümmern, was DU denkst, wenn ICH die
Wahrheit besitze? Und zwar die entscheidende, die letzte, die
eschatologische … Ja, kann Dein Leben noch heilig sein, wenn Du
nicht in meinen heiligen Gesang einstimmst? Wenn nur Du zwi-

schen mir und der Apokalypse stehst, habe ich dann nicht nur das Recht, sondern geradezu die Pflicht, Dich zu vernichten? Natürlich sagt Bloch nichts dergleichen. Aber es finden sich vielsagende Stellen in „Prinzip Hoffnung", etwa das, was er mit unverhohlener Begeisterung über den fanatischen Mohammedanismus sagt, über dessen phantastische „Krieger des rechten Glaubens": „Wo nur eine einzige Fahne die rechte ist, hört das Wählen auf. (Das könnte man durchaus auch politisch verstehen; H. F. G.) Der eifernde Stifter setzt das Seine hart, ohne Schwanken, kann nicht anders. Kennt nur Bekenner und Ungläubige, Laues wird ausgespien aus seinem Munde. Ausschließendes, Unduldsames im besten Sinn: es kommt alles von Moses her, es gibt nur El, das Ziel. Die anderen Götter sind Nichtse, der Kraft und dem Wer nach, auch wenn noch nicht geleugnet wird, daß sie sind. Sie sollen aber nicht sein und sicher nicht neben dem Gott, der aus Aegypten führt..."[3] Der Gott, der aus Ägypten führt... Und wir kennen auch das „Gelobte Land". Da zeigt sich deutlich genug die erdrückende, auch politisch zu verstehende und zu wertende Macht der Apokalypse, die nur den *einen* Weg offenläßt, nämlich, um mit André Glucksmann zu reden, die ontotheologische (polit-theokratische) Diktatur. Ist es ein Aufstand gegen Europa? Der Aufstand eines säkularisierten Priesterstaates asiatischer Prägung?

Das Prinzip Inquisition

Es ist engstens mit dem „Prinzip Hoffnung" verknüpft, also mit der Apokalypse. Der Inquisition des Mittelalters ging es um das Seelenheil der Gläubigen, um ihre künftige „Apokalypse" im Paradies. All das Glück und das Unglück, das der Mensch in dieser Welt erleben kann, hält keinen Vergleich aus mit dem verheißenen Glück und dem drohenden Unglück im Jenseits. Paradies oder Hölle? In diesem Zusammenhang erscheinen die Foltermethoden der Inquisition geradezu als „läßlich". War es nicht richtig, dem vergänglichen Körper des Menschen die gräßlichsten Schmerzen zuzufügen, wenn das Seelenheil im Jenseits, will sagen eine Ewigkeit von Schmerz und eine Ewigkeit von Lust, auf dem Spiele stehen? Da handelt es sich um eine durchaus ernst zu nehmende Perversion des „Mitleidsdenkens". Sie spielt auch eine Rolle in der Art von Gesellschaft, die sich die Apokalypse zum Ziel gesetzt hat. Das Mitleid gilt natürlich allen Volksgenossen, es gilt nicht zuletzt auch dem Schuldigen selbst. Die letzte Strafwürdigkeit des Schuldigen ergibt sich aus der Extravaganz der Zielsetzung. Was durch die Schuld des Angeklagten verhindert werden könnte, ist das Äußerste. Folglich empfiehlt sich die Anwendung äußerster Mittel, um das „menschliche Hindernis" aus dem Weg zu räumen. Die Folge ist der Terror. Das Regime der Apokalypse ist aber auch das Regime des Verdachts. Der Zusammenhang liegt auf der Hand. Wenn derartige Strafen drohen, so verstellen sich die Schuldigen, mehr noch als sie es sonst tun würden. Keine List, keine Mühe wird gescheut, um nach außen als das zu erscheinen, was man nicht ist oder im Auge der allmächtigen Partei nicht ist, nämlich ein braver Genosse. Schon während der Französischen Revolution ging in den Straßen von Paris – und nicht nur dort – der „rasende Verdacht" um. Oft genug entscheidet der Verdacht schon über die Schuld, denn es gibt Mittel, um Geständnisse zu erpressen. Wie wird die politische Inquisition möglich, ja notwendig? Durch den von der Zielsetzung, also von der Apokalypse, erzwungenen permanenten Notstand. Der Notstand hebt das politische Individuum auf, er macht die Bürger zur form- und knetbaren Masse. Er erzwingt die Abschaffung der Gewaltentrennung, die Aufhebung der politischen, juristischen und administrativen Rechte des Bürgers. Vor dem Gorgonenantlitz der Apokalypse erstarrt der Bürger, aber nur um sehr bald wieder in die „fließende Bewegung" zu geraten, wie sie auch in dem merkwürdigen politischen Begriff „Liquidierung" sich ausdrückt: er wird zum willigen Instrument der Partei, zum Apparatschik. Furcht und Angst helfen mit, aber auch der Fanatismus. Ja, und auch der Fanatismus der Freiheit. Denn gerade darauf beruht doch die Wirksamkeit des Schreck- und Wunderbildes der Apokalypse: die äußerste Disziplin soll die Anarchie, der alle Grenzen transzendierende, der „explodierende Staat" soll das alle Grenzen transzendierende, das „explodierende Individuum" hervorbringen. Das ist krassester Wunderglaube. Aber auf ihm beruht die geschichtliche Wirkung des Marxismus sehr viel eher noch als auf mehr „rationalen" Überlegungen. Man nimmt dem Mitmenschen die Freiheit, man verdächtigt, foltert, verurteilt ihn um der *kommenden* Freiheit willen – der eschatologischen.

Terroristen, Sympathisanten und das Denken

Paul Valéry meint einmal, daß der „Leser", wie er sich ihn vorstellt, ganz verschwinden könnte. Ein Leser, der beispielsweise Marcel Proust lesen und verstehen kann und an der Lektüre Gefallen findet. Wie steht es mit der philosophischen Lektüre unserer Tage? Insbesondere mit der Marxlektüre? Auch Marx ist ein recht schwieriger Autor. Wer versteht sich heute darauf, ihn zu lesen? Vor allem auch, wie er gelesen werden sollte, nämlich *kritisch?* Ich glaube, daß gerade an diesem Punkt unsere Reflexion über „Terroristen, Sympathisanten und das Denken" einsetzen sollte. Beschäftigen wir uns zuerst einmal mit dem Problem des Verhältnisses von Sympathisanten und Terroristen. So einfach ist es nicht. So einfach ist es nicht, wie es sich die Leute von „links" vorstellen. So einfach ist es nicht, wie es sich die Leute von „rechts" vorstellen. Sind denn die Terroristen nur Opfer des „Einflusses"? Philosophieren sie nur mit der Maschinenpistole? Nein. Bevor sie, um mit Nietzsche zu reden, „mit dem Hammer" philosophierten, haben sie philosophiert. Sie haben gedacht. Und sie denken. Was sie denken, ist verhängnisvoll. Es ist grauenhaft. Aber es *sind* Gedanken. Die Terroristen sind denkende Menschen. Und nicht unmündige Kinder. Damit kommen wir zurück auf den gar nicht akademischen, mit dem Hammer philosophierenden, den philosophischen Leser. Und die *Art* seines Lesens. Ich meine, es gibt da zwei Kategorien von Opfern, von Opfern der Philosophie, nämlich die Sympathisanten und die Terroristen. Wer möchte es den Böll, Grass, Frisch, Rinser vorwerfen, daß sie philosophisch nicht zu lesen verstehen? *Kritisch* zu lesen verstehen? Wer möchte es den Terroristen vorwerfen? Ich nicht. Die Verantwortung dafür liegt woanders. In der ganzen Diskussion über die Sympathisanten und Terroristen wird der spiritus rector, Karl Marx, in der Ecke stehengelassen. Ist denn Marx ein „Eckensteher"? Er, der auf Politik und Ökonomie einen Einfluß ausgeübt hat wie kein Philosoph vor ihm? Und dessen geistige Herrschaft in der zweiten Hälfte unseres Jahrhunderts einen absoluten Höhepunkt erreicht hat? (Von jetzt an kann sie nur noch zurückgehen. Und sie *wird* zurückgehen.) Natürlich können die Marx-Bände, die, nach dem Zeugnis Sartres, lange genug in den Bibliotheken verstaubten, nicht *allein* ein Klima des Terrorismus schaffen. Dazu braucht es lebende Gehirne, die mitteilen, interpretieren, aktualisieren. Sie fehlen nicht an den Universitäten. Sie fehlen nicht in der Literatur. Aber diese Überlegung berechtigt nicht, an der „Phänomenologie" der Philosophie Marxens vorbeizugehen *und* an der Phänomenologie von deren „großer Interpretation", die weiter zurückgeht und tiefere Wurzeln hat. Das „Kapital" predigt nicht den Terror. Aber es verbietet ihn auch nicht. Dasselbe gilt für die Frühschriften Marxens. Warum empfiehlt der große Schriftgelehrte, der dezidierte Marx-Jünger, nämlich Lenin, so lebhaft den Terror als politisches Mittel? Er wußte sehr genau, daß *dagegen* Marx nicht zitiert werden kann. In Tat und Wahrheit verhält es sich eben so, daß die Ablehnung des *politischen* Staates durch Marx, dessen Degradation zum „national-ökonomischen Staat" oder, wenn man so will, zum „römischen Hausvaterprinzip", zum Paterfamilias, die *Kontrolle* des Menschen über den Menschen aufhebt und damit dem Terror Tür und Tor öffnet. Diese Ablehnung der politischen Sicherungen als bloß „bürgerliche", „formale" Freiheit hat den Menschen der Bestie im Menschen ausgeliefert, die eine Chance bekommt in *jedem* Willkürregime, sei es nun „links" oder „rechts" angesiedelt. *Da* hätte die Marxkritik, die Kritik des erleuchteten Lesers, einsetzen sollen. Sie tat es nicht. Und *da* liegt auch die philosophische Verantwortung weit hinter und unter dem Zeitgeschehen.

Die philosophische Verantwortung – der Neomarxismus

Für Marx gibt es einige Entschuldigungsgründe. Ein anderes ist es, eine Theorie aufzustellen; ein anderes, aus dem *Ergebnis* der geschichtlichen Anwendung dieser Theorie zu lernen. Marx war dazu nicht mehr in der Lage. Aber *andere* hätten es tun können – die Neomarxisten. Sie hatten das historische Experiment der russischen Revolution vor Augen. Haben sie daraus gelernt? Mitnichten. Sie haben vor allem die notwendige *politische* Lehre daraus

nicht gezogen, eine politische Lehre, die nun halbherzig, unter dem
Druck des Stimmvolkes, von den „Eurokommunisten" akzeptiert
wird. Von der „eurokommunistischen Wendung" ist schon deshalb
nicht viel zu erwarten, weil das theoretische Fundament durchaus
fehlt. Das Büchlein von Herrn Carillo ist kein Ersatz dafür. Man
laviert. In der Hoffnung auf „bessere Zeiten". Von Lukács, Horkheimer, Adorno, Bloch, Herbert Marcuse, Jean-Paul Sartre
stammt, mit unterschiedlichem Stellenwert, die bis in die Überzeugung der Terroristen hinein wirksame Optik marxistischer Interpretation, marxistischer „Lesarten", von den Neomarxisten also,
nicht von den „Gefolgsleuten" Böll, Grass, Rinser, und wie sie heißen mögen. Auf *jenen* lastet die philosophische Verantwortung.
Die „philosophische Verantwortung"? Kein Philosoph denkt in
den „leeren Raum" hinein. Seine Gedanken haben Folgen, die er
bedenken sollte. Und in diesem Falle insbesondere: menschliche
Folgen, politische Folgen. Zwei Hauptvorwürfe wären angesichts
der Folgen philosophischen Denkens und Tuns gegen den Neomarxismus zu richten, gegen dessen Art und Weise, Marx zu „lesen": Der Neomarxismus hat nicht bedacht den Mangel an politischer Theorie Marxens, er hat nicht erkannt dessen falsche, ja
dessen katastrophale, katastrophenträchtige Anthropologie. Die
beiden Vorwürfe hängen eng zusammen. Der marxistische Humanismus: Alles für den Menschen, alles durch den Menschen! Die
Parole hört sich gut an. Aber wie sieht sie in der *Praxis* aus? Welches sind ihre Kriterien? Welches sind ihre politischen, welches
ihre glaubensmäßigen Voraussetzungen? Wie verhält sich der
marxistische Glaube zum *anderen Menschen,* insbesondere zu *dem*
anderen Menschen, der diesen Glauben nicht teilt? Eine entscheidende Überlegung sowohl politischer wie auch anthropologischer
Art. Nichts leichter, als eine vollkommene politische, gesellschaftliche und anthropologische Harmonie in die Zukunft zu projizieren. Bloch schwärmt davon und darüber in den anderthalbtausend
Seiten seines „Prinzip Hoffnung". Aber über das, was *wirklich* geschieht, über das Unmenschliche, das dem Menschen angetan wird,
entscheidet nicht eine ferne Zukunft, darüber entscheiden Politik,
Ökonomie und Anthropologie der *Gegenwart.* Anthropologische
Gegenwart? Darunter verstehe ich das Verhältnis des ICH zum
DU, das sehr stark beeinflußt werden kann durch transzendierende

Vorstellungen einer „idealen Zukunft", über die Ich verfüge und Du nicht. Wenn aber Du mich nicht verstehen kannst oder willst, so muß Ich Dich Mores lehren. Wenn Du meine „Zukunft" nicht annimmst, so bleue Ich sie Dir ein. Diese Versuchung liegt mindestens recht nahe in einem Staat, in welchem die „chiliastisch" bestimmte Partei über alle Machtmittel verfügt. Ernst Bloch, sicherlich nicht der intelligenteste und subtilste (für mich ist es Adorno), wohl aber der herrlich naivste unter den Neomarxisten, macht geradezu überdeutlich, was gemeint ist, wenn er sagt: „Das Wunderbare ist der Lichtblick des Subjekts als des Objekts, neben dem kein entfremdetes mehr existiert und worin Subjekt wie Objekt gleichzeitig aufgehört haben, getrennt zu sein. Das Subjekt hat mit seiner wahrsten Eigenschaft aufgehört: dem Desiderium; das Objekt mit seiner unwahrsten Eigenschaft aufgehört: der Entfremdung."[4] Was Bloch imaginiert, ist nicht nur eine geschichtliche, es ist vor allem auch eine naturgeschichtliche Revolution, genauer: eine „Revolution der Zellwände". Wie „wunderbar"! Denn die Evolution des Lebens beginnt mit der ersten Zelle, also mit der Scheidung von Zellinnen und Zellaußen durch die Zellmembran. Diesseits der Membran ist die „Ordnung" des Organischen, jenseits der Membran – vom Standpunkt der Zelle aus gesehen – das Chaos der Außenwelt. Aber das „Natursubjekt", das, nach Bloch, dem Menschen auf „halbem" Wege entgegenkommt, wird das Verhältnis Innenwelt–Außenwelt fundamental verändern, es wird *dieselbe* Ordnung herrschen diesseits wie jenseits der Zellmembran, im Organismus und in der Welt. In einer verzweifelten „Identitätsphilosophie" wird der Gegensatz von Subjekt und Objekt aufgehoben. Dieses Denken ist romantisch. Es beruft sich ganz offen auf romantische Ursprünge (Paracelsus, Böhme, Baader, Schelling), trotzdem entfernt es sich weniger weit von Marx, als es Alfred Schmidt[5] gerne haben möchte. Bloch denkt den marxistischen Inhalt weiter und fort im Lichte der tausendjährigen Reihe chiliastischer Utopien, die er, wie kein anderer vor ihm, erforscht und analysiert hat. Wir aber kommen zu dem Schluß, daß eine ernst zu nehmende europäische Politik nicht beruhen kann auf einem fanatisch verfolgten chiliastischen Fernziel, das in der Gegenwart Schrecken, Terror und Unterdrückung verbreitet mit einer Anthropologie der Apokalypse.

Anmerkungen

[1] Ernst Bloch: Das Prinzip Hoffnung. Frankfurt a.M. 1959, z.B. S. 1547.
[2] André Glucksmann: Les maîtres penseurs. Paris 1977. Dieser gedankliche Zusammenhang wird ausgeführt im Kapitel „Pourquoi nous sommes si métaphysiques", S. 189–224.
[3] Das Prinzip Hoffnung, S. 1504–05.
[4] Das Prinzip Hoffnung, S. 1549.
[5] Alfred Schmidt: Der Begriff der Natur in der Lehre von Marx. Frankfurt a.M., 1962, insbesondere S. 163.

Wir sind rücksichtslos, wir verlangen keine Rücksicht von euch, wenn die Reihe an uns kommt, wir werden den Terrorismus nicht beschönigen.

Karl Marx in der „Neuen Rheinischen Zeitung", 1849.

Weit entfernt, den sogenannten Exzessen, den Exempeln der Volksrache an verhaßten Individuen oder öffentlichen Gebäuden, an die sich gehässige Erinnerungen knüpfen, entgegenzutreten, muß man diese Exempel nicht nur dulden, sondern ihre Leitung selbst in die Hand nehmen.

Karl Marx und Friedrich Engels, 1850.

Da führt es uns in die Irre – es muß uns in die Irre führen –, wenn man meint, man könne die Wurzeln für die politische Kriminalität, den Terrorismus in dem finden, was einige Marxismus, Kommunismus nennen.

Willy Brandt, Vorsitzender der SPD,
im Süddeutschen Rundfunk, 9. Oktober 1977.

Dokumentation

WALTER LAQUEUR

Die nukleare Erpressung

Die häufige Beschwörung des „ständig zunehmenden Terrorismus", die nicht nur in der populären Literatur zu finden ist, beruht nicht auf Tatsachen und Statistiken. Wenn dieser falsche Eindruck vorherrschend ist, so liegt das an dem dramatischen Charakter und der enormen Publizität individueller terroristischer Aktionen und an der wahllosen Verwendung des Wortes „Terrorist". Zahlreiche Arten politischer Gewaltanwendung von der Repression von seiten der Regierung bis zum Bürgerkrieg und ländlichen Guerillakampf werden wahllos unter der Überschrift „Terrorismus" in verschiedenen Forschungsprogrammen und Statistiken behandelt, als wenn Terrorismus ein Synonym für politische Gewalt im allgemeinen wäre.

Alle Statistiken über Terrorismus sind verdächtig – zum Teil gibt es wirklich Schwierigkeiten der Definition; es ist auch nicht immer leicht festzulegen, ob zum Beispiel eine Flugzeugentführung oder eine Geiselnahme politisch motiviert war oder nicht. Zweilen wird der Begriff Terrorismus in so vagem Kontext verwendet, daß Vergleiche praktisch bedeutungslos sind. So wird zum Beispiel häufig behauptet, daß zwischen 1968 und 1976 vier Botschafter der Vereinigten Staaten „durch terroristische Aktion" getötet wurden, während in Wirklichkeit die Botschafter im Libanon und auf Zypern in einem Bürgerkrieg umkamen, was natürlich nicht genau dasselbe ist. Wie eine RAND-Studie von 63 schwerwiegenden Entführungen in den Jahren zwischen 1968 und 1974 ergab, war in 87% der Fälle der Erfolg

der Geiselnahme wahrscheinlich und bestand eine 79%ige Chance, daß
die Mitglieder der terroristischen Gruppe straffrei ausgingen. Diese Zahlen
mögen in einem Teil der Welt zu einem bestimmten Zeitpunkt einen gewissen Trend zuverlässig wiedergeben, im Hinblick auf eine andere Epoche
und andere Teile der Erde sind sie aber recht irreführend.

Zweifellos hat es zahlreiche politische Unruhen in vielen Teilen der Welt
gegeben, und es gibt keinen Grund zu der Annahme, daß es in den kommenden Jahren weniger Staatsstreiche, Aufstände, Bürgerkriege oder ört-
liche Auseinandersetzungen geben wird. Obwohl heutzutage Terrorismus
keine globale Bedrohung ist, könnte er sich doch aufgrund technologischer
Entwicklungen zu einer solchen entwickeln.
Der führende amerikanische Physiker Professor Bernard Feld diskutierte
einmal die grauenhaften Konsequenzen des Verschwindens von 10 kg Plutonium aus Regierungsbeständen. Was würde passieren, wenn der Bürgermeister von Boston die Nachricht erhielte, daß eine terroristische Gruppe
eine Atombombe irgendwo im Zentrum von Boston gelegt hätte – begleitet
von einer groben Skizze, die nachweisen würde, daß die Bombe funktions-
fähig ist? Professor Feld sagte, er würde lieber zur Kapitulation raten, als
seine Heimatstadt zerstören zu lassen. Ähnliche Befürchtungen sind seit
fast einem Jahrhundert geäußert worden, allerdings mit einer geringeren
Berechtigung. Als Most und seine anarchistischen Zeitgenossen Dynamit
als die maximale Waffe feierten, als *das* Allheilmittel zur Lösung aller politischen und sozialen Probleme, wurde diese Begeisterung nicht allgemein
geteilt. So schrieb ein britischer Polizeioffizier in den neunziger Jahren des
vorigen Jahrhunderts:
„Mordgesellschaften haben an Zahl und Umfang zugenommen; sie sind
wagemutiger, die moderne Wissenschaft bietet ihnen schrecklichere Waffen, und die Welt wird heute von neuen Kräften bedroht, die, wenn sie
einmal rücksichtslos entfesselt werden, eines Tages eine totale Zerstörung
anrichten können. Die Bomben Orsinis waren Kinderspielzeuge, verglichen mit den letzten Entwicklungen auf dem Gebiet der Höllenmaschinen.
Zwischen 1858 und 1898 hat die gemeine Wissenschaft der Zerstörung
rapide und alarmierende Fortschritte gemacht..." [1]
Die Anwendung von Giftgas im Ersten Weltkrieg ließ die Befürchtung aufkommen, daß Millionen von Menschen in Gasangriffen umkommen würden. Musprath schrieb 1920, mit Hilfe gewisser Chemikalien könnten unbegrenzte Gebiete in kürzester Zeit zerstört werden. Lord Halsbury, der
Chef der Explosivabteilung des britischen Kriegsministeriums war, ver-
kündete 1928 vor dem Oberhaus, daß 40 Tonnen Diphenylcyanarsin (ein
Giftgas der Blaukreuz-Gruppe) ausreichten, um die gesamte Bevölkerung
Londons zu vernichten. Aber die erforderliche Quantität des Giftstoffes
war so groß, daß allgemein angenommen wurde, nur eine moderne Armee
könne mit diesen tödlichen Waffen umgehen. In irischen Extremistenkrei-

---

[1] Major Arthur Griffith: Mysteries of Police and Crime. Bd. 2, London 1898, S. 469.

sen in den Vereinigten Staaten wurde um 1880 von Giftgas gesprochen, was aber zu jenem Zeitpunkt reine Phantasie war. Bakteriologische Kriegführung einschließlich der Vergiftung des Trinkwassersystems wurde zuerst als praktikable Möglichkeit im Ersten Weltkrieg diskutiert. Einem Bericht zufolge hatte man gegen Ende des Krieges „anarchistische Elemente" gedungen, um Cholerabazillen aus einem neutralen Land in eines der kriegführenden Länder einzuschleppen[2]. Das neutrale Land war offensichtlich die Schweiz, und die „anarchistischen Elemente" sollten die Bazillen in Füllfederhaltern nach Rußland schmuggeln. Es besteht Grund zur Annahme, daß dieser Bericht nicht authentisch ist, auch ist es zweifelhaft, ob ein solches Unterfangen durchführbar gewesen wäre. In den zwanziger Jahren wurde diese Gefahr jedoch ernst genommen, und der Völkerbund gründete eine Studienkommission über bakteriologische Kriegführung. Im Jahre 1936 wurde das erste Nervengas (GA-Tabun) in Deutschland synthetisch hergestellt, später wurden noch giftigere Mittel erfunden – Sarin (GB) im Jahre 1938 und Soman 1944; alle wirkten innerhalb von Minuten tödlich. Sie gehören zu den Organophosphaten (OPA), einer Substanz, die schon 1854 entdeckt wurde; damals waren ihre giftigen Eigenschaften allerdings unbekannt. Erhebliche Mengen dieser und anderer Gase wurden von den kriegführenden Parteien im Zweiten Weltkrieg hergestellt, kamen aber nicht zur Anwendung. 1944 wurde in den Vereinigten Staaten ein Zentrum für bakteriologische Kriegführung eingerichtet; ähnliche Institute gab es in anderen Ländern. Bevor noch die erste Kernexplosion stattfand, äußerten Wissenschaftler und Politiker in den Vereinigten Staaten ihre Befürchtungen, daß einige Verrückte oder ausländische Agenten eine Bombe einschmuggeln könnten, wo immer sie wollten – „Zwanzigtausend Tonnen TNT kann man unter der Theke in einem Süßwarenladen verstecken"[3]. Die Möglichkeit einer solchen Bedrohung wird seitdem immer wieder diskutiert und untersucht. In den letzten sieben Jahren hat es 175 Fälle von angedrohter Gewalt gegenüber nuklearen Einrichtungen gegeben; 1973 griff eine Gruppe von ERP-Terroristen ein Kernkraftwerk in der Nähe von Buenos Aires an, das allerdings noch nicht im Betrieb war; 1975 wurde in dem Kernkraftwerk von Fessenheim in Frankreich ein Brand gelegt, angeblich durch die Meinhof-Puig-Antich-Gruppe. Mit der Verbreitung der friedlichen Nuklearindustrie, der Einrichtung von neuen Reaktoren überall in der Welt und der Verbreitung technischer Informationen wächst die Gefahr, daß kompetente Leute genügend Plutonium stehlen, um eine primitive Atombombe zu bauen. Das erforderliche Plutonium könnte entweder während des Transportes oder in Kraftwerken entwendet werden. Auch kann der Diebstahl einer Atombombe oder die Entstehung eines Schwarzmarktes in Plutonium nicht ausgeschlossen werden. Wie streng die Kontrollen auch sein mögen, es wird

---

[2] Norman Angell (Hrsg.): What would be the Character of a New War. New York 1933, S. 388.
[3] Edward Condon, zit. in: Dexter Masters und Katherine Way (Hrsg.), One World or none. New York 1946, S. 40.

angenommen, daß sie nicht hundertprozentig wirksam sind. Verschiedene offizielle und private Untersuchungen ergaben, daß eine genügend entschlossene und fähige Gruppe durch Sabotageakte nicht nur die nuklearen Einrichtungen gefährden könne, sondern auch die in der Umgebung lebende Öffentlichkeit. Eine andere Studie wies darauf hin, daß die Beschaffung spezieller nuklearer Materialien durch eine terroristische Gruppe eine sehr ernst zu nehmende Bedrohung sei[4]. Falls eine solche Gefahr in den Vereinigten Staaten bestünde, gäbe es sie *a fortiori* auch in anderen Ländern, in denen die Überwachung nicht so streng und Terrorismus aktiver sei. In einer weiteren Studie wurde argumentiert, daß INC-(ILLICIT NUCLEAR WEAPON-)Produktion zwar annehmbar und möglich sei, die Erfolgsaussichten jedoch gering seien. Vorausgesetzt, eine ausreichende Menge SNM (Special Nuclear Material) stehe zur Verfügung, bedürfe es der Anstrengung einer recht großen Gruppe über einen längeren Zeitraum hinweg. Die Wahrscheinlichkeit sei gering, daß eine solche Gruppe die Fähigkeit, die Motivation, die Mittel und Gelegenheit habe, das Unternehmen erfolgreich durchzuführen[5]. Der Brennstoff, der Kernkraftwerken geliefert wird, hat Eigenschaften, die eine Umwandlung zu Kernwaffen fast unmöglich machen. Die terroristische Gruppe müßte eine Anzahl von Zentrifugen stehlen, um aus dem niedrig angereicherten oder natürlichen Uran hoch angereichertes Uran herstellen zu können. Die volkstümliche Vorstellung der in einer Garage hergestellten Atombombe, die auf einem Dreirad transportiert wird, gehört im Augenblick noch in den Bereich der Phantasie. Technische Einzelheiten sind nicht allgemein zugänglich; es wird jedoch geschätzt, daß das Gewicht einer wirksamen Waffe mindestens eine, wahrscheinlich sogar zwei Tonnen beträgt. Verschiedene andere Mittel der nuklearen Sabotage sind schon erwähnt worden, etwa die Verwendung von Plutoniumpulver. All diese Möglichkeiten müssen ernst genommen werden, und die Gefahren werden zweifellos in Zukunft noch zunehmen, obwohl das damit verbundene Risiko für die Terroristen enorm ist. Einigen Schätzungen zufolge besteht eine 50%ige Chance, daß man den Diebstahl von nuklearen Materialien mit dem Leben bezahlt, und 30% die Herstellung einer Bombe nicht überleben dürften. Aber terroristische Gruppen, die bereit sind, nukleare Vorrichtungen oder Giftstoffe zu verwenden, können nicht mit rationalen Maßstäben gemessen werden. Hinzu kommt, daß technische Probleme sehr erleichtert werden könnten, wenn die Terroristen sich auf die Hilfe einer freundlichen Regierung stützen könnten, die über Kernreaktoren und Anlagen zur Herstellung von Plutonium oder Uran 235 verfügt. All das kann länger dauern, als die Experten annehmen, aber es besteht kaum ein Zweifel, daß „wenn sich die derzeitigen Trends fortsetzen, es nur eine Frage der Zeit zu sein scheint, bis eine terroristische Organisation die Möglichkeiten der Gewalt

---

[4] Sandia Report. Washington 1976; Mitre Report. McLean (Va.) 1976.
[5] S. J. Berkowitz u. a.: Superviolence (Adcon Report). 1972.

ausnützt, die in Nuklearstoffen liegen"[6]. In der Zwischenzeit könnten gewisse Sicherheitsvorkehrungen wie z. B. Sensoren entwickelt werden, die es jetzt noch nicht gibt. Es gibt jedoch keinen Grund zu der Annahme, daß es jemals einen völlig wirksamen Schutz geben wird. Das Potential nuklearer Erpressung hat am meisten Aufmerksamkeit erregt, da es die dramatischste Bedrohung darstellt. Aber die moderne Technologie kennt andere, ebenso tödliche Waffen, die häufiger in der wissenschaftlichen Literatur als in populären Schriften diskutiert werden[7]. Das bezieht sich auf verschiedene Gifte wie die OPA-Nervengase, die schon erwähnt wurden, und die monofluoro-aliphatischen Wirkstoffe und auch BTX (Botulinum toxin), das unabhängig von der Art, wie es in den Körper gelangt, wirksam ist. Zusätzlich gibt es zahlreiche andere potentielle biologische Waffen, die in der Lage sind, Ansteckungskrankheiten zu verbreiten, von Milzbrand bis zur Pest, von gewissen Hirnhautentzündungen bis zur Papageienkrankheit[8]. Solche Bakterien sind schwer zu züchten und zu verbreiten, aber die Liste der Möglichkeiten ist doch von bedrückender Länge. Die meisten biologischen Krankheitserreger (wie auch die meisten hochgiftigen Substanzen) sind seit vielen Jahrzehnten bekannt, aber es hat einige wichtige technologische Entwicklungen seit dem Zweiten Weltkrieg gegeben. Hierzu gehören die kontinuierlichen Kulturen der Mikroorganismen, die Produktion von monodispersen Aerosolen und die Stabilisierung von Organismen, um ihre Lebensfähigkeit in Aerosolverteilung zu erhalten[9]. Gleichzeitig ist die moderne Gesellschaft durch Kommunikationsmittel, zentralisierte Luft- und Wasserversorgung und in vielen anderen Beziehungen anfälliger geworden[10]. Biologische Krankheitserreger sind sehr viel leichter zugänglich als spezielle Nuklearmaterialien; Transport und Verbreitung können von sehr kleinen Gruppen ausgeführt werden, eventuell sogar von Einzelpersonen. Dagegen ist es gerade die fast unbegrenzte zerstörerische Wirkung biologischer Krankheitserreger, die sie als terroristische Waffen ungeeigneter macht, nicht nur weil nuklearer Terrorismus den größeren Publizitätswert hat, sondern auch weil die Drohung, biologische Krankheitserreger einzusetzen, weniger glaubwürdig erscheint. Eine terroristische Gruppe könnte beweisen, daß sie in der Lage ist, eine nukleare Erpressung auszuführen, indem sie eine Bombe in einer dünnbe-

---

[6] M. Willrich, Theodore Taylor: Nuclear Theft, Risks and Safeguards. Cambridge (Mass.) 1974, S. 115. Siehe auch V. Gilinsky in: B. Boskey, M. Willrich, Nuclear Proliferation. New York 1970; E. M. Kinderman u. a.: The Unconventional Nuclear Threat. Stanford Research Institute, Menlo Park, 1969; und zahlreiche andere Studien.

[7] Für einen kurzen Überblick über chemische und biologische Waffen siehe SIPRI, Arms Uncontrolled. Cambridge (Mass.) 1975, S. 93–107; ein ausführlicherer Bericht in Berkowitz, op. cit.

[8] J. H. Rothschild: Tomorrows Weapons. New York 1964.

[9] Berkowitz, op. cit., Kapitel 8 und 9, passim.

[10] C. G. Heden: Defences Against Biological Warfare. In: Annual Review of Microbiology, 1967, S. 639.

siedelten Gegend zur Explosion bringt, während eine „Versuchsepidemie"
unmöglich ist. Eine primitive Atombombe von 0,1 Kilotonne hätte eine
begrenzte Wirkung – wie eine Bombe von 100 Tonnen hochexplosiven
Sprengstoffs oder mehr. Sie könnte eine große Fabrik oder mehrere Häu-
serblocks zerstören. Eine Epidemie dagegen könnte sich über alle Teile
der Welt verbreiten, was für den internationalen Terrorismus nicht zweck-
mäßig wäre. Derartige Waffen würden wahrscheinlich eher von Irren angewandt als von politischen Terroristen[11]. Aus diesen und anderen Gründen
ist die Anwendung biologischer Waffen trotz leichterer Zugänglichkeit un-
wahrscheinlicher als die Verwendung chemischer Mittel wie der OPA-
Substanzen, von denen einige im Handel frei erhältlich sind. Aber chemische Mittel sind genau wie Kernwaffen mit einem hohen Risiko für die
Handhabenden verbunden, und ihre Wirkung ist nicht garantiert. Mitte
der siebziger Jahre erschien ein Bericht über den Diebstahl von Senfgas
aus einem deutschen Munitionslager, der angeblich in Verbindung mit der
Baader-Meinhof-Gruppe stand; die australische Polizei stellte Nervengas
sicher, das von Kriminellen gestohlen worden war; unbestätigten Berichten
zufolge beschäftigten die Baader-Meinhof-Gruppe und eine spanische
Terroristengruppe Chemiker und Mikrobiologen; ein arabischer pharma-
zeutischer Kongreß soll sich zur Unterstützung der PLO bereit erklärt und
die Ausbildung in biologischer Kriegführung gefordert haben[12]. Aber bisher hat es keinen einzigen Versuch einer terroristischen Aktion in diesem
Maßstab gegeben.

Man kann davon ausgehen, daß die gegenwärtigen terroristischen Bewegungen diese Möglichkeiten nicht ergreifen werden, entweder aus politischem Prinzip oder weil es ihren Zielen widerspricht. Falls derartige Waffen z. B. in Ulster angewandt würden, träfen sie Katholiken und Protestan-
ten in gleichem Maße. Aber einige Gruppen mögen sich doch für diese
Waffen der Supergewalt entscheiden, da ihr Ziel nicht politische Veränderung, sondern Vernichtung des Gegners ist.

Es sind verschiedene Situationen, die auf der Anwendung unkonventionel-
ler Waffensysteme beruhen, durchgespielt worden, wie der Einsatz oder
angedrohte Einsatz von Massenvernichtungsmitteln durch arme Länder
der Dritten Welt, die sich gegen die „reichen" Industrienationen wenden.
Oder man ging von der Annahme aus, daß sich zwei Arten von Staaten

---

[11] Selbst in Diktaturen waren die Attentatsversuche von Einzelpersonen sehr viel
schwieriger aufzudecken als die Anschläge, die durch Gruppen ausgeführt wurden.
Es soll noch einmal erwähnt werden, daß der Anschlag auf Hitler, der dem Erfolg
am nächsten kam (bis zur Verschwörung 1944), von Georg Elser, einem Zimmer-
mann, ausgeführt wurde, der im Münchener Hofbräuhaus eine Bombe legte (November 1939). Er handelte als Einzelperson und wäre höchstwahrscheinlich nie festgenommen worden, wenn er nicht dummerweise versucht hätte, die Grenze in die
Schweiz zu überqueren. Siehe Peter Hoffmann, Die Sicherheit des Diktators. München 1975, S. 119 ff.
[12] Roberta Wohlstetter: Terror on a Grand Scale. In: Survival, Mai/Juni 1976,
S. 102.

entwickeln werden – auf der einen Seite Nationen im traditionellen Stil mit Grenzen, Hauptstädten und nationalen Armeen, auf der anderen Seite Gruppen, die keine Nationen sind, nicht immer ein genau definiertes Gebiet umschließen, aber doch über eine Art eigener Streitkräfte verfügen[13]. Solche hypothetischen Situationen sind zwar nicht *a priori* unmöglich, erscheinen jedoch etwas gesucht; „Ersatz-Kriegführung" dieser Art würde sich über kurz oder lang zu einem totalen Krieg entwickeln. Eine Diskussion dieser Möglichkeiten führt sowieso über den Rahmen einer Studie hinaus, die sich nicht mit Terrorismus von seiten des Staates befaßt. Theoretisch ist es möglich, daß die Waffen der Supergewalt eine totalitäre Herrschaft ebenso wie demokratische Gesellschaften bedrohen könnten. Aber die Kontrollmittel, auf denen totalitäre Herrschaft beruht, lassen dies als unwahrscheinlich erscheinen. Die Feinde des Regimes mögen die nötige Entschlossenheit besitzen, aber es wird für sie weniger Gelegenheit geben als in einer offenen Gesellschaft.

Die ernsthafte Androhung des Einsatzes von Massenvernichtungsmitteln würde Regierungen vor eine verzweifelte Wahl stellen. Nachzugeben (wie Professor Feld und andere vorschlagen) erscheint die natürliche Entscheidung, aber damit würde der Herausforderung nicht begegnet. Denn erfahrungsgemäß führt eine erfolgreiche Erpressung zur nächsten. Einer nuklearen Bedrohung durch linksgerichtete Kräfte würde früher oder später eine ebensolche durch Rechtsextremisten folgen; es würde zu einem Konflikt der Bedrohungen nuklearen, chemischen oder biologischen Terrors durch nationalistisch-separatistische Gruppen kommen. Dies würde zu einer konstanten Tyrannei durch kleine Gruppen oder wahrscheinlicher zu völliger Anarchie und möglicherweise zu weitverbreiteter Zerstörung führen, falls die Gesellschaft nicht lernt, sich der Erpressung zu widersetzen. Dieses Dilemma mag der Gesellschaft erspart bleiben; falls aber ein derartiger Notstand einträfe, würden die Gegenmaßnahmen zu einem solchen Ausmaß an staatlicher Kontrolle und Repression führen, wie sie bisher in demokratischen Gesellschaften außer zu Kriegszeiten unbekannt waren. Auf die Dauer könnte das zu einer Aufgabe der souveränen Rechte führen, was im Augenblick allerdings undenkbar ist. Das wäre natürlich eine Situation, die sich mit totalem Krieg vergleichen läßt, und wenn man vor der Wahl zwischen dem Überleben und der Einschränkung der Bürgerrechte steht, ist die Entscheidung eindeutig. Ob Vorsichtsmaßnahmen eine derartige Notsituation verhindern können, ist ein strittiger Punkt, aber auf alle Fälle benötigt man ein klareres Bild der Wurzeln und des Charakters des Terrorismus, um einer solchen Bedrohung ohne Panik und Hysterie begegnen zu können.

Die Debatte, ob man mit Terroristen verhandeln soll oder nicht, läuft schon seit langem. In einigen Ausnahmefällen mögen Konzessionen angebracht sein; ständige Nachgiebigkeit gegenüber Terroristen dagegen wird auf die

---

[13] Brian Jenkins: High Technology Terrorism and Surrogate War. Santa Monica 1975, S. 24.

Dauer wahrscheinlich zu einem höheren Verlust an Menschenleben führen als Unnachgiebigkeit. Solange Terrorismus allerdings relativ unbedeutend ist, spielt auch die Frage der Einstellung keine große Rolle; Gesellschaften, die sich einer entschlossenen terroristischen Bewegung gegenübersehen, werden ohnehin einen harten Kurs einschlagen. Was aber für eine Periode gilt, in der Terrorismus lediglich ein Ärgernis ist, gilt natürlich nicht für ein Zeitalter, in dem die Menschheit durch die Waffen der extremen Gewalt bedroht sein könnte. Sicherlich wird die Gesellschaft in der voraussehbaren Zukunft nicht die echten oder eingebildeten Anliegen, alle gerechtfertigten und ungerechtfertigten Forderungen all ihrer Mitglieder erfüllen können. Ebenso sicher werden einige Individuen in Zukunft die Fähigkeiten und die Entschlossenheit besitzen, der Gesellschaft ihre Wünsche aufzuzwingen. Solche Aktionsweise wäre natürlich irrational und würde über kurz oder lang zu beispielloser Zerstörung führen. Aber würde das kleine Gruppen oder Individuen, die überzeugt sind, daß die ganze Welt für die Nichterfüllung ihrer Forderungen bestraft werden muß, abschrecken?

Während dies die entfernten Gefahren sind, gibt es aber auch Grund zur Besorgnis in der näheren Zukunft. Es hat bereits Versuche durch terroristische Gruppen gegeben, ferngelenkte Raketen wie die sowjetische SA-7 oder die amerikanische Redeye gegen Zivilflugzeuge einzusetzen. Das ist nicht unbedingt eine neue Dimension der Technologie des modernen Terrorismus, könnte aber zu einem Krieg zwischen Nationen führen. Denn das Land X würde zu Recht oder zu Unrecht annehmen, daß die Terroristen im Auftrag des Landes Y handeln, das sie finanziert, ausgebildet und mit Waffen ausgerüstet hat. Es könnte einen Vergeltungsschlag führen, indem es die Hauptstadt oder die Erdölfelder jenes Landes bombardiert. Die Annahme, die der Politik der Förderer des internationalen Terrorismus zugrunde liegt, daß sie nämlich vor Vergeltung geschützt seien, ist völlig unrealistisch. Im Hinblick auf den internationalen Charakter kann der internationale Terrorismus, im Gegensatz zu der rein nationalen Spielart, leicht zu Kriegen führen, aber augenscheinlich werden die Förderer nicht nachlassen, bis das Unglück einen von ihnen trifft.

Wenn es sich hier um die Perspektiven für die Zukunft handelt, so sind sie weit entfernt von den Ursprüngen des politischen Terrorismus, die in dem Kampf gegen Gewaltherrschaft und im Tyrannenmord verwurzelt sind. Terrorismus erscheint in den Geheimbünden und revolutionären Organisationen des neunzehnten Jahrhunderts im Kampf gegen Tyrannei, gegen die es keine legalen Maßnahmen gab. Er wurde von nationalistischen Bewegungen im Kampf gegen Fremdherrschaft, aber auch von Bewegungen der extremen Linken und äußersten Rechten angewandt. Die Umstände sind von Land zu Land verschieden, und was über ein Land gesagt werden kann, trifft nicht unbedingt auf ein anderes zu. Im großen und ganzen hat es jedoch eine grundlegende Verschiebung im Charakter des Terrorismus gegeben; Hemmungen wurden beseitigt, mehr und mehr ungezielte Anschläge verübt, und es entstand ein multinationaler, ferngesteuerter

Terror; vor allem aber war er nicht gewillt oder in der Lage, wirkliche Diktaturen herauszufordern. Einst Strategen der Schwachen und Armen gegen unbarmherzige Tyrannen, sind heute die prominenten Vertreter nicht mehr arm, und die moderne Technologie stellt ihnen wirksame Waffen zur Verfügung. Einige moderne Terroristengruppen haben eindeutig die Merkmale übernommen, die man einst der Tyrannei zuschrieb, *atrox et notoria iniuria;* die Tyrannen wollten der Gesellschaft ihren Willen aufzwingen, das gleiche gilt für die Terroristen. Andere sind ehrlich von ihrer Befreierrolle überzeugt; falls ihre Aktionen jedoch überhaupt eine Wirkung haben, so ist es die, daß sie die unbewußten Schrittmacher einer neuen Art der Diktatur sind. Das Rad hat eine volle Umdrehung gemacht: Seit seinen Anfängen konnte der moderne Terrorismus erfolgreich nur nichtterroristische Institutionen, das heißt Regierungen oder Gruppen, herausfordern, die sich nicht ihrer eigenen Waffen bedienen würden. Er erschien zuerst unter dem Banner von Freiheit und Demokratie und zu einem Zeitpunkt, als man annahm, diese Ideen seien überall in der Welt auf dem Vormarsch. Diese Hoffnungen haben sich nicht erfüllt, die Zahl der nichtdemokratischen Regierungen wächst, und im Gegensatz zu den Demokratien leiden sie bei der Behandlung politischer Gegner unter keinerlei Hemmungen. Wie unfähig sie auch auf anderen Gebieten sein mögen, sie sind recht kompetent, was die Behandlung von Terroristen betrifft. Mit der schrumpfenden Macht der demokratischen Gesellschaften verkleinert sich auch die Sphäre, in der Terroristen operieren können.

Walter Laqueur: Terrorismus. Aus dem Englischen von Rudolf Wichmann. Athenäum Verlag, Kronberg/Taunus 1977, S. 223–231.

Um mitten im Frieden die kriegerischen Aktionen, die konzentrationären Praktiken, die Polizeitorturen und das Wiederauftauchen der Sklaverei zu entschuldigen, bedarf es nichts Geringeren als einer Verheißung des Paradieses. Auf diese Weise kommt es zu einer unmittelbaren Verbindung zwischen Eschatologie und menschlicher Scheußlichkeit.

Jules Monnerot: Soziologie des Kommunismus.
Köln - Berlin 1952, S. 356.

ANTONIO GHIRINELLI
Der Verleger als Terrorist
Der Fall Feltrinelli

Am 14. März 1972 kam gegen 21.30 Uhr bei Segrate, einem Vorort von Mailand, ein Terrorist um, als er einen Strommast in die Luft sprengen wollte und dabei dilettantisch mit den Zündern hantierte. Die Carabinieri mußten den ganzen folgenden Tag arbeiten, um im Umkreis von fünfzig Metern Fleisch- und Stoffreste zusammenzulesen. Der verunglückte Bombenleger erwies sich als der Mailänder Revolutionsverleger Gian Giacomo Feltrinelli, der einer der reichsten Männer Italiens gewesen war. Wie kaum ein anderer stellte er eine Schlüsselfigur im weltweiten Beziehungsnetz des zeitgenössischen Revolutionärstums dar.

Zwei Tage nach dem Tod dieses Mannes, der sich zugleich als Napoleon und Rothschild der Weltrevolution wähnte, veröffentlichte die ultrakommunistische Gruppe „Potere Operaio" („Arbeitermacht") einen Nachruf, in dem es hieß, „Genosse Feltrinelli" habe den militärischen Rang eines „Kolonnenkommandanten" bekleidet, was der höchste Rang in der kubanischen Armee ist. Der tödliche Sprengstoffunfall führte zur Entdeckung einer Terroristenorganisation in Norditalien, die der Superreiche mit seinem Geld aufgebaut hatte, um den „bewaffneten Kampf" gegen das „bürgerliche Ausbeutersystem" aufzunehmen.

Zwei Monate nach Feltrinellis Tod unterrichtete das italienische Innenministerium in einem Interpolbericht die anderen westeuropäischen Polizeien über den Ermittlungsstand: „Die ungeheuren Materialmengen, die nach dem 14. 3. 1972 in den verschiedenen ‚Schlupfwinkeln' Gian Giacomo Feltrinellis gefunden wurden, enthüllten eindrucksvoll genug, was für Programme er sich für die unmittelbare Zukunft vorgenommen hatte. Guerillaleitfäden, Anweisungen für den Gebrauch individueller Waffen und für die Herstellung sowohl primitiver als auch komplizierter Bomben, Bauanleitungen für Raketen, chemische Formeln für Sprengstoffe und Gase, schematische Zeichnungen für die Anfertigung von Zeitzündern, ferner eine umfangreiche Ausrüstung in Gestalt von Gewehren, Pistolen, Sprengstoffen, Zeitzündern, Minen usw. lassen erkennen, daß der ‚Kolonnenkommandant' sich mit wissenschaftlicher Systematik darauf vorbereitete, eine regelrechte Stadtguerilla zumindest im gesamten nördlichen Teil unseres Landes zu entfesseln."

Zu der Zeit, als Gian Giacomo Feltrinelli am 19. Juni 1926 in Mailand geboren wurde, schätzte die „New York Times" das Vermögen seines Vaters, der ein Finanzgenie gewesen war, auf sechshundert Millionen Dollar damaligen Wertes, und damit galt er als reichster Mann Italiens. Die Familie Feltrinelli stammt aus der Gegend des Garda-Sees und gehörte zu den Anhängern der Habsburger-Monarchie. Carlo Feltrinelli wurde im Ersten Weltkrieg mit anderen Kaufleuten verhaftet, weil er über die Schweiz Seidenreste nach Österreich exportierte, die zur Munitionsherstellung dienten. Er starb 1935 nach einer erregten Auseinandersetzung mit Mussolini an einer Gehirnthrombose. Der Duce soll ihm vorgeworfen haben, trotz des Abessinienkrieges, als alle italienischen Patrioten aufgefordert wurden, ihre goldenen Trauringe für das Vaterland zu opfern, Gelder ins Ausland verschoben zu haben.

Gian Giacomos heute noch lebende Mutter ist eine willensstarke Frau und wurde allgemein als „herber teutonischer Typ" bezeichnet. Ein Bankier schoß ihr bei einer Fasanenjagd ein Auge aus, weshalb sie seit dem Unfall ein Monokel trägt. Sie war später eine Zeitlang mit dem bekannten liberalen Journalisten Luigi Barzini junior verheiratet, der nach dem Tod seines zeitweiligen Stiefsohns in der illustrierten Zeitschrift „L'Europeo" ein bemerkenswertes Charakterbild entwarf. „Während der ersten Zeit in Mailand", so erinnerte sich Barzini, „war er (Gian Giacomo Feltrinelli) ein wütender Faschist. Er trug die Uniform eines Reiter-Avanguardisten (Anmerkung: Die „Avanguardista" entsprachen der Hitlerjugend, die in Deutschland bekannteren „Balilla" dagegen dem Jungvolk). Er tapezierte die Wohnung mit Plakaten, die den Duce und den unvermeidlichen Endsieg der Achsenmächte verherrlichten sowie Nizza, Tunesien, Savoyen und Korsika als ‚Irredenta' beanspruchten. Und er hätte mich erbarmungslos denunziert, wenn er mich beim Abhören ausländischer Sender ertappt hätte."

Da sich jedoch das Kriegsglück wendete, lief der junge Feltrinelli 1944, von einem Gärtner seiner Mutter erstmals in die Heilslehre des Kommunismus eingeweiht, auf die Siegerseite, und zwar zum entgegengesetzten Extremismus, über. Zum Entsetzen seiner Mutter heiratete er nach dem Kriege die bildhübsche neunzehnjährige Sozialistin Bianca Maria Dalle Nogare. Zusammen traten beide in die Kommunistische Partei Italiens ein, was den roten Milliardär – er hatte inzwischen drei Viertel des väterlichen Vermögens geerbt – eine Spende von 120 Millionen Lire gekostet haben soll, die damals rund 800 000 D-Mark entsprachen. Bald nach seinem Parteieintritt nahm er an gewalttätigen Demonstrationen teil und prügelte sich mit Polizisten. Er wurde festgenommen, und die ihm abgenommenen Fingerabdrücke trugen nach seinem gewaltsamen Tod zur Feststellung seiner Person bei.

Der Jungextremist fuhr zu den Krawallen mit seinem Luxusauto vor und nahm damit voraus, was nach der studentischen Kulturrevolte der sechziger Jahre zahlreiche Millionärssöhne in Italien ihm nachtaten. Interessant für die italienische Mentalität war, daß seine proletarischen Mitgenossen, bei denen er als reicher Snob unbeliebt war, ihn mit „Conte", also mit „Graf", titulierten. Dank seinem Geld gelang es ihm, sich scheiden zu lassen und die römische Kommunistin Alessandra De Stefani zu heiraten, die es an der Seite des Neurotikers aber nur sechs Monate aushielt. Die Scheidungen erfolgten über eine juristische Hintertür, die sich vor dem Kriege führende Faschisten geöffnet hatten, in der Schweiz. Seine beiden Ehen wurden in komplizierten Verfahren für ungültig erklärt, weil er sich von Ärzten bescheinigen ließ, bereits vor der Eheschließung dauernd zeugungsunfähig gewesen zu sein. In dritter Ehe heiratete er 1967 die Meranerin Sibilla

Melega. Als seine eigentliche Witwe dagegen gilt allgemein die deutsche
Journalistin Inge Schöntal, 1930 in Essen geboren, obwohl er mit ihr niemals rechtmäßig verheiratet gewesen war. Sie schenkte ihm dafür seinen
einzigen Sohn Carlo, der in San Marino auf die Welt kam. Feltrinellis einzige Schwester dagegen heiratete den konservativen Schriftsteller Graf
d'Ormesson, Mitglied der Académie Française, der früher Vatikanbot-
schafter war und später Chefredakteur des „Figaro" wurde, Verfasser der
Adelsmemoiren „Wie es Gott gefällt".

Der damalige Kommunistenführer Togliatti, der bei seinen Mailänder
Besuchen in der Luxuswohnung Feltrinellis übernachtete, erkannte als be-
deutender politischer Stratege, daß ein Anhänger vom Kaliber Feltrinellis
viel zu schade war, um auf die Dauer als Plakatkleber oder Schläger in
dem berüchtigten Kommunistenvorort Sesto San Giovanni eingesetzt zu
werden. Er regte die Gründung eines „Istituto Gian Giacomo Feltrinelli"
an, das mit dem Geld des Superreichen als Archiv und Quellensammlung
für die „Geschichte der Arbeiterbewegung" aufgebaut wurde. Feltrinelli
ging jedoch mit seinem Geld behutsam um und nahm später auch öffentliche Subventionen in Anspruch.

Togliatti umgab den jungen Feltrinelli mit Linksintellektuellen und schuf
damit einen kulturellen Mittelpunkt, von dem aus das traditionell liberale
mailändische Bürgertum im Laufe der Jahrzehnte für die marxistische Kultur erobert wurde. Ein weiterer Ausgangspunkt für die Linksverschiebung
des Kutlrbetriebes war der Kreis um den Textilindustriellen Bassetti, unter
dem der Linkskatholizismus in der Mailänder Democrazia Cristiana das
Übergewicht erlangte. Erst im Dezember 1976 wurde Bassettis Machtstel-
lung durch eine neue scharf antikommunistische Richtung innerhalb der
Mailänder DC gebrochen. Die dritte bedeutsame Komponente im Mailänder Salonbolschewismus war schließlich der „Corriere della Sera", den ein
Mitglied der damaligen Inhaberfamilie, Maria Giuliana Crespi, auf links
umfunktionierte. Die marxistische Kulturhegemonie droht jedoch neuerdings ins Wanken zu geraten, einerseits durch die Wirksamkeit Indro Mon-
tanellis und seines „Giornale Nuovo", andererseits aber auch durch das
Interesse, das Frankreichs „neue Philosophen" als neue literarische Mode
auch in Italien erwecken, obwohl noch nicht ein einziges ihrer Bücher ins
Italienische übersetzt worden ist.

Feltrinelli hatte von seinem Vater großen Aktienbesitz in der italienischen
Industrie geerbt. So war er Großaktionär des Elektrizitätskonzerns Edison.
Auch besaß er die größte Holzhandelsfirma Italiens, und Gian Giacomo
benutzte seine kommunistischen Verbindungen, um preisgünstig Holz aus
Osteuropa einzuführen. Unbekannt ist der Umfang der Werte, die im Ausland liegen. Es heißt, sein Vater habe bereits große Ländereien in Südamerika erworben. Zu den Erbstücken zählt nicht zuletzt auch ein Waldgut
von über tausend Hektar in der Steiermark. Die Einbeziehung in den kommunistischen Kulturbereich veranlaßte schließlich Feltrinelli, im Juli 1955
seinen Verlag zu gründen, durch den sein Name außerhalb Italiens in der
literarischen Welt bekannt wurde.

Zwei Bücher machten ihn nach wenigen Jahren weltberühmt, nämlich Pasternaks „Doktor Schiwago" und „Der Leopard" des sizilianischen Prinzen Tomasi di Lampedusa. „Der Leopard" gilt bei den Linksintellektuellen als der „reaktionärste Roman" der italienischen Nachkriegszeit. Denn den Hintergrund bildet die skeptische Überzeugung des Verfassers, daß kein Regimewechsel die feudalistische Grundstruktur Italiens ändert. Nicht umsonst ist der „Leoparden"-Ausspruch „Es muß alles anders werden, damit alles beim alten bleibt" zu einem geflügelten Wort geworden. Die Übersetzung von „Doktor Schiwago" war jedoch ein Piratenstück Feltrinellis. Er soll daran vier Millionen Dollar, einschließlich der Filmrechte, verdient haben, ohne daß die Erben des russischen Dichters etwas davon gesehen haben sollen, wie aus einer parlamentarischen Anfrage des christlich-demokratischen Abgeordneten Luigi d'Amato im Jahre 1965 hervorging.

Die so überaus gewinnträchtige Schiwago-Übersetzung brachte Feltrinelli in Konflikt mit Moskau, dessen Literaturpäpste das Werk verdammten. Es gab schwere Auseinandersetzungen, die dazu führten, daß Feltrinelli seinen Austritt aus der KPI erklärte. Dies fiel ihm um so leichter, als er Anfang der sechziger Jahre ein neues Idol gefunden hatte, nämlich Fidel Castro, der für den Rest seines Lebens für ihn schicksalshaft werden sollte. Das Verhältnis der Gauchisten zum orthodoxen Marxismus ist ja stets durch starke Spannungen gekennzeichnet, was Lenin in seiner bekannten Schrift „Der Extremismus – eine Kinderkrankheit des Kommunismus?" grundlegend geschildert hat. Doch trieb Feltrinelli den Kontrast mit der KPI, die er als „verbürgerlicht" beschimpfte, nicht auf die Spitze. So spielte er Togliatti Briefe von dessen Vorgänger Gramsci zu, in denen schwere Anklagen gegen Togliatti enthalten waren. Togliatti war Feltrinelli für diese Gefälligkeit durchaus dankbar.

Feltrinelli entwickelte seinen Verlag zum Großproduzenten linksextremistischer Literatur. Die Seele des Unternehmens war und ist seine sogenannte Witwe Inge Schöntal, die ihn wohl an Bildung und Organisationstalent überragte, gleichzeitig aber seinen neurotischen Fanatismus teilte. Folgenreich für die Entwicklung des Linksextremismus und des Terrorismus in Europa sollte sich vor allem die Übersetzung des „Mini-Handbuchs für die Stadtguerilla" erweisen, das der brasilianische Terrorist Carlos Marighella Mitte der sechziger Jahre verfaßt hatte. Dieses Buch wurde zur Standardlektüre der Baader-Meinhof-Bande, der italienischen „Roten Brigaden" ebenso wie der amerikanischen „Weathermen" und zahlreicher anderer „Gesellschaftsveränderer".

Heute soll der Feltrinelli-Verlag auch zahlreiche staatsfeindliche Schriften in deutscher Sprache drucken, die, in einem Hinterraum der Mailänder Feltrinelli-Buchhandlung erhältlich, in die Bundesrepublik geschmuggelt würden. Überhaupt besteht eine enge Wechselwirkung zwischen dem linksextremen Milieu in Deutschland und Italien. Die italienische Presse berichtet, daß im Jahre 1976 Inge Schöntal 51 Prozent der Anteile von „konkret" erworben hatte.

Über die persönlichen Beziehungen zwischen Fidel Castro und Feltrinelli ist so gut wie nichts bekannt geworden. Sicher ist, daß er etwa um 1964 zum Vertrauensmann des Castro-Kommunismus in Europa wurde. Auffallend ist auch, daß Feltrinelli sich wieder dem sowjetischen Kommunismus annäherte, als Fidel Castro, da er von der Wirtschaftshilfe des Kremls abhängig war, nach längeren Auseinandersetzungen auf die Moskauer Linie 1966 einschwenkte und auch das Zugeständnis machen mußte, den kubanischen Geheimdienst der Kontrolle des KGB zu unterstellen. Die antisowjetische Richtung, die auch noch heute in Kuba nebenher existiert, wurde damals vor allem von Che Guevara vertreten, der allem Anschein nach mit Castro brach und in Bolivien vergeblich die Guerilla unter den Indianern zu organisieren versuchte.

Weltweite Bedeutung für die Entwicklung des Terrorismus hatte die Trikontinentale Konferenz, die vom 3. bis zum 13. Januar 1966 in Havanna stattfand. Auf dieser Revolutionstagung wurde die These aufgestellt, daß der Endsieg des Kommunismus nur durch den Aufstand einer „Internationalen der Armen", das heißt der Dritten Welt, errungen werden könnte. Mit dieser müsse sich das „Proletariat" Europas und Nordamerikas verbünden, um die hochindustrialisierten westlichen Staaten von innen aufzubrechen. Die sowjetische Strategie der letzten Jahre besonders auf dem afrikanischen Kontinent zeigt, in welchem Maß die Theorien von Havanna inzwischen in die Wirklichkeit umgesetzt worden sind. Che Guevara prägte auf der Trikontinentalen das Schlagwort, das bald darauf Tausende jugendlicher Demonstranten in Westeuropa nachschrien: „Nicht ein Vietnam, sondern fünf Vietnam! In jedem Erdteil ein Vietnam! Hundert Vietnam!"

Um diese Revolutionsideen zu verbreiten, gab Feltrinelli die italienische Ausgabe der Zeitschrift „Tricontinentale" heraus. In Paris verbreitete der Verleger Maspéro die französische Ausgabe, während in München der deutsche Trikont-Verlag gegründet wurde. Maspéro empfahl Fidel Castro als Hofberichterstatter den französischen Schriftsteller Régis Debray, der 1967 auch nach Bolivien reiste, um Verbindung mit dem dort operierenden Che Guevara aufzunehmen, aber bald von der Polizei verhaftet wurde. Bemerkenswert ist, daß im Sommer 1967 Feltrinelli in La Paz auftauchte, um Debray im Gefängnis zu besuchen. Das früher in Montevideo herausgegebene Extremistenblatt „La Marcha" behauptete später, Feltrinelli habe bei dieser Gelegenheit die bolivianische Polizei auf die Spur von Guevara gesetzt, der daraufhin in seinem Urwaldversteck ausfindig gemacht und erschossen wurde. „La Marcha" verweist auch auf die merkwürdige Tatsache, daß der damalige bolivianische Innenminister Antonio Arguadas nach dem Sturz des Diktators Barrientos 1968 Asyl in Kuba erhielt. Dies läßt darauf schließen, daß der Tod von Che im Interesse der Sowjets gelegen hat.

Eine Reihe von Beamten, die an der Zerschlagung der Guevara-Bande mitgewirkt hatten, fiel später Attentaten zum Opfer. So erschoß die in Südamerika aufgewachsene deutsche Terroristin Monika Ertl 1971 den bolivianischen Generalkonsul Quintanilla in Hamburg. Quintanilla hatte 1967 die Operationen gegen die Guerilleros als Polizeichef von Nancahuaza geleitet. Die Pistole, die Monika Ertl bei der Flucht verlor, hatte aber Feltrinelli, wie über Interpol festgestellt wurde, in Liechtenstein gekauft.

Feltrinelli hatte 1968 begonnen, von der revolutionären Theorie zur revolutionären Aktion überzugehen. Im Januar jenes Jahres entwickelte er vor dem römischen Extremistenklub „Circolo di San Saba" in einem Grundsatzpapier „Italien 1968: Politische Guerilla" ein Konzept für eine „Gegengewalttätigkeit von links". Bemerkenswert hierzu ist die Parallele der 21 „Gewaltthesen" des Republikanischen Clubs in West-Berlin, in denen das Prinzip der Gewaltlosigkeit ebenfalls aufgegeben wurde. Feltrinelli forderte in seinem Referat die italienischen Linksradikalen auf, sich zunächst mit den Banditen Sardiniens und den Südtirolern zu verbünden. Er postulierte, „alle Mittel" seien einzusetzen, auch wenn Bomben „unterschiedslos die Fahrgäste eines Zuges treffen könnten".

In Südtirol hatte Feltrinelli kein Glück. Dagegen gelang es ihm und seinen Komplizen, auf Sardinien mit Hilfe von Einwohnern der Banditengegend um Orgosolo gewalttätige Demonstrationen gegen Truppenmanöver zu inszenieren. Doch gelang es ihm nicht, aus Sardinien, wo noch letzte Reste eines früheren Separatismus existieren, das von ihm ersehnte Vietnam zu machen. Bemerkenswert ist jedoch, daß neuerdings der mit Moskau verbundene libysche Diktator Ghaddafi auf Sardinien, Sizilien und Korsika separatistische Bewegungen ins Leben zu rufen sucht. Da es sich um strategisch wichtige Inseln handelt, liegt es auf der Hand, wem diese Art der Entstabilisierung nützt.

Feltrinelli weilte während des „Pariser Mai" 1968 übrigens auch in Paris und wurde ausgewiesen. Bei diesem Aufstand spielten Beamte des kubanischen Generalkonsulats keine geringe Rolle, und drei von ihnen mußten Frankreich verlassen. Auch sprach Feltrinelli einmal vor den Studenten der Freien Universität in West-Berlin. Dort nahm er enge Verbindung zu den Gründern der Baader-Meinhof-Bande auf. Nach seinem Tode fand die Polizei in den über zwanzig konspirativen Wohnungen, die er in Mailand gemietet hatte, auch Belege über Geldüberweisungen, die er durch Schweizer Banken den deutschen Terroristen hatte zukommen lassen.

Vor allem aber gründete Feltrinelli zusammen mit Gleichgesinnten 1968 in Mailand das „Politische Metropolitan-Kollektiv", das zur eigentlichen Keimzelle des italienischen Terrorismus werden sollte. In Form einer Eskalation stufenweise von der Theorie zur Praxis schreitend, entwickelte sich daraus die Terroristenbande GAP (Abkürzung für „Gruppi d'Azione Partigiana", Partisanen-Aktionsgruppen). Die GAP wurden wiederum zur Wiege der „Roten Brigaden", die das eigentliche Pendant zur Baader-Meinhof-Bande in Italien wurden, diese jedoch an Zahl und Wildheit übertreffen. Den „Roten Brigaden" und den in Süditalien während der letzten Jahre entstandenen NAP („Nuclei Armati Partigiani", Bewaffnete Partisanenstaffeln) werden nicht weniger als 53 Morde zur Last gelegt.

Feltrinelli erregte auch die Aufmerksamkeit des israelischen Geheimdien-

stes, weil er nach dem Sechs-Tage-Krieg von 1967 Verbindung zu den palästinensischen Terroristen der eng mit den Sowjets zusammenarbeitenden
marxistischen Organisation PFLP („People's Front for the Liberation of
Palestine") des christlichen Arztes Dr. Georges Habbash aufgenommen
hatte, mit dem er eine persönliche Freundschaft pflog. Israelische Agenten
hörten teilweise die Gespräche durch Abhörmikrophone ab, die er in
Hotelzimmern mit seinen arabischen Revolutionspartnern führte. Feltrinelli entwickelte als Kontaktmann zwischen südamerikanischem und nah-
östlichem Terrorismus dabei vor allem die Doktrin, daß die Palästinenser
ihren Konflikt mit Israel nicht lokalisiert halten dürften, sondern durch
spektakuläre Aktionen internationalisieren müßten, um die Weltöffent-
lichkeit zu „sensibilisieren". Daraufhin übernahmen die palästinensischen
Terroristen von den Südamerikanern als erstes die Flugzeugentführungen.
Diese moderne Version des mittelalterlichen Piratentums hatten Anfang
der sechziger Jahre die Kubaner erfunden.
Während des Jahres 1969 gewann die Mailänder Polizei Verdachtsmo-
mente, daß Feltrinelli an Attentaten beteiligt gewesen sei, die im April auf
das Mailänder Messegelände verübt worden seien. Er wurde in diesem
Zusammenhang zu einer Vernehmung in den Justizpalast am 6. Dezember
bestellt, verschwand einen Tag vorher aber aus Mailand und zog sich in
den Untergrund zurück. Erst nach seinem Tod fand die Polizei in einem
der vielen Schlupfwinkel seinen echten Paß. Er enthielt den Einreisestem-
pel des Flughafens Kairo vom 6. Dezember 1969 und ein Einreisevisum
in das Haschemitische Königreich Jordanien, wo damals die Extremisten
von Al Fatah ihre Stützpunkte in den Flüchtlingslagern hatten, aus denen
sie im „schwarzen September" 1971 von den Beduinentruppen König
Husseins hinausgeworfen wurden.
Feltrinelli hatte offenbar von seiten der italienischen Sozialisten, die damals
als Regierungspartei die Linksextremisten protegierten, die Information
bekommen, daß er mit Haftbefehl zu rechnen hatte. Während seiner
Untergrundtätigkeit reiste er mit mindestens vier falschen Pässen kreuz
und quer durch die Welt. So berichtete ein Bandenmitglied bei einer poli-
zeilichen Vernehmung, daß er mit Feltrinelli in Paris zusammengekommen
sei. Mit Inge Schöntal soll er stets laufend in der Schweiz getroffen haben,
um sich über die Verlagsgeschäfte auf dem laufenden zu halten.
Am schwerwiegendsten aber ist die Tatsache, daß er wiederholt mit fal-
schem Paß in die Tschechoslowakei reiste. So passierte er nachweisbar am
30. Mai 1971 die österreichisch-tschechische Grenze mit einem Paß, der
auf den Namen eines gewissen Giancarlo Scotti in Florenz ausgestellt war.
Das Einreisevisum erhielt er von der ČSSR-Botschaft in Wien. Er reiste
dabei in Begleitung des Terroristen Agostino Viel, der zusammen mit seinem Komplizen Mario Rossi am 26. März 1971 in Genua Raubmord an
einem Kassenboten begangen hatte. Feltrinelli fuhr wieder am 30. Juli
1971 nach Prag, wo er sich bis zum 4. August aufhielt. Anschließend
brachte er Viel, dem er inzwischen falsche Personalpapiere beschafft hatte,
wieder nach Italien zurück. Viel wurde nach Feltrinellis Tod verhaftet und

sagte aus, er habe in einer Villa in einem Prager Vorort gewohnt, wo auch „Genossen aus vielen anderen Ländern" zu Gast gewesen seien.

Inzwischen stellte die Polizei fest, daß eine Reihe von Anführern der „Roten Brigaden", wie etwa der inzwischen verhaftete Renato Curcio, der eine Zeitlang als deren Oberhaupt galt, in Karlsbad ausgebildet worden ist, wo sich eine bekannte Subversionszentrale befindet. Von dorther wird nach den Erkenntnissen des Bundeskriminalamtes auch die Tätigkeit der Baader-Meinhof-Bande und ihrer Nachfolgeorganisationen in der Bundesrepublik gesteuert, wobei Ost-Berlin nebenher als Agentenschleuse dient. Ebenso stammt die Mehrheit der Waffen, die die deutschen und italienischen Terroristen zur Verfügung haben, aus der Tschechoslowakei. Hierüber liegt bei den Staatsschutzbehörden sowohl der Bundesrepublik als auch Italiens eine Vielzahl von Informationen und Beweisen vor. Die Rücksichtnahme auf die „Entspannungspolitik" hindert die Regierungen, diese Tatsachen der Öffentlichkeit bekanntzugeben. Vieles deutet darauf hin, daß der Terrorismus in Westeuropa neben der spontanen Komponente extremistischer Fanatiker auch eine sowjetische Komponente aufweist, die solche Bewegungen zu manipulieren sucht.

In dem eingangs erwähnten Interpolbericht des italienischen Innenministeriums heißt es wörtlich: „Verschiedene Faktoren haben zusammengewirkt, um den ‚Guerillero' Feltrinelli hervorzubringen: das Auftauchen revolutionärer Gärungen in aller Welt; der ideologische Rückhalt, den er in Italien und im Ausland seitens ‚engagierter' intellektueller Kreise erhielt, innerhalb deren er selber einer ihrer qualifiziertesten Exponenten gewesen war; die Unterstützung ideologischer und praktischer Art, die er von schlagkräftigen subversiven und revolutionären Organisationen bekam, die ihre Zentralen in Havanna (hierüber gibt es zahlreiche Beweise) haben, und von anderen Zentralen des internationalen Kommunismus (und hierfür gibt es schwerwiegende Indizien) wie Prag, wohin er sich wiederholt begab, und zwar zusammen mit einem Mörder, was, um es hervorzuheben, eine der interessantesten Aspekte des Falles darstellt und einer Vertiefung auf internationaler Ebene wert ist."

Glaube mir, unsere moralische und politische Welt ist mit unterirdischen Gängen, Kellern und Kloaken minieret, wie eine große Stadt zu sein pflegt, an deren Zusammenhang und ihrer Bewohnenden Verhältnisse wohl niemand denkt und sinnt; nur wird es dem, der davon einige Kundschaft hat, viel begreiflicher, wenn da einmal der Erdboden einstürzt, dort einmal ein Rauch aus einer Schlucht aufsteigt und hier wunderbare Stimmen gehört werden.

Goethe an Lavater, Sommer 1781.

Kurzrezensionen

Ernst Albrecht: Der Staat. Idee und Wirklichkeit. Grundzüge einer Staatsphilosophie.
Seewald, Stuttgart ²1976.

Dieses Werk, so schrieb die „Süddeutsche Zeitung" abfällig über den Autor, wäre ohne Albrechts politische Fortüne nicht erschienen. Beschämend, wenn Arbeiten solchen Formates keinen deutschen Verleger fänden! Aber zur Sache: Diese Staatsphilosophie ist folgerichtig aufgebaut und vollständig gegliedert. Sie weist nur solche Aporien auf, in die eigenständiges philosophisches Denken sich immer wieder verstrickt findet.

In einer Grundlegung, die die Funktion einer Metaphysica generalis besitzt, formuliert der Verfasser zwei verschiedene Ansätze: einmal einen begrifflichen Subsumtionszusammenhang, zu dem vor allem die hypothetische Notwendigkeit neben den beiden anderen Modalkategorien gehört; zum anderen wird ein Begriff von Wesen und Idee entwickelt, der sich durch das mögliche Verdecktsein des Wesens in der Realität vom Begriff unterscheidet und der der Idee ein von Objekt und Subjekt unabhängiges An-sich-Sein zuspricht. Die Beziehung zwischen Idee und diesen beiden ist der Sinn. Bei der Durchführung dieses Ansatzes in der Staatslehre erweist sich der Sinn als ein *Sollen*, nämlich als das Verhältnis des idealen Staates zum realen: dieser soll sich jenem annähern. Das Sollen wird als Ermöglichung menschenwürdigen Daseins expliziert.

Albrecht ist bei der Grundlegung augenscheinlich nur mit dem zweiten Ansatz beschäftigt und bespricht den erstgenannten nur zur beiläufigen

Verdeutlichung der Idee aus dem Gegenteil. Aber so wie er die Modalkategorien darlegt, gehören sie zum ersten, nicht zum zweiten Ansatz. In der Ausführung erweisen sich nun einige Bestimmungen als dem ersten Ansatz, andere jedoch als keinem von beiden zugehörig. Zwischen der Idee des Staates und dem idealen Staat herrscht ungetrübte Beziehung von Allgemeinheit und Besonderheit, ein einfaches vollkommenes Wollen der Staatsbürger. Die entsprechend geeignete Staatsform ist die Volksherrschaft, das heißt ein Gehorsam gegen die Gesetze, die man sich selbst gegeben hat. Drittens entspricht dem ersten Ansatz Albrechts Wertbegriff als eines An-sich, das durch den Willen der Individuen mit diesen vermittelt wird. – Die Erörterung der Gerechtigkeit geht über den ersten Ansatz hinaus. Mit guten Gründen schlägt der Verfasser anstelle der alten Dreigliederung der Gerechtigkeit nach Tausch, Verteilung und Gesetz eine vierfache Determination vor, nämlich nach Tausch, Verteilung, Helfen und Anerkennen. Die überlieferte Gliederung entspricht, als Beziehung von Allgemeinheit und Einzelheit, dem Ansatz des Begriffes völlig. Albrecht durchbricht dieses Gefüge. In welcher Richtung? In der der Gerechtigkeit des Anerkennens, sofern er darunter nicht nur Sicherung äußerer Güter, sondern die Behandlung der Personen untereinander als freier Wesen versteht. Aber dieses übersinnliche Verhältnis in der sinnlichen Welt ist spekulativ durch den Ansatz des Sollens nicht bestimmt genug abgesichert. – Bei der Erörterung des realen Staates geht es u. a. um das Problem des Widerstandsrechtes gegen den Staat. Albrecht gesteht, in der Tendenz völlig angemessen, dieses Recht zu, wenn der Staat unsittliche Handlungen fordere. Es wird aber nicht determiniert, worin diese bestehen. Hier hätte die Verletzung der geistigen Anerkennung näher ausgeführt werden müssen. – Das spekulative Zentrum der Arbeit ist die Differenz von Idee und Realität im Hinblick auf den Staat. Sie ist die Verschiedenheit der beiden Ansätze selbst. Bei der Besprechung der Wesenswidrigkeit, die Albrecht als Unvernunft, Trägheit und Selbstsucht expliziert, wird eine Begründung jener Differenz erforderlich. Albrecht will ihren Ursprung in das Wesen des Menschen selbst setzen. Auch das ist im Ansatz richtig. Aber die Begründung durch die Wesensmöglichkeit trifft nicht zu. Er denkt nämlich die Möglichkeit als Ausschließen des Widerspruches und damit als Teilbestimmung des Subsumtionsverhältnisses. Unvernunft, Trägheit und Selbstsucht widersprechen aber der reinen Wesensbestimmung des Menschen als Vernunftwesens, und nur als Widersprechen hat jene Differenz Gewicht. Als Widersprechen aber läßt sie sich durch die als Ausschließen des Widerspruches bestimmte Möglichkeit nicht vorstellen. – Beide Ansätze sind also nicht synthetisch verknüpft, obwohl, im Falle der anerkennenden Gerechtigkeit, die Ausführung weiter gelangt als die Grundlegung. Es fehlt *ein* Prinzip für beide Ansätze. Die Überlieferung, die der Verfasser überblickt, hatte durch ein Prinzip stets die Synthese beider Ansätze angestrebt, vor allem im Begriff der Macht (als Verhältnis von essentia und existentia). Albrecht denkt Macht in der Bedeutung staatlicher Herrschaft und fordert, angesichts des Machtmißbrauches, deren Bändigung. Aber jede Bändigung der Macht ist selbst Macht. – Im einzelnen enthält das Buch noch viele treffende Beobachtungen und durchdachte Ratschläge, z. B. die Einführung aristokratischer Elemente in die Volksherrschaft etwa in Gestalt einer zweiten Kammer.   Bernhard Taureck

Alfred A. Häsler: Das Ende der Revolte. Aufbruch der Jugend 1968 und die Jahre danach.
Verlag Ex Libris, Zürich 1977, 336 S.

Alfred A. Häsler, der Zürcher Journalist und Verfasser einiger Bücher, die sich mit brennenden Problemen unserer Gegenwart von hoher Warte aus beschäftigen („Aufstand der Söhne", „Menschen ohne Umwelt?", „Gott ohne Kirche" u. a.), legt mit seinem neuen Buch *„Das Ende der Revolte"* eine umfassende, von der Oberfläche des Geschehens in die Tiefen gehende Darstellung jener Unruhen, Revolten, Ideologien und Utopien vor, die mit dem Jahr 1968 begannen und sich in den verschiedensten Formen und menschlichen Bereichen äußerten. Häsler führt uns nach Washington, Tokio, Berlin, Paris, Rom und Zürich, wo in den Jahren nach 1968 vor allem jüngere Menschen auf die Straßen drängten und sich in Straßenschlachten mit der Polizei einließen, um für eine neue zwischen Kapitalismus und Kommunismus liegende Weltordnung, über die sie sich kaum genaue Vorstellungen zu machen vermochten, zu kämpfen.
Häsler geht in seinem Buch den Ursprüngen nach, sucht die Ahnen und Propheten, die Idolgestalten sichtbar zu machen und die Ideologien bloßzulegen, die Utopien und Lügen zu entlarven. Er übersieht dabei nicht die Fehler und Mängel unserer verwalteten und weithin auch mechanisierten Welt. Er sucht gerecht zu sein, ohne darum die Augen vor den Irrtümern, den unbewußten Lügen, den Utopien zu verschließen oder die Umformungen fruchtbarer Gedanken in ihr Gegenteil auzulassen.
Hinter Häslers Buch steht eine eminente Arbeit, insofern der Verfasser aus den Ideologien, den Programmen, Schriften und Aufrufen ein Material zusammengetragen hat, mit dessen Hilfe er uns in kurzgefaßten Darstellungen jeweils einen Einblick gibt in die Tiefenschichten, aus denen die Revolte in den verschiedenen Ländern gespeist und genährt wird. Mit besonderer Sorgfalt geht er den Lebensläufen der einzelnen Gestalten nach. Auf diese Weise werden die psychischen Voraussetzungen für den Ausbruch von Gewalttätigkeiten und Zerstörungslust sichtbar. Dabei zeigt sich, wie häufig es eben solche psychischen Störungen waren und sind, wodurch haltlose, aber fanatische Menschen, denen nicht selten eine überdurchschnittliche Intelligenz eignet oder eignete, in den Bereich der Gewalttätigkeit kamen.
Häsler zeigt im Schlußkapitel seines Buches, daß es für uns zumindest in Europa keine Alternative zu einer humanen Demokratie geben kann. Er hat seinem Buch einen Text von Martin Luther King vorangestellt, dessen Schluß eine Leitlinie für seine mit großer geistiger Leidenschaft durchge-

führten Untersuchungen abgegeben hat. Es heißt hier: „Gewiß stehen wir einer Weltkrise gegenüber, die uns oft mitten in das aufgewühlte Meer des Lebens stellt. Aber jede Krise hat nicht nur ihre Gefahren, sondern auch ihre Möglichkeiten. Jede kann Heil oder Untergang bedeuten. In einer dunklen, verwirrten Welt kann in den Herzen der Menschen doch das Reich Gottes herrschen."

Ich meine, wir sollten uns diese Worte in ihrer ganzen Tiefe einprägen und jeder in seinem Teil bemüht sein, aus dieser Weltkrise das herauszuholen, was Möglichkeiten eines neuen Lebens sichtbar macht.

Die Ereignisse des Jahres 1977 deuten darauf hin, daß wir den Sturm noch nicht hinter uns haben, ja es scheint, als seien die Formen des Terrors durch einen intensiven Ausbau der Strategie auf seiten der Terroristen noch grausamer geworden.

Wir wollen aber nicht übersehen, daß auch auf der Seite derer, die die humane Demokratie zu verteidigen haben, ein Erwachen sichtbar geworden ist.

Ich kenne kein Buch, das wie das vorliegende eine gleiche Fülle von Fakten vermittelt und das sich bemüht, den Irrtum der verschiedenen Revolten aufzuzeigen. Der Band zwingt uns zum Nachdenken, er mahnt vor allem unser Bürgertum, nach Wegen zu suchen, um die Bedrohungen und Gefahren, die in unserer Zeit liegen, mit allen Mitteln abzuwehren. Solche Wege wird *der* leichter finden, der sich mit den Fakten, die dieses Buch in so großer Fülle bietet, vertraut macht.   Otto Heuschele

---

Der Mensch ist eine Bestie, und seiner Niedertracht muß mit Mitteln aus demselben Arsenal begegnet werden. Vielleicht, ich sage vielleicht – denn sicher bin ich der Sache auch nicht –, vielleicht, daß mit lauterster, reinster Liebe der Teufel zu bezwingen wäre; aber diese lauterste, reinste Liebe giebt es nicht, es liegt in der Natur des Menschen, daß sich dies Lauterste und Reinste beständig verzerrt, in dieser Verzerrung unecht wird (mitunter unbewußt) und in dieser Unechtheit mehr Elend stiftet, tiefer durch Blut watet als die naive, von allen Hoheitsbestrebungen unangekränkelte Sündhaftigkeit ... Die Jeremiasse haben die Fahne hoch zu halten; aber die Alltagsarbeit haben die Bismarcke zu thun, kluge Leute, die vor nichts erschrecken.

Theodor Fontane an Moritz Lazarus, 2. November 1894
(bislang unveröffentlichter Brief,
mitgeteilt von Frau Ingrid Belke, Hamburg-Tel Aviv).

Weiterführende Literatur

Ahlberg, René: Akademische Lehrmeinungen und Studentenunruhen in der Bundesrepublik. Linker Irrationalismus in politologischen und soziologischen Theorien. Rombach, Freiburg i. Br. 1970, 85 S.

Allemann, Fritz R.: Macht und Ohnmacht der Guerilla. Piper, München 1974, 532 S.

Améry, Jean: Jenseits von Schuld und Sühne. Bewältigungsversuche eines Überwältigten. Szczesny, München 1966, 159 S.

Ardrey, Robert: Der Wolf in uns. Krüger, Dortmund 1977, 280 S.

Arendt, Hannah: Elemente und Ursprünge totaler Herrschaft. Europäische Verlagsanstalt, Frankfurt a. M. 1958, XV, 782 S.

Arendt, Hannah: Über die Revolution. Piper, München o. J. (ca. 1964), 426 S.

Arendt, Hannah: Macht und Gewalt. Piper, München 1970, 107 S.

Arnold, Theodor: Der revolutionäre Krieg. Ilmgau, Pfaffenhofen 1961, 233 S.

Baeyer-Katte, Wanda von: Terror und Tabu. In: Jahrbuch für Psychologie, Psychotherapie und medizinische Anthropologie, Jg. 10 (1963), S. 56–72.

Baeyer-Katte, Wanda von: Das Zerstörende im Denken. In: Studium Generale, Jg. 17 (1964), H. 11, S. 686–698.

Bakunin, Michail: Philosophie der Tat. Auswahl aus seinem Werk. Eingeleitet und hrsg. von Rainer Beer. Hegner, Köln 1968, 382 S.

Bartsch, Günter: Der internationale Anarchismus 1864–1972. Hrsg. von der Niedersächsischen Landeszentrale für Politische Bildung. Hannover 1972, 67 S.

Bartsch, Günter: Anarchismus in Deutschland. Bd. 2/3 (1965–1973). Fakkelträger, Hannover 1973, 423 S.

Bartsch, Günter: Die Anarchie, eine Idylle. In: Deutsche Zeitung, 11. Januar 1974, S. 24.

Bartsch, Günter: Schulen und Praxis des Anarchismus. Kammwegverlag, Troisdorf 1974, 239 S.

Bartsch, Günter: Kommunismus, Sozialismus, Anarchismus. Wurzeln, Unterschiede und Gemeinsamkeiten. Herder, Freiburg i. Br. 1976, 128 S. (Herderbücherei 592).

Baschwitz, Kurt: Hexen und Hexenprozesse. Die Geschichte eines Massenwahns und seiner Bekämpfung. Rütten & Loening, München ²1964, 480 S., 27 Abb.

Baumann, Michael: Wie alles anfing. Trikont, München 1975, 141 S.

Benjamin, Walter: Zur Kritik der Gewalt. In: Gesammelte Schriften. Hrsg. von Rolf Tiedemann und Hermann Schweppenhäuser. Bd. II/1. Suhrkamp, Frankfurt a. M. 1977, S. 179–203.

Berdjajew, Nikolaj Aleksandrovič: Die Geister der russischen Revolution. Mit einem Vorwort von Helmut Dahm. Stifterbibliothek, Salzburg 1972, 84 S.

Berlin, Isaiah: Karl Marx. Sein Leben und sein Werk. Aus dem Englischen übersetzt von Curt Meyer-Clason. Piper, München 1959, 310 S.

Bernatzik, E.: Der Anarchismus. In: Schmollers Jahrbuch, Jg. 19 (1895), S. 1 ff.

Bettelheim, Bruno: Der Aufstand gegen die Masse. Szczesny, München 1964, 331 S.

Blanqui, Auguste: Instruktionen für den Aufstand. Aufsätze, Reden, Aufrufe. Hrsg. von Frank Deppe. Europäische Verlagsanstalt, Frankfurt a. M. 1968, 190 S.

Böll, Heinrich: Einmischung erwünscht. Schriften zur Zeit. Kiepenheuer & Witsch, Köln 1977, 402 S.

Bouthoul, Gaston: Definitions et terrorism. In: International Terrorism and World Security. Hrsg. von David Carlton und Carlo Schaerf. London 1975, S. 51 ff.

Brinton, Crane: Europa im Zeitalter der französischen Revolution. (Orig.: A Decade of Revolution). Deutsche Ausgabe von Peter Richard Rohden. Seidel, Wien ²1948, 438 S.

Brinton, Crane: Ideen und Menschen. (Orig.: Ideas and Men). Übersetzt von Heinrich Mattutat. Kohlhammer, Stuttgart 1954, 476 S.

Brinton, Crane: Die Revolution und ihre Gesetze. (Orig.: The Anatomy of Revolution). Deutsch von Walter Theimer. Nest, Frankfurt a. M. 1959, 372 S.

Brion, Marcel: Machiavelli und seine Zeit. Diederichs, Düsseldorf 1957, 342 S.

Brupbacher, Fritz: Marx und Bakunin. Birk, München 1913, 199 S. (Nachdruck: Institut für Theorie und Praxis des Rätekommunismus, Berlin-Wilmersdorf 1969).

Bucharin, Nikolai: Anarchismus und wissenschaftlicher Sozialismus. Carl Hoym Nachfg. Louis Cahnbley, Hamburg 1920.

Burckhardt, Jacob: Die geschichtlichen Krisen. In: Weltgeschichtliche Betrachtungen. Historisch-kritische Gesamtausgabe. Mit Einleitung und textkritischem Anhang von Rudolf Stadelmann. Neske, Pfullingen o. J., S. 199–252.

Camus, Albert: Der Mythos des Sisyphos. Ein Versuch über das Absurde. Aus dem Französischen von Hans Georg Brenner. Mit einem kommentierenden Essay von Liselotte Richter. Rowohlt, Hamburg 1959, 151 S. (rowohlts deutsche enzyklopädie 90).

Camus, Albert: Fragen der Zeit. Deutsch von Guido G. Meister. Rowohlt, Hamburg 1960, 296 S.

Camus, Albert: Der Mensch in der Revolte. Essays. Rowohlt, Reinbek 1969, 250 S.

Carmichael, Joel: Säuberung. Die Konsolidierung des Sowjetregimes unter Stalin 1934/38. Ullstein, Frankfurt a. M. – Berlin – Wien 1974, 258 S.

Carter, April: The Political Theory of Anarchism. Routledge & Kegan Paul, London 1970.

Civilian Defence. Voraussetzungen und Möglichkeiten. Ein neuer Weg zu Abrüstung und Sicherheit. Tagungsbericht, München, 15.–17. September 1967. Bertelsmann, Bielefeld 1968, 192 S.

Clutterbuck, Richard: Terrorismus ohne Maske. Analyse und Bekämpfung eines internationalen Phänomens. Seewald, Stuttgart 1975, 219 S. (Orig.: Living with Terrorism).

Cohn, Norman: Das Ringen um das tausendjährige Reich. Revolutionärer Messianismus im Mittelalter und sein Fortleben in den modernen totalitären Bewegungen. Francke, Bern – München 1961, 350 S., 40 Abb.

Cohn-Bendit, Daniel und Gabriel: Linksradikalismus – Gewaltkur gegen die Alterskrankheit des Kommunismus. Rowohlt, Reinbek 1968, 277 S.

Dahl, Jürgen: Über Schaulust und Dabeisein. Die Grausamkeiten des Hinsehens. In: Scheidewege, Jg. 6 (1976), H. 4, S. 481–505.

Debray, Régis: Revolution in der Revolution. Trikont, München 1967, 136 S.

Debray, Régis u. a.: Der lange Marsch. Trikont, München 1968, 275 S.

Debray, Régis: La Guérilla du Che. Éd. du Seuil, Paris 1974, 187 S.

Debray, Régis: Der Einzelgänger. Aus dem Französischen von Edwin Ortmann. Luchterhand, Darmstadt – Neuwied 1976, 259 S.

Deschner, Karlheinz: Mit Gott und den Faschisten. Verlag Hans E. Günther, Stuttgart 1965, 304 S.

Deschner, Karlheinz (Hrsg.): Das Jahrhundert der Barbarei. Desch, München 1966, 530 S. (Mit Beiträgen von H. G. Adler, Friedrich Heer, Bodo Manstein u. a.).

Deutsch, Julius: Wesen und Wandlung der Diktaturen. Weg-Verlag, Wien – Heidelberg 1953, 316 S.

Deutsch, Julius: Putsch oder Revolution? Randbemerkungen über Strategie und Taktik im Bürgerkrieg. Rotdruck, o. J. (1970), 50 S.

Deutscher, Isaac: Stalin. Die Geschichte des modernen Rußland. Kohlhammer, Stuttgart 1951, 606 S.

Deutscher, Isaac: Trotzki. Aus dem Englischen übersetzt von Harry Maor.
3 Bde. Kohlhammer, Stuttgart 1962–1963.

Deutscher, Isaac: Die unvollendete Revolution 1917–1967. Europäische
Verlagsanstalt, Frankfurt a.M. 1967, 188 S.

Diehl, Karl: Über Sozialismus, Kommunismus und Anarchismus. Gustav
Fischer, Jena ³1920, VI, 492 S.

Diehl, Karl: Die Diktatur des Proletariats und das Rätesystem. Gustav
Fischer, Jena ²1924, VII, 138 S.

Dostojewski, Feodor M.: Die Dämonen. Aus dem Russischen von
E. K. Rahsin. Piper, München 1977, 1031 S. (Sämtliche Werke 8).

Dror, Yehezkel: Crazy States. A Counterconventional Strategic Problem.
Heath Lexington Books. Lexington (Mass.) 1971, 118 S. (Deutsche
Ausgabe: Seewald, Stuttgart 1975).

Dunn, John: Moderne Revolutionen. Analyse eines politischen Phänomens. Reclam, Stuttgart 1974, 283 S.

Ebert, Theodor: Gewaltfreier Aufstand. Rombach, Freiburg i. Br. 1968,
408 S.

Eckert, Roland: Wie Terrorismus entsteht. Die Protestbewegung als Ausgangspunkt krimineller Karrieren. In: Frankfurter Allgemeine Zeitung,
Nr. 283, 6. Dezember 1977, S. 10 f.

Eibl-Eibesfeldt, Irenäus: Liebe und Haß. Zur Naturgeschichte elementarer
Verhaltensweisen. Piper, München ⁵1972, 293 S., 63 Abb., 2 Taf.

Eibl-Eibesfeldt, Irenäus: Krieg und Frieden aus der Sicht der Verhaltensforschung. Piper, München 1975, 316 S.

Enzensberger, Hans Magnus: Verteidigung der Wölfe. Suhrkamp, Frankfurt a.M. 1957, 91 S.

Enzensberger, Hans Magnus: Politik und Verbrechen. 9 Beiträge. Suhrkamp, Frankfurt a. M. 1964, 395 S.

Enzensberger, Hans Magnus (Hrsg.): Freisprüche. Revolutionäre vor
Gericht. Suhrkamp, Frankfurt a. M. 1970, 458 S.

Enzensberger, Hans Magnus: Der kurze Sommer der Anarchie. Buena-
ventura Durrutis Leben und Tod. Roman. Suhrkamp, Frankfurt a.M.
1972, 299 S.

Erler, Ursula: Zerstörung und Selbstzerstörung der Frau. Seewald, Stuttgart 1977, 248 S.

Eucken-Erdsiek, Edith: Die Macht der Minderheit. Eine Auseinandersetzung mit dem Neuen Anarchismus. Herder, Freiburg i. Br. ³1972, 124 S.
(Herderbücherei 372).

Fallada, Hans: Bauern, Bonzen und Bomben. Rowohlt, Berlin 1931, 568 S.

Fanon, Frantz: Die Verdammten dieser Erde. Vorwort von Jean-Paul Sartre. Suhrkamp, Frankfurt a. M. 1966, 242 S.

Fetscher, Iring: Zur Dialektik des Anarchismus. In: Humanität und politische Verantwortung. Hrsg. von Richard Reich. Rentsch, Erlen-
bach/Zürich – Stuttgart 1964, S. 37–53.

Figner, Vera: Sturm über Rußland. Deutsch von Lilly Hirschfeld und Reinhold von Walter. Berlin 1930, 585 S.

Fink, Eugen: Traktat über die Gewalt des Menschen. Klostermann, Frankfurt a. M. 1974, 220 S.

Frankl, Viktor E.: ... trotzdem Ja zum Leben sagen. Ein Psychologe erlebt das Konzentrationslager. Vorwort von Hans Weigel. Kösel, München 1977, 200 S.

Friedrich, Carl J.: Totalitäre Diktatur. Unter Mitarbeit von Z. K. Brzezinski. Kohlhammer, Stuttgart 1957, 315 S.

Friedrich, Carl J.: Pathologie der Politik. Die Funktion der Mißstände: Gewalt, Verrat, Korruption, Geheimhaltung, Propaganda. Herder & Herder, Frankfurt a. M. – New York 1973, 229 S.

Fromm, Erich: Die Furcht vor der Freiheit. Europäische Verlagsanstalt, Frankfurt a. M. 1966, 292 S.

Fromm, Erich: Anatomie der menschlichen Destruktivität. Deutsche Verlagsanstalt, Stuttgart 1974, XVII, 473 S.

Fromm, Erich: Aggression und Charakter. Verlag der Arche, Zürich 1975, 38 S.

Fuhrmann, Manfred (Hrsg.): Terror und Spiel. Probleme der Mythenrezeption. Fink, München 1971, 732 S.

Funke, Manfred: Terrorismus. Ermittlungsversuch zu einer Herausforderung. In: Aus Politik und Zeitgeschichte. Beilage zur Wochenzeitung „Das Parlament", Nr. 41, 15. Oktober 1977, S. 29–44.

Gaucher, Roland: Les terroristes. Michel, Paris 1965, 372 S., 10 Taf.

Gaucher, Roland: Saboteure und Attentäter. Der moderne Terrorismus. Kiepenheuer & Witsch, Köln – Berlin 1967, 360 S.

Gehlen, Arnold: Moral und Hypermoral. Eine pluralistische Ethik. Athenäum, Frankfurt a. M. [3]1973, 193 S.

Gehlen, Arnold: Einblicke. Klostermann, Frankfurt a. M. 1975, 136 S.

Gehlen, Arnold: Über Barbarei. In: Neue Deutsche Hefte, Jg. 24 (1977), H. 1, S. 3–13.

Gewalt, Sozialisation, Aggression. Schwerpunkt. Suhrkamp, Frankfurt a. M. 1977, 207 S.

Gewalt und Gewaltanwendung in der Gesellschaft. Eine theologische Thesenreihe zu sozialen Konflikten. Erarbeitet vor der Kammer der Evangelischen Kirche in Deutschland für öffentliche Verantwortung. Mohn, Gütersloh [2]1973, 32 S.

Gewalt und Gewaltlosigkeit. Probleme des 20. Jahrhunderts. Hrsg. von Friedrich Engel-Janosi, Grete Klingenstein und Heinrich Lutz. Verlag für Geschichte und Politik, Wien 1977, 271 S.

Ghirinelli, Antonio: Der Verleger als Terrorist. Der Fall Feltrinelli. In: Criticón. Konservative Zeitschrift, H. 43 (September–Oktober 1977), S. 243–246.

Goldenberg, Boris, Franz Vonessen u. a.: Was treibt die Revolutionäre? Motive, Aktionen, Ziele. Herder, Freiburg i. Br. 1969, 120 S.

Grossarth-Maticek, Ronald: Revolution der Gestörten? Quelle & Meyer, Heidelberg 1975, 360 S.

Guardini, Romano: Die Macht. Versuch einer Wegweisung. Die Arche, Zürich 1951.

Günther, Joachim: Terror und Terrorismus. In: Neue Deutsche Hefte, Jg. 19 (1972), H. 136, S. 32–42.

Guérin, Daniel: Anarchismus. Begriff und Praxis. Suhrkamp, Frankfurt a. M. ⁴1971, 163 S.

Guevara, Ernesto: Venceremos! Wir werden siegen! Hrsg. von Lothar Menne. Europäische Verlagsanstalt, Frankfurt a. M. 1968, 196 S.

Guevara, Ernesto: Bolivianisches Tagebuch. Mit einem Vorwort von Fidel Castro. Trikont, München 1968, 205 S., 6 Bl. Abb.

Guevara, Ernesto: Guerilla. Theorie und Methode. Wagenbach, Berlin 1968, 157 S.

Guevara, Ernesto: Aufzeichnungen aus dem kubanischen Befreiungskrieg 1956–1959. Mit einem einleitenden Text von Fidel Castro. Rowohlt, Reinbek 1969, 206 S.

Guevara, Ernesto: Brandstiftung oder Neuer Friede? Reden und Aufsätze. Hrsg. von Sven Papcke. Rowohlt, Reinbek 1969, 185 S.

Guggenberger, Bernd: Guerilla in Deutschland? Schwierigkeiten und Gefahren in der Demokratie. In: Die politische Meinung, Jg. 21 (1976), H. 166.

Gurr, Ted R.: Why Men Rebel. Princeton University Press. Princeton, N.J. 1970, XI, 421 S. (Dt.: Rebellion. Eine Motivationsanalyse von Aufruhr, Konspiration und innerem Krieg. Econ, Düsseldorf – Wien 1972).

Habermas, Jürgen (Hrsg.): Antworten auf Herbert Marcuse. Suhrkamp, Frankfurt a. M. 1968, 161 S.

Hacker, Friedrich: Aggression. Die Brutalisierung der modernen Welt. Mit einem Vorwort von Konrad Lorenz. Molden, Wien – München – Zürich 1971, 464 S.

Hacker, Friedrich: Materialien zum Thema Aggression. Molden, Wien – München – Zürich 1972, 176 S.

Hacker, Friedrich: Terror. Mythos – Realität – Analyse. Molden, Wien – Zürich 1973, 424 S.

Hammer, Joseph von: Die Geschichte der Assassinen. Stuttgart – Tübingen 1818.

Heer, Friedrich: Sieben Kapitel aus der Geschichte des Schreckens. Niehans, Zürich 1957, 162 S.

Heer, Friedrich: Der Glaube des Adolf Hitler. Bechtle, München – Esslingen 1968, 751 S.

Heinelt, Gottfried: Umgang mit aggressiven Schülern. Ursachen der Aggression in der Schule. Herder, Freiburg i. Br. 1978, 144 S. (Herderbücherei 9056).

Heintz, Peter: Anarchismus und Gegenwart. Zürich 1951.

Helms, Hans G.: Fetisch Revolution. Marxismus in der Bundesrepublik. Luchterhand, Neuwied – Berlin 1969, 206 S.

Hentig, Hans von: Robespierre. Studien zur Psycho-Pathologie des Machttriebes. Julius Hoffmann, Stuttgart 1924, 175 S.

Hentig, Hans von: Machiavelli. Studien zur Psychologie des Staatsstreiches und der Staatsgründung. Carl Winter, Heidelberg 1924, 62 S.

Hentig, Hans von: Der Mord. Mohr (Siebeck), Tübingen 1956, VIII, 287 S.

Hentig, Hans von: Der Desperado. Ein Beitrag zur Psychologie des regressiven Menschen. Springer, Berlin – Göttingen – Heidelberg 1956, 236 S.

Hentig, Hans von: Der Gangster. Springer, Berlin – Göttingen – Heidelberg 1959, 254 S.

Hentig, Hans von: Der jugendliche Vandalismus. Vorboten und Varianten der Gewalt. Diederichs, Düsseldorf – Köln 1967, 159 S.

Hentig, Hans von: Terror. Zur Psychologie der Machtergreifung. Propyläen, Berlin 1970, 207 S.

Himmler, Heinrich: Geheimreden 1933 bis 1945 und andere Ansprachen. Hrsg. von Bradley F. Smith und Agnes F. Peterson. Einführung von Joachim C. Fest. Propyläen, Berlin 1974, 319 S. mit 243 Bild- und Textdokumenten.

Hitler, Adolf: Mein Kampf. Bd. 1: Eine Abrechnung, Bd. 2: Die nationalsozialistische Bewegung. Eher, München 1925–1927; XVI, 392 S., XI, 354 S. (Erstausgabe).

Hobbes, Thomas: Leviathan. Hrsg. u. eingel. von Iring Fetscher. Luchterhand, Neuwied – Berlin 1966, LXIV, 571 S.

Hodgson, M. G. S.: The Order of Assassins. 's-Gravenhage 1955.

Hoffer, Erich: Der Fanatiker. (Orig.: The True Believer). Rowohlt, Reinbek 1965.

Hoherz, Günter: Terrorismus und Gewalt. Auswahlbibliographie mit Annotationen. Deutscher Bundestag, Bonn 1975, 86 S. (Wissenschaftliche Dienste. Bibliographien Nr. 43).

Holz, Hans Heinz: Utopie und Anarchismus. Zur Kritik der kritischen Theorie Herbert Marcuses. Pahl-Rugenstein, Köln 1968, 134 S.

Holz, Hans Heinz: Die abenteuerliche Rebellion. Bürgerliche Protestbewegungen in der Philosophie. Luchterhand, Darmstadt – Neuwied 1976, 291 S.

Horowitz, Irving L. (Hrsg.): The Anarchists. From Diderot to Camus, from Thoreau to Vanzetti, a ringing rollcall of the great non-conformists and dissenters. New York 1964.

Huch, Ricarda: Michael Bakunin und die Anarchie. Leipzig 1923.

Huch, Ricarda: Der letzte Sommer. Eine Erzählung in Briefen. Suhrkamp, Frankfurt a. M. 1977, 121 S.

International Terrorism. National, regional and global perspectives. Hrsg. von Yonah Alexander. Praeger, New York 1976, XX, 390 S.

Irnberger, Harald: Die Terrormultis. Jugend & Volk, München – Wien 1976, 330 S.

Jäde, Henning: Vom unentbehrlichen Feind. Über eine Kategorie des politischen Überlegens. In: INITIATIVE 13 (Bereiten wir den falschen Frieden vor?). Herder, Freiburg i. Br. 1976, S. 78–93.

Joll, James: The Anarchists. Eyre & Spottiswoode, London 1964, 303 S. (Dt.: Ullstein, Berlin 1969).

Jünger, Ernst: Der Kampf als inneres Erlebnis. Mittler & Sohn, Berlin ⁵1933, 114 S.

Jünger, Ernst: Der Waldgang. Klostermann, Frankfurt a. M. 1951, 143 S. (⁵1962).

Jugend zwischen Schonraum und Emanzipation. Hrsg. von Franz Henrich und Roman Bleistein. Kösel, München 1972, 260 S.

Kaplan, Lawrence (Hrsg.): Revolutions. A Comparative Study from Cromwell to Castro. New York 1973.

Kautsky, Benedikt: Teufel und Verdammte. Erfahrungen und Erkenntnisse aus 7 Jahren in deutschen Konzentrationslagern. Wiener Volksbuchhandlung, Wien 1961, 316 S.

Kautsky, Karl: Demokratie oder Diktatur. Cassirer, Berlin 1918, 57 S.

Kepplinger, Hans Mathias: Rechte Leute von links. Gewaltkultur und Innerlichkeit. Walter, Freiburg i. Br. 1970, 326 S.

Kernig, C. D. (Hrsg.): Person und Revolution: Marx – Lenin – Mao. Herder, Freiburg i. Br. ²1973, 176 S. (Herderbücherei 425).

Kesting, Hanno: Geschichtsphilosophie und Weltbürgerkrieg. Carl Winter, Heidelberg 1959, XXIV, 328 S.

Klug, Ulrich: Struktur und Praxis der Anarchie. In: Forum, (Wien) Jg. 13 (1966), S. 572 ff.

Kirchheimer, Otto: Politische Justiz. Luchterhand, Neuwied – Berlin 1965, 687 S.

Kirchheimer, Otto: Politische Herrschaft. 5 Beiträge zur Lehre vom Staat. Suhrkamp, Frankfurt a. M. ²1967, 150 S.

Koestler, Arthur: Sonnenfinsternis. (Orig.: Darkness at Noon). Atlantis, Zürich 1949, 237 S.

Koestler, Arthur u. a.: Ein Gott, der keiner war. Nachwort von Franz Borkenau. Europa Verlag, Konstanz 1950, 302 S.

Koestler, Arthur: Der Yogi und der Kommissar. Suhrkamp, Frankfurt a. M. 1974, 276 S.

Kogon, Eugen: Staatsterror als Ordnungsfaktor. In: Frankfurter Hefte, Jg. 31 (1976), H. 6.

Krämer-Badoni, Rudolf: Anarchismus: Geschichte und Gegenwart einer Utopie. Molden, Wien 1970, 288 S.

Kroker, Eduard J. M. (Hrsg.): Die Gewalt in Politik, Religion und Gesellschaft. Kohlhammer, Stuttgart 1976, 248 S.

Kropotkin, Peter: Memoiren eines Revolutionärs. Deutsch von Max Pannwitz. Insel, Frankfurt a. M. 1969, 614 S.

Kropotkin, Peter: Die französische Revolution. Verlag Neue Kritik, Frankfurt a. M. 1970, 284, 282 S.

Kropotkin, Peter: Die Eroberung des Brotes und andere Schriften. Hrsg. von Hans Georg Helms. Hanser, München 1973, 338 S.

Krumm, Karl-Heinz: Probleme der Organisation und Koordination bei der Terroristen-Bekämpfung in der Bundesrepublik. In: Aus Politik und

Zeitgeschichte. Beilage zur Wochenzeitung „Das Parlament", Nr. 41, 15. Oktober 1977, S. 45–53.

Kuehnelt-Leddihn, Erik von: Leftism. From de Sade and Marx to Hitler and Marcuse. Arlington House, New Rochelle (New York) 1974, 653 S.

Künzli, Arnold: Tradition und Revolution. Schwabe & Co., Basel – Stuttgart 1975, 197 S. (Philosophie aktuell 9).

Landauer, Gustav: Zwang und Befreiung. Eine Auswahl aus seinem Werk. Hegner, Köln 1968, 274 S.

Langemann, Hans: Das Attentat. Eine kriminalwissenschaftliche Studie zum politischen Kapitalverbrechen. Kriminalistik, Hamburg 1956, 383 S.

Laqueur, Walter: Terrorismus. Aus dem Englischen von Rudolf Wichmann. Athenäum, Kronberg/Ts. 1977, 243 S.

Lefebvre, Georges: La grande peur de 1789. Colin, Paris 1932, 272 S. (Neuausgabe 1959).

Lefebvre, Georges: Études sur la Révolution Française. Introduction par Albert Soboul. Presses Universitaires de France, Paris 1963, 443 S.

Lefebvre, Georges: La Révolution Française. Presses Universitaires de France, Paris ⁶1968, 698 S.

Lenin, Wladimir Iljitsch: Ausgewählte Schriften. Hrsg. von Hermann Weber. Kindler, München 1963, 1538 S.

Lenk, Kurt: Theorien der Revolution. W. Fink, München 1973, 212 S. (Uni-Taschenbücher 165).

Levytsky, Borys (Hrsg.): The Stalinist Terror in the Thirties. Documentation from the Soviet Press. Hoover Institution Press, Stanford, Calif. 1974, XXVII, 521 S.

Lifschitz, Feitel: Was ist Anarchismus? Berlin 1908.

Lifschitz, Feitel: Rußland. Zürich 1916.

Lifschitz, Feitel: Zur Sozial- und Wirtschaftsphilosophie der Bergpredigt. Bühler & Werder, Bern 1931, 30 S.

Liman, Paul: Der politische Mord im Wandel der Geschichte. Eine historisch-psychologische Studie. Berlin 1912.

Linse, Ulrich: Organisierter Anarchismus im Deutschen Kaiserreich von 1871. Duncker & Humblot, Berlin 1969, 410 S.

Lösche, Peter: Anarchismus – Versuch einer Definition und historischen Typologie. In: Politische Vierteljahresschrift 1974, H. 1, S. 53 ff.

Löwenthal, Richard: Unvernunft und Revolution. Über die Loslösung der revolutionären Praxis von der marxistischen Theorie. In: Monat, Jg. 21 (August 1969), H. 251, S. 71–87.

Löwenthal, Richard: Romantischer Rückfall. Kohlhammer, Stuttgart 1970, 87 S.

Löwy, A. G.: Die Weltgeschichte als Weltgericht. Bucharin: Vision des Kommunismus. Europaverlag, Wien 1969, 419 S.

Lorenz, Konrad: Die acht Todsünden der zivilisierten Menschheit. Piper, München 1973, 112 S.

Lorenz, Konrad: Das sogenannte Böse. Zur Naturgeschichte der Aggression. Deutscher Taschenbuch Verlag, München 1974, 262 S. (zuerst: Wien 1963).

Ludwig, G.: Massenmord im Weltgeschehen. Stuttgart 1951.

Lübbe, Hermann: Wirklich nur kriminell? In: Deutsche Zeitung, Nr. 52, 27. Dezember 1974, S. 2.

Lübbe, Hermann: Die wahren Ursachen des Terrors. In: Deutsche Zeitung, Nr. 23, 26. Mai 1977, S. 2.

Lübbe, Hermann: Die Sache mit den Sympathisanten. In: Deutsche Zeitung, Nr. 43, 14. Oktober 1977, S. 2.

Lübbe, Hermann: Freiheit und Terror. In: Merkur, Deutsche Zeitschrift für europäisches Denken, Jg. 31, H. 352, S. 819–829.

Lübbe, Hermann: Der lange Marsch in die Verachtung. In: Die Welt, Nr. 288, 10. Dezember 1977 (Beilage „Die geistige Welt").

Lübbe, Hermann: Endstation Terror. Rückblick auf lange Märsche. In: Der Weg in die Gewalt. Hrsg. von Heiner Geißler. Olzog, München – Wien 1978, S. 96–108.

Luhmann, Niklas: Macht. Enke, Stuttgart 1975, 156 S.

Lukács, Georg: Schriften zur Ideologie und Politik. Ausgewählt und eingeleitet von Peter Ludz. Luchterhand, Neuwied – Berlin 1967, LV, 851 S. (Soziologische Texte 51).

Lussu, Emilio: Theorie des Aufstands. Europaverlag, Wien 1974, 204 S.

Maechle, Winfried (Hrsg.): Gewaltfreie Aktion als theologisches Problem. Radius, Stuttgart 1969, 64 S.

Mallin, J.: Terror in Viet Nam. Princeton, N. J. 1966.

Mao Tse-tung: Ausgewählte Schriften. Hrsg. von Tilemann Grimm. Fischer, Frankfurt a. M. 1964, 395 S.

Mao Tse-tung: Theorie des Guerillakrieges. Einleitender Essay von Sebastian Haffner. Rowohlt, Reinbek 1968, 204 S.

Mao Tse-tung: Vom Kriege. Mit einem Geleitwort von Brigadegeneral Heinz Karst. Bertelsmann, Gütersloh 1969, 351 S.

Mao Tse-tung: Das Mao-System, Analyse und Entwicklung. Hanser, München 1972, 408 S.

Marcuse, Herbert: Über Revolte, Anarchismus und Einsamkeit. Verlag Die Arche, Zürich 1969, 48 S.

Marcuse, Herbert: Versuch über die Befreiung. Suhrkamp, Frankfurt a. M. 1969, 134 S.

Martini, Winfried: Die terroristische Internationale. In: Zeitbühne, Jg. 5 (Oktober 1976), H. 10, S. 23–26.

Marx, Karl: Das Elend der Philosophie (1846–47). In: Marx – Engels: Werke. Bd. 4. Dietz, Berlin (Ost) 1959, S. 61–182.

Masaryk, Th. G.: Zur russischen Geschichts- und Religionsphilosophie. Soziologische Skizzen. Diederichs, Düsseldorf – Köln 1965, 2 Bde.: 388, 533 S. (Unveränderte Neuauflage der Ausgabe von 1913).

Matz, Ulrich: Politik und Gewalt. Zur Theorie des demokratischen Verfassungsstaates und der Revolution. Alber, Freiburg i. Br. – München 1975, 314 S.

Matz, Ulrich: Betrachtungen über den Untergang der Demokratie. In: Die Schrecken des Jahres 2000. Hrsg. von Henry Cavanna. Klett, Stuttgart 1976, S. 144–159.

Mehden, Fred R. von der: Comparative Political Violence. Prentice-Hall, Englewood Cliffs, N. J. 1973, XII, 124 S.

Menck, Clara: „Was den großen Ring bewohnet". Über den Begriff der Sympathie und seine neuesten Ableger. In: Frankfurter Allgemeine Zeitung, Nr. 287, 10. Dezember 1977, S. 27.

Merleau-Ponty, Maurice: Humanismus und Terror. Deutsch von Eva Moldenhauer. Suhrkamp, Frankfurt a. M. ³1972. (Orig.: Humanisme et terreur. Paris 1947).

Milosz, Czeslaw: Verführtes Denken. Mit einem Vorwort von Karl Jaspers. Suhrkamp, Frankfurt a. M. 1974, 242 S.

Mitscherlich, Alexander: Die Idee des Friedens und die menschliche Aggressivität. Vier Versuche. Suhrkamp, Frankfurt a. M. 1969, 137 S.

Mitscherlich, Margarete: Müssen wir hassen? Piper, München 1972, 296 S.

Mitscherlich-Nielsen, Margarete: Gewalt gegen Frauen – Gewalt von Frauen. Warum ist der Anteil der Frauen am Terrorismus so hoch? In: Frankfurter Allgemeine Zeitung, Nr. 264, 12. November 1977 (Wochenendbeilage).

Mohler, Armin: Der faschistische Stil. In: Konservatismus international. Hrsg. von Gerd-Klaus Kaltenbrunner. Seewald, Stuttgart 1973, S. 172–198.

Monnerot, Jules: Soziologie des Kommunismus. Kiepenheuer & Witsch, Köln – Berlin 1952, 428 S.

Montagu, Francis Ashley: The Nature of Human Aggression. Oxford University Press, New York 1976, IX, 381 S.

Moore, Barrington: Terror and Progress. Some sources of change and stability in the Soviet dictatorship. Cambridge, Mass. 1954.

Müller-Gangloff, Erich: Vorläufer des Antichrist. Wedding-Verlag, Berlin 1948 (Buchreihe der Berliner Hefte 2).

Müller-Gangloff, Erich: Dreifaltigkeit des Bösen. Kassel 1953.

Nettlau, Max: Der Vorfrühling der Anarchie. Ihre historische Entwicklung von den Anfängen bis zum Jahre 1864. „Der Syndikalist", Berlin 1925, 235 S.

Nettlau, Max: Der Anarchismus von Proudhon zu Kropotkin. Seine historische Entwicklung in den Jahren 1859–1880. „Der Syndikalist", Berlin 1927, 312 S. (Nachdruck: Auvermann, Glashütten im Taunus 1972).

Nettlau, Max: Anarchisten und Sozialrevolutionäre. Die historische Entwicklung des Anarchismus in den Jahren 1880–1886, Asy-Verlag, Berlin 1931, 409 S. (Nachdruck: Auvermann, Glashütten im Taunus 1972).

Nettlau, Max: Bibliographie de l'anarchie. Préf. d'Élisée Reclus. Franklin, New York 1968, XI, 294 S. (zuerst: Paris 1897).

Nettlau, Max: Die revolutionären Aktionen des italienischen Proletariats und die Rolle Errico Malatestas. Kramer, Berlin 1973, 177 S.

Nietzsche, Friedrich: Der Wille zur Macht. Versuch einer Umwertung aller Werte. Naumann, Leipzig 1901, 541 S.

Nitschke, August: Der Feind. Formen politischen Handelns im 20. Jahrhundert. Klett, Stuttgart 1964.

Nitschke, August: Die Bedrohung. Ansatz einer historischen Verhaltensforschung. Klett, Stuttgart 1972, 112 S.

Nolte, Ernst: Der Faschismus in seiner Epoche. Piper, München 1963, 633 S.

Nolte, Ernst: Die faschistischen Bewegungen. Deutscher Taschenbuch Verlag, München 1966, 334 S. (dtv-Weltgeschichte des 20. Jahrhunders 4).

Nolte, Ernst: Marxismus – Faschismus – Kalter Krieg. Vorträge und Aufsätze 1964–1976. Deutsche Verlags-Anstalt, Stuttgart 1977, 400 S.

Nostitz, Oswalt von: Sartres und Jean Amérys seltsamer Humanismus. In: Criticón. Konservative Zeitschrift (Januar–Februar 1975), H. 27, S. 25 f.

Nostitz, Siegfried von: Das Genocid in der neueren Geschichte. In: Neue Deutsche Hefte, Jg. 21 (1974), H. 142, S. 268–300.

Oberländer, Erwin (Hrsg.): Der Anarchismus. Dokumente der Weltrevolution. Walter, Olten – Freiburg i. Br. 1972, 480 S.

Oberndörfer, Dieter, Wolfgang Jäger (Hrsg.): Die neue Elite. Eine Kritik der kritischen Demokratietheorie. Rombach, Freiburg i. Br. 1975, 407 S.

Ortega y Gasset, José: Der Aufstand der Massen. Deutsche Verlags-Anstalt, Stuttgart 1949, 209 S.

Ortlieb, Heinz-Dietrich: Die verantwortungslose Gesellschaft oder Wie man die Demokratie verspielt. Goldmann, München ²1973, 159 S.

Papcke, Sven George: Progressive Gewalt. Studien zum sozialen Widerstandsrecht. S. Fischer, Frankfurt a. M. 1973, 542 S.

Petrović, Gajo (Hrsg.): Revolutionäre Praxis. Jugoslawischer Marxismus der Gegenwart. Rombach, Freiburg i. Br. 1969, 286 S.

Pintschovius, Karl: Szenenwechsel. Das zivilisationspathologische Bild der Epoche. Seewald, Stuttgart 1977, 240 S.

Pirker, Theo: Die Moskauer Schauprozesse 1936–38. Deutscher Taschenbuch Verlag, München 1963, 303 S.

Pirker, Theo: Komintern und Faschismus. Deutsche Verlags-Anstalt, Stuttgart 1965, 203 S.

Plechanow, Georgi V.: Anarchismus und Sozialismus. Berlin 1911.

Plessner, Helmuth: Grenzen der Gemeinschaft. Eine Kritik des sozialen Radikalismus. Cohen, Bonn 1924, 121 S.

Plessner, Helmuth: Macht und menschliche Natur. Berlin 1931.

Possony, Stefan T.: Lenin. Eine Biographie. Verlag Wissenschaft und Politik, Köln 1965, 640 S.

Radek, Karl: Anarchismus und Sowjetregierung. Wien 1920.

Radek, Karl: Proletarische Diktatur und Terrorismus. Nachdruck der Ausgabe um 1920. o. O., o. J. (ca. 1971), 40 S.

Rammstedt, Otthein (Hrsg.): Anarchismus. Grundtexte zur Theorie und Praxis. Westdeutscher Verlag, Köln – Opladen 1969, 168 S.

Rammstedt, Otthein (Hrsg.): Gewaltverhältnisse und die Ohnmacht der Kritik. Suhrkamp, Frankfurt a. M. 1974, 253 S.

Rauschning, Hermann: Die Revolution des Nihilismus. Kulisse und Wirklichkeit im Dritten Reich. Zürich ⁴1938, 510 S.

Rauschning, Hermann: Die Zeit des Deliriums. Zürich 1947, 415 S.

Rauschning, Hermann: Gespräche mit Hitler. Europaverlag, Wien 1973, 278 S.

Reck-Malleczewen, Friedrich: Bockelson. Geschichte eines Massenwahns. Schützen-Verlag, Berlin 1937, 318 S., 17 Abb. (Neuausgabe: Goverts, Stuttgart 1968, 215 S., 11 Abb., mit einem Vorwort von Joachim Fest).

Revel, Jean François: Die totalitäre Versuchung. Ullstein, Berlin 1976, 302 S.

Ries, Wiebrecht: Transzendenz als Terror. Eine religionsphilosophische Studie über Franz Kafka. Lambert Schneider, Heidelberg 1977, 159 S.

Ritter, Gerhard: Die Dämonie der Macht. Oldenburg, München 1948, 215 S.

Röhl, Klaus Rainer: Fünf Finger sind keine Faust. Verlag Europäische Ideen, Berlin 1977, 456 S. (Köln ¹1974).

Rohrmoser, Günter: Das Elend der kritischen Theorie. Theodor W. Adorno – Herbert Marcuse – Jürgen Habermas. Rombach, Freiburg i. Br. 1970, 107 S.

Roskolenko, H.: The Terrorized. Prentice-Hall, Englewood Cliffs, N. J. 1967.

Rudin, Josef: Fanatismus. Walter, Olten – Freiburg i. Br. 1965, 211 S., 4 Taf.

Russell, Bertrand: Macht. Eine sozialkritische Studie. Zürich 1947.

Salomon, Ernst von: Die Geächteten. Roman. Rowohlt, Berlin 1929, 483 S.

Salomon, Ernst von: Der Fragebogen. Rowohlt, Hamburg 1951, 807 S.

Savinkov, Boris: Erinnerungen eines Terroristen. Berlin 1929.

Schabert, Tilo (Hrsg.): Natur und Revolution. Untersuchungen zum politischen Denken im Frankreich des 18. Jahrhunderts. List, München 1969, 140 S.

Schabert, Tilo: Das revolutionäre Bewußtsein. In: Zeitschrift für Politik, Jg. 21 (1974), H. 1.

Schaefer, Alfred: Macht und Protest. Hain, Meisenheim 1968, VII, 231 S.

Schatz, Oskar (Hrsg.): Die erschreckende Zivilisation. Salzburger Humanismusgespräche. Europaverlag, Wien 1970, 273 S.

Schieder, Theodor (Hrsg.): Revolution und Gesellschaft. Herder, Freiburg i. Br. 1973, 190 S. (Herderbücherei 462).

Schlamm, William S.: „Töte deinen Nächsten wie dich selbst!" In: Zeitbühne, Jg 6 (Dezember 1977), H. 12, S. 2–5.

Schmidt, Giselher: Hitlers und Maos Söhne. Verlag Heinrich Scheffler, Frankfurt 1969, 250 S.

Schmidt, Giselher: Als die Gewalt Fuß faßte. Terroristen auf der Schulbank. In: Criticón. Konservative Zeitschrift (Juli–August 1975) H. 30, S. 161–163.

Schmitt, Carl: Der Begriff des Politischen. Duncker & Humblot, München 1932, 81 S.

Schmitt, Carl: Theorie des Partisanen. Zwischenbemerkung zum Begriff des Politischen. Duncker & Humblot, Berlin 1963, 96 S.

Schmitt, Carl: Die Diktatur. Duncker & Humblot, Berlin ³1964, XVIII, 404 S.

Schrenck-Notzing, Caspar: Zukunftsmacher. Die neue Linke in Deutschland und ihre Herkunft. Seewald, Stuttgart 1968, 310 S.

Schrenck-Notzing, Caspar von: Sympathisanten und Repräsentanten. Böll und die Folgen. In: Criticón. Konservative Zeitschrift, Nr. 29 (Mai–Juni 1975), S. 99–101.

Schroers, Rolf: Der Partisan. Ein Beitrag zur politischen Anthropologie. Kiepenheuer & Witsch, Köln – Berlin 1961.

Schulz, Klaus-Peter: Die ehrbaren Erpresser. Herder, Freiburg i. Br. 1976, 123 S. (Herderbücherei 558).

Schwarz, Hans-Peter: Der konservative Anarchist. Politik und Zeitkritik Ernst Jüngers. Rombach, Freiburg i. Br. 1962, 320 S.

Schwarz, Urs: Die Angst in der Politik. Econ, Düsseldorf 1967, 244 S.

Schwerin, Siegfried: Tyrannenfeinde oder Terroristen? Volkstümler im alten Rußland und ihre geistige Wiederkunft heute. In: Nation Europa, Jg 27 (Dezember 1977), H. 12, S. 33–40.

Seuffert, Hermann: Anarchismus und Strafrecht. Berlin 1899.

Siebers, Georg: Psychologie der Revolution. Klett, Stuttgart 1976, 127 S.

Siering, Johann: Im Dickicht des liberalen Strafrechts. In: Neue Deutsche Hefte, Jg. 24 (1977), H. 3, S. 460–470.

Sigrist, Christian: Regulierte Anarchie. Walter, Olten – Freiburg i. Br. 1967, 275 S.

Sorel, Georges: Über die Gewalt. Mit einem Nachwort von George Lichtheim. Suhrkamp, Frankfurt a. M. 1969, 394 S.

Souchy, Augustin: „Vorsicht: Anarchist!" Ein Leben für die Freiheit. Luchterhand, Neuwied – Berlin 1977, 286 S.

Spaemann, Robert: Zur Kritik der politischen Utopie. Klett, Stuttgart 1977, 200 S.

Stalin, Josef Wissarionowitsch: Über die Grundlagen des Leninismus. Moskau 1935, 134 S.

Stalin, Josef Wissarionowitsch: Fragen des Leninismus. Dietz, Berlin (Ost) 1951, 739 S.

Stelling, Wiebke: Ursachen des weiblichen Terrorismus. In: Nation Europa, Jg. 27 (Dezember 1977), H. 12, S. 22–24.

Talmon, J. L.: Die Ursprünge der totalitären Demokratie. Westdeutscher Verlag, Köln – Opladen 1961, 319 S.

Thadden, Adolf v.: Die Schreibtischtäter. Das geistige Umfeld des Terrorismus. Greifen-Verlag, Hannover 1977, 148 S.

Thayer, Charles Wheeler: Guerillas und Partisanen. Rütten & Loening, München 1964, 237 S.

Thema: Gewalt. Redaktion: Gerhard Debus und Arnim Juhre. Hammer, Wuppertal 1972, 204 S. (Almanach für Literatur und Theologie 6).

Thoreau, Henry David: Über die Pflicht zum Ungehorsam gegen den Staat. Diogenes, Zürich 1967, 118 S.

Thornton, T. P.: Terror as a Weapon of Political Agitation. In: Harry Eckstein (Hrsg.): Internal War, Problems and Approaches. 1964, S. 71 ff.

Tophoven, Rolf: Fedayin – Guerilla ohne Grenzen. Bundeszentrale für politische Bildung, Bonn 1973, 146 S.

Tophoven, Rolf (Hrsg.): Politik durch Gewalt. Guerilla und Terrorismus heute. Bundeszentrale für politische Bildung, Bonn 1976.

Topitsch, Ernst: Gottwerdung und Revolution. Verlag Dokumentation, Pullach bei München 1973, 260 S. (Uni-Taschenbücher 288).

Trotzki, Leo: Stalin. Kiepenheuer & Witsch, Köln – Berlin 1952, 579 S.

Trotzki, Leo: Geschichte der russischen Revolution. S. Fischer, Frankfurt a. M. 1967, 758 S.

Trotzki, Leo: Ergebnisse und Perspektiven. Europäische Verlagsanstalt, Frankfurt a. M. 1971, XXIII, 136 S.

Tuchman, Barbara W.: Der stolze Turm. Ein Porträt der Welt vor dem Ersten Weltkrieg. Droemer-Knaur, München 1969, 608 S.

Tuker, Benjamin R.: Sind Anarchisten Mörder? Mit einem Anhang: Die Litteratur des individualistischen Anarchismus. Berlin 1899.

Unverbindliche Richtlinien. Im Selbstverlag herausgegeben von Christofer Baldeney, Rodolphe Gasché, Dieter Kunzelmann. München 1962–1963, H. 1: 33 S., H. 2: 29 S.

Viet Cong Use of Terror. A Study. Ed.: U. S. Embassy Vietnam. Saigon 1967.

Wassermann, Rudolf (Hrsg.): Terrorismus contra Rechtsstaat. Luchterhand, Darmstadt – Neuwied 1976, 266 S.

Weißberg-Cybulski, Alexander: Hexensabbat – Rußland im Schmelztiegel der Säuberungen. Verlag der Frankfurter Hefte, Frankfurt a. M. 1951, XII, 716 S.

Wieser, Friedrich von: Das Gesetz der Macht. Wien 1926.

Wilkinson, Paul: Soziale Bewegungen. Von Rousseau bis Castro. Aus dem Englischen von Wilhelm Hoeck. List, München 1974, 215 S.

Wördemann, Franz: Terrorismus. Motive, Täter, Strategien. Piper, München 1977, 400 S.

Zenker, E. V.: Der Anarchismus. Kritische Geschichte der anarchistischen Theorie. Jena 1895.

Ziegler, Leopold: Edgar Julius Jung. Denkmal und Vermächtnis. Stifterbibliothek, Salzburg 1955, 68 S.

Zihlmann, Rudolf: Jakobiner fallen nicht vom Himmel. Augustin Cochin – ein Analytiker der totalitären Demokratie. In: Rückblick auf die Demokratie. (INITIATIVE 20). Herder, Freiburg i. Br. 1977, S. 140–160.

Notizen über die Autoren

FRANCISCO AYALA, geboren 1906 in Granada, bildete sich im Umkreis von Ortega y Gasset und dessen Zeitschrift „Revista de Occidente" zu einem der angesehensten Schriftsteller seiner Generation heran. Studierte unter anderem 1929/1930 in Berlin, mit 28 Jahren Professor für Staatsrecht an der Universität Madrid. Im amerikanischen Exil wurde er sowohl als Essayist und Erzähler als auch als Wissenschaftler berühmt. Als Professor der Soziologie an verschiedenen südamerikanischen Universitäten verfaßte er einen dreibändigen „Tratado de sociología" (Buenos Aires 1948). Dann wurde er Professor für spanische Literatur an der Universität Chicago. Er lebt heute in New York, hält sich jedoch regelmäßig längere Zeit in Madrid auf. Neben Max Aub und Ramón Sender gehört Ayala zu den bedeutendsten spanischen Exilautoren.
Sein Werk umfaßt zwei Romane, mehrere Bände Erzählungen (einbändige Gesamtausgabe: Madrid 1969) und zahlreiche Essays (einbändige Gesamtausgabe: Madrid 1972). Übersetzungen von Werken Goethes und Thomas Manns.

GÜNTER BARTSCH, geboren 1927 in Schlesien, wuchs in einem Armenviertel auf; nach Teilnahme am Zweiten Weltkrieg und nachgeholtem Studium seit 1962 als freier Schriftsteller, Journalist und Historiker tätig. Wichtigste Veröffentlichung: Anarchismus in Deutschland 1965–1973 (Hannover 1973), Revolution von rechts? Ideologie und Organisation der Neuen Rechten (Freiburg i. Br. 1975), Kommunismus, Sozialismus, Anarchismus (Freiburg i. Br. 1976), Wende in Osteuropa? (Krefeld 1977).

HEINRICH DIETZ, geboren 1905, studierte Anglistik, Germanistik, Romanistik, Psychologie und Pädagogik an den Universitäten Tübingen, München, Cambridge und Toulouse (1926 Dr. phil.). 1927–1950 im höheren Schuldienst (mit kriegsbedingten Unterbrechungen). 1950 ins Tübinger Kultusministerium berufen, bis 1970 Leiter der Abteilung Höhere Schulen in Südwürttemberg-Hohenzollern. Ausgezeichnet mit den „Palmes Académiques".
Wichtigste Veröffentlichungen: Geschichte der konservativen Partei Englands (1955), Die Große Englische Revolution. Wechselwirkung ihrer religiösen und politischen Dynamik (1956), Schule und jugendliche Existenz

(1962), Erziehung braucht Phantasie (1965), Schule ohne Resonanz? (1965), Sexus, Sport und geistiger Elan (1968), Toleranz im politischen und sozialen Kräftespiel (1968), Faszination der Revolte (1970), Masse im Aufstand und Gleichschritt (1970), Schule und Subkultur (1975), Jugend im Niemandsland (1976), Pädagogik der Selbstbegrenzung (1978).

HANS F. GEYER, geboren 1915 in Wädenswil am Zürichsee, studierte an der Universität Zürich und schlug, nach erfolgter Promotion zum Dr. phil., eine ihm angebotene akademische Laufbahn aus Neigung zu praktischer Tätigkeit aus. Geyer arbeitete zuerst in einem Verlag, dann durch mehr als zwei Jahrzehnte in einem Schweizer Industrieunternehmen. Seit 1964 widmet er sich ausschließlich seinem philosophischen Werk. Mitglied des Engadiner Kollegiums.
Wichtigste Veröffentlichungen: Gedanken eines philosophischen Lastträgers (Zürich 1962), Philosophisches Tagebuch (6 Bde., Freiburg i. Br. 1969–74).

WALTER HILDEBRANDT, geboren 1912 in Leipzig, seit 1964 o. Prof. für Soziologie an der Pädagogischen Hochschule Bielefeld. Mitherausgeber der Zeitschriften „Moderne Welt" und „Deutsche Studien".
Wichtigste Veröffentlichungen: Siegt Asien in Asien? (1966), Das nachliberale Zeitalter (1973).

KLAUS HORNUNG, geboren 1927, Professor der Politikwissenschaft an der Pädagogischen Hochschule Reutlingen und Privatdozent an der Universität Freiburg i. Br.
Wichtigste Veröffentlichungen: Politik und Zeitgeschichte in der Schule (1966), Wohin geht Deutschland? (1966), Totalitäre Herrschaft im 20. Jahrhundert (1967), Staat und Armee. Studien zur Befehls- und Kommandogewalt und zum politisch-militärischen Verhältnis in der Bundesrepublik Deutschland (1975), Der faszinierende Irrtum. Karl Marx und die Folgen (1978).

MICHAEL LANDMANN, geboren 1913 in Basel. Daselbst Studium der Philosophie und Psychologie, anschließend Assistentenzeit. 1951 Berufung auf eine philosophische Professur an der Freien Universität Berlin.
Wichtigste Veröffentlichungen: Problematik. Nichtwissen und Wissensverlangen im philosophischen Bewußtsein (Göttingen 1949), De homine (Freiburg – München 1962), Philosophische Anthropologie ([2]1964, [4]1975), Ursprungsbild und Schöpfertat (München 1966), Das Ende des Individuums (Stuttgart 1971), Entfremdete Vernunft (Stuttgart 1975), Anklage gegen die Vernunft (Stuttgart 1976).